GUÍAS PRÁCTICAS PLANETA

GATOS

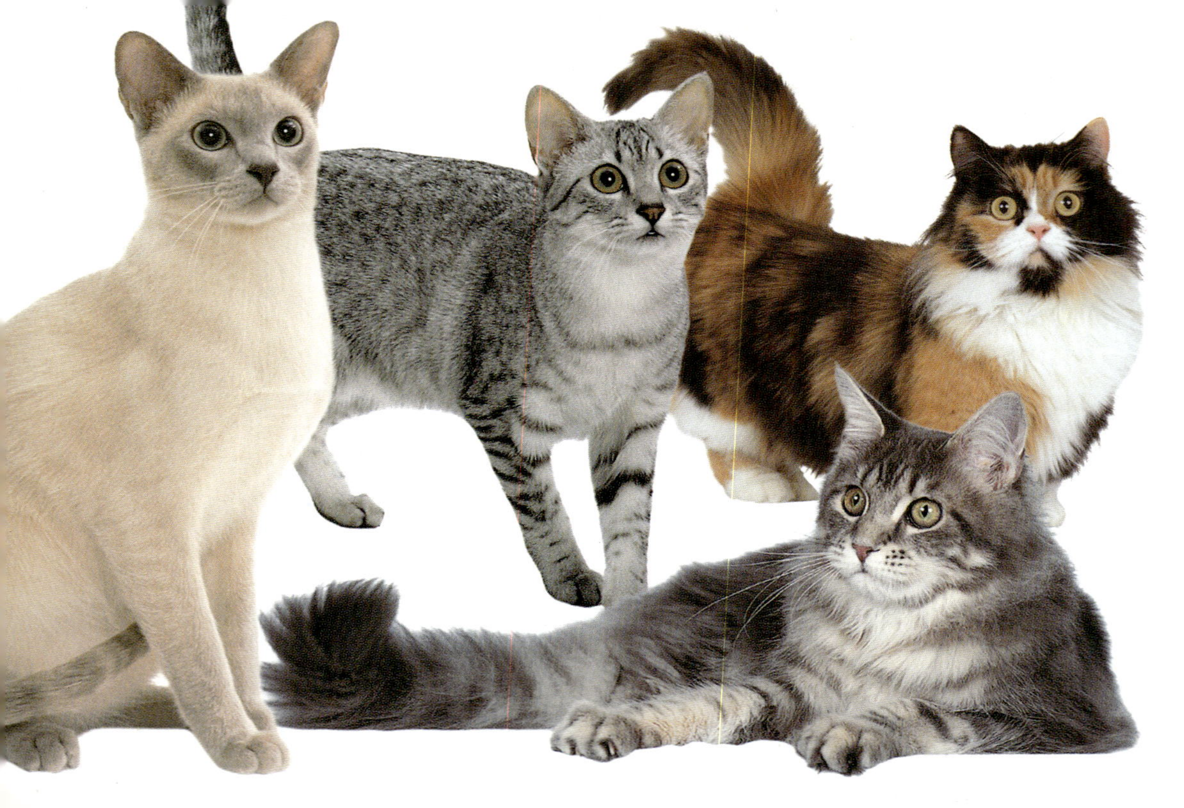

GUÍAS PRÁCTICAS PLANETA
GATOS

EDITOR CONSULTIVO
Paul McGreevy
Médico en
Ciencias Veterinarias

🌐 Planeta

Copyright © 2000 Weldon Owen Pty Ltd.
Dirección Ejecutiva: John Owen
Presidencia: Terry Newell
Edición: Sheena Coupe
Editora Asociada: Lynn Humphries
Dirección de Arte: Sue Burk
Asistencia de Diseño: Kylie Mulquin
Asistencia Editorial: Sarah Anderson, Tracey Jackson
Gerencia de Producción: Creeke, Caroline Webber
Asistencia de Producción: Helen Kylie Lawson
Gerencia Comercial: Emily Jahn
Vicepresidencia de Ventas Internacionales: Stuart Laurence
Edición del Proyecto: Stephanie Pfennigwerth
Edición de Proyecto: Lynn Cole
Diseño general: Arne Falkenmire y Katie Ravich
Editor Consultivo: Dr. Paul McGreevy
Traducción al español: Liliana Valiante
Edición en español: Alejandra Procupet

Derechos exclusivos de edición en castellano
reservados para Latinoamérica.
© 2000, Editorial Planeta Argentina S. A. I. C.
Independencia 1668, 1100 Buenos Aires, Argentina. Grupo Planeta.

Ninguna parte de esta publicación, incluido el diseño de cubierta, puede ser reproducida, almacenada o transmitida de manera alguna ni por ningún medio, ya sea eléctrico, químico, mecánico, óptico, de grabación o de fotocopia, sin permiso previo del editor.

ISBN 950-49-0446-7. Hecho el depósito que prevé la ley 11.723

Reproducción color por Colourscan Co. Pte. Ltd.
Impreso por LeeFung-Asco Printers
Impreso en China

Una producción de Weldon Owen.

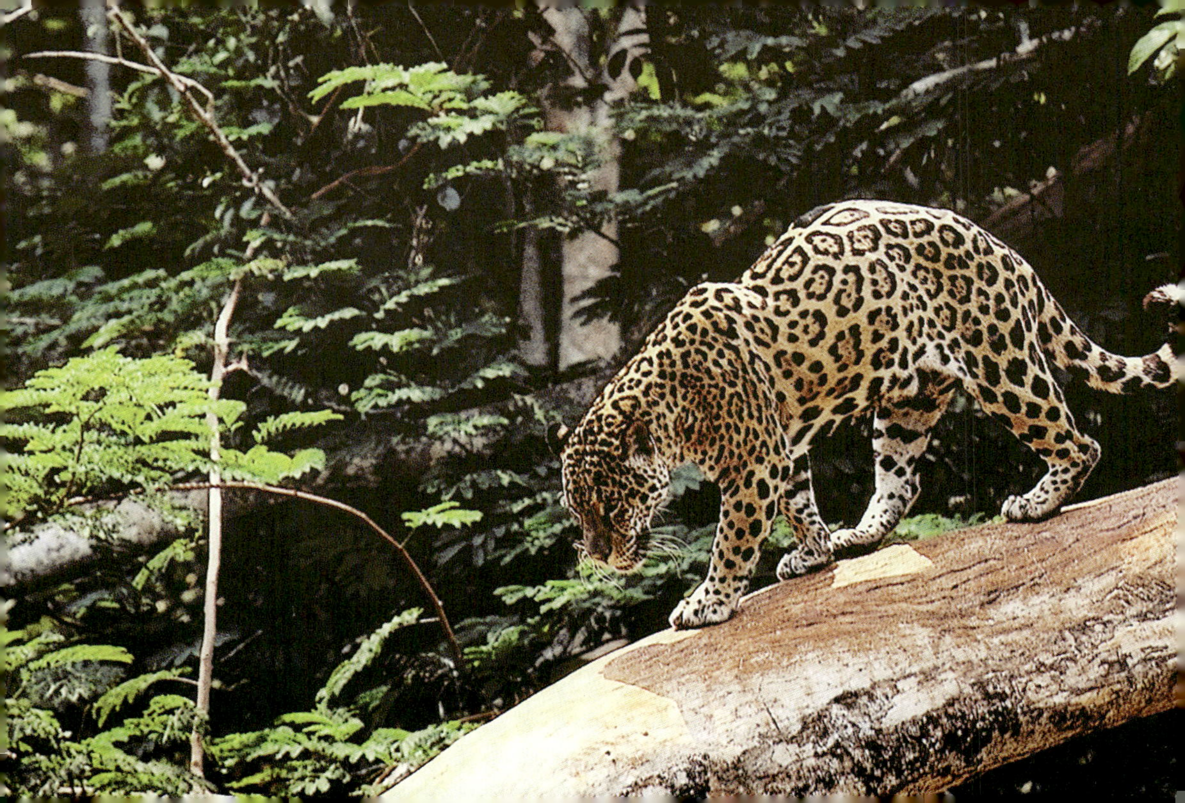

CONTENIDOS

PRIMERA PARTE
TODO SOBRE LOS GATOS

EL GATO 10
GATOS SALVAJES 30

SEGUNDA PARTE
GATOS COMO MASCOTAS

USTED Y SU GATO 58
CUIDAR DE LOS GATOS 82
LA SALUD DE SU GATO 118
EL COMPORTAMIENTO FELINO 162
SOBRE LA CRIANZA 178
EXHIBICIONES DE GATOS 192

TERCERA PARTE
RAZAS DE GATOS

CÓMO USAR ESTA GUÍA 204
GATOS DE PELO CORTO 206
GATOS DE PELO LARGO 274

GLOSARIO 308
AGENDA 312
ÍNDICE 314
AGRADECIMIENTOS 320

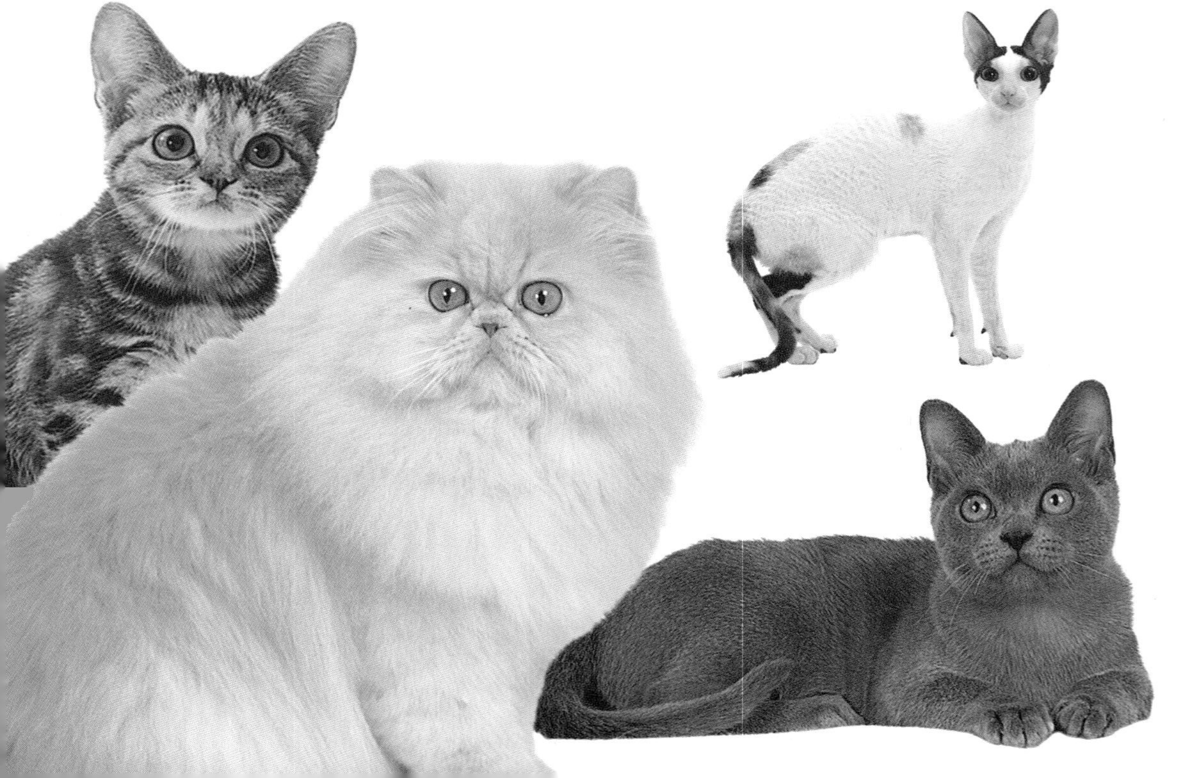

PRIMERA PARTE
TODO SOBRE LOS GATOS

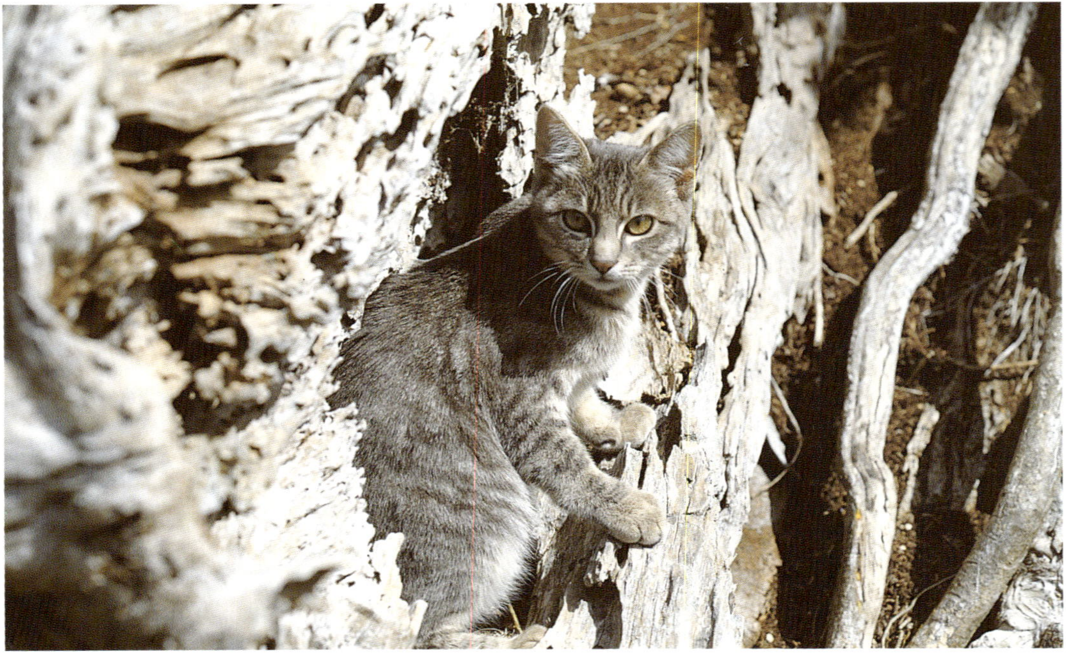

Todo sobre los gatos
El gato

Durante los 35 millones de años que transcurrieron desde la aparición de la familia de los gatos, se han desarrollado muchas especies nuevas que poseen ciertos rasgos "gatunos". En la actualidad existen 36 especies, entre las que se encuentra el gato doméstico que tanto fascina a los seres humanos. Las especies actuales de gatos comparten una gran cantidad de similitudes físicas y genéticas porque todas descienden de una remota especie ancestral única. Las distintas especies están diseminadas por todo el mundo, pero es en los trópicos donde se encuentra la mayor diversidad. Las especies que comparten un mismo hábitat y tienen que competir por la comida, parecen solucionar el problema de manera instintiva cazando en distintos momentos del día o diferentes tipos de presas.

LA HISTORIA DE LOS GATOS

La historia de la familia de los gatos se remonta a 35 millones de años. En épocas comparativamente mucho más recientes, se sabe que los egipcios adoptaron a los gatos como animales domésticos. Tripulantes de los largos viajes por mar por su habilidad para controlar la aparición de roedores en las embarcaciones, los gatos fueron diseminándose gradualmente por todo el mundo.

Si viajáramos hacia el pasado, a una selva de hace 35 millones de años, probablemente podríamos reconocer un gato en un *Proailurus* que se desplazara furtivamente por una rama. Sería una raza poco común, pero indudablemente se trataría de un gato. Éste es el gato del cual, según se cree, han descendido todos los gatos extintos y vivos de la familia Félidos. Incluso en aquella época tan lejana ya se evidenciaban las características que hacen del gato un depredador supremo: dientes incisivos, mandíbulas poderosas, garras para rasgar la carne, cuerpos ágiles con miembros flexibles y una excelente visión binocular.

El *Proailurus* apareció en un momento de gran actividad evolutiva, cuando las familias carnívoras actuales se desarrollaron. Evolucionaron en dos subgrupos carnívoros: la rama del Nuevo Mundo (osos, perros, focas, mapaches, comadrejas y leones marinos), y la rama del Viejo Mundo (gatos, hienas, civetas y mangostas).

Las 36 especies de gatos existentes, desde los tigres de 270 kg hasta los gatos de patas negras de 1 kg, comparten un antepasado que es parecido a un ocelote, llamado *Pseudailurus,* descendiente del *Proailurus*. Esta criatura vivió en Eurasia hace 10 a 15 millones de años. Los gatos evolucionaron y se expandieron a partir de este antepasado. Australia y la Antártida fueron las únicas dos regiones donde no quedaron gatos nativos.

Expansión Los gatos fueron algunos de los mamíferos más exitosos en colonizar la Tierra. Anteriormente, los leones llegaron a ocupar una zona más extensa que cualquier otro mamífero, desde regiones de América del Sur pasando por América del Norte hasta Asia, Europa y África, hasta que los gatos salvajes, antepasados de los gatos domésticos, establecieron sus hogares desde el extremo sur de África hasta los territorios más lejanos de Europa y Asia. En los últimos 10.000 años, estos magníficos depredadores han ido perdiendo terreno en favor de sus únicos competidores serios: los seres humanos.

Domesticación Resulta difícil determinar en qué períodos y cuántas especies de gatos salvajes fueron domesticadas. Si bien es posible que los

EL ÁRBOL FAMILIAR
Mediante análisis moleculares recientes se demostró que los gatos evolucionaron en tres líneas distintas. La más numerosa, la línea de las panteras, cuenta con 24 de las 36 especies de gatos existentes, en las que se incluyen los gatos dorados, varios pumas, linces, chitas y otros gatos grandes. A otra línea pertenecen las siete especies de gatos pequeños sudamericanos; y a la tercera línea pertenecen las otras especies, entre las que figuran el gato doméstico y sus parientes cercanos.

gatos vivieran en los poblados agrícolas de Oriente Medio hace ya 10.000 años, la única evidencia convincente –la del antiguo Egipto– data apenas del año 2000 a.C.

A medida que el modo de vida nómada se convertía en agrario, surgió la necesidad de asegurar la duración de la reserva de alimentos desde una cosecha hasta la otra. Aunque los granos se almacenaban en depósitos, nunca quedaban completamente a salvo de ratas y ratones que se colaban por entre las grietas.

En su búsqueda de alimentos, los gatos salvajes llegaban hasta los asentamientos humanos para cazar ratas y ratones, cada vez más abundantes. Los agricultores pronto notaron que los gatos resultaban muy útiles para matar a esos vándalos y proteger los granos almacenados. Además, a diferencia de los perros que ya habían sido domesticados mucho tiempo antes, los gatos ofrecían la ventaja adicional de que salían a cazar por la noche, momento en que las ratas y los ratones también salían a comer. En lugar de alejar a los gatos, los agricultores comenzaron a tentarlos para que se quedaran, primero

LA HISTORIA DE LOS GATOS (continuación)

alimentándolos y finalmente adoptándolos como mascotas. No sorprende que, con tanta comida disponible y con la protección que se les brindaba contra sus enemigos, los gatos fueran perdiendo la antigua tendencia a vagar por la espesura.

La familia felina Hasta hace poco tiempo, la familia de los gatos, Félidos, se clasificaba en tres grupos según sus similitudes y diferencias: los gatos grandes (*Panthera*) formaban un grupo porque tienen un tamaño considerable y cazan presas grandes. Los gatos pequeños (*Felis*) formaban un grupo porque son relativamente pequeños y suelen cazar presas pequeñas, aunque los pumas, que siempre formaron parte de este grupo, son bastante grandes y cazan presas grandes. Los chitas (*Acinonyx*), con sus cuerpos delgados, garras retráctiles sin vainas, y adaptadas para correr a gran velocidad, formaban su propio grupo. Sin embargo, las especies se parecen mucho no sólo debido a que tienen una relación cercana sino por su adaptación a similares formas de vida. Entonces, mediante el estudio de la constitución genética de la familia de los gatos, los científicos los han reclasificado en ocho grupos, llamados linajes. Los gatos de cada linaje están más relacionados entre sí que con los gatos de otros linajes. El linaje Pantera incluye las seis especies de gatos grandes: leones, tigres,

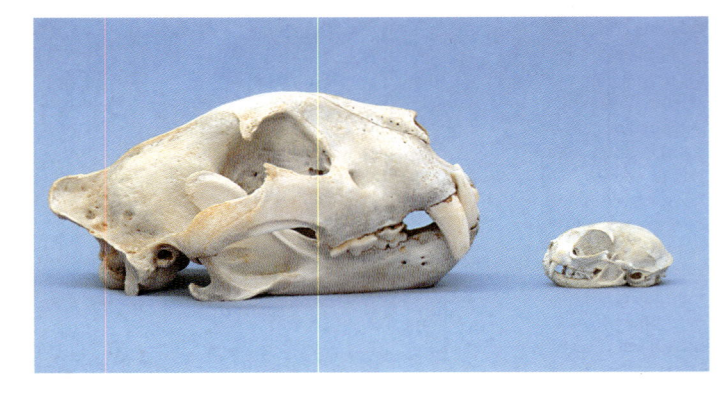

ESTRUCTURA CRANEANA
Los dientes incisivos unidos a las poderosas mandíbulas son una característica distintiva tanto en el cráneo del tigre como en el del gato doméstico.

jaguares, leopardos, leopardos de la nieve y leopardos nebulosos. El linaje Ocelote se compone de siete gatos pequeños sudamericanos: ocelotes, margays, oncillas, gatos de las pampas, gatos de las montañas andinas, kodkods y gatos de Geoffrey.

El linaje Lince incluye a los linces, los gatos monteses y, lo que resulta muy sorprendente, a los gatos marmolados de Asia que, en base a su distribución, hábitos y aspecto físico, siempre habían sido considerados un tipo de leopardo nebuloso en miniatura.

El caracal africano, con sus hermosas orejas, y el gato dorado africano, forman el linaje Caracal, mientras que el gato dorado asiático, que se parece mucho al anterior, figura junto al poco conocido gato Bay de Borneo en el linaje Gato Bay. Los gatos pescadores de Asia y los gatos de orejas aplanadas, que poseen la extraordinaria habilidad de atrapar peces, el leopardo común y el original gato Iriomote, que vive únicamente en la isla del mismo nombre en el océano Pacífico, constituyen el linaje Leopardo Asiático. Llama mucho la atención el linaje Puma,

SE RECONOCE POR SUS OREJAS
El serval africano tiene un perfil alargado debido a sus orejas grandes y erguidas.

LA HISTORIA DE LOS GATOS (continuación)

formado por ese "gato pequeño" grandote junto con el furtivo yaguareté (jaguareté) y el chita.

Quedan dos especies sin clasificar: el delgadísimo serval africano de orejas grandes, que se especializa en caer sobre los roedores en cuanto emergen de sus madrigueras subterráneas, y el gato rojizo moteado, nativo de la India y de Sri Lanka, que por menos de 1 ½ kg de peso rivaliza con el gato de patas negras por el título del gato más pequeño del mundo.

Por último, está el linaje Gato Doméstico, al que pertenecen nuestras mascotas preferidas y sus antepasados salvajes junto con el diminuto gato de patas negras; el gato de arena, morador de los desiertos; el Pallas asiático, de pelaje largo y cara achatada; el gato de la selva,

EL GATO SAGRADO
En el año 1500 a.C., el gato era considerado un animal sagrado en Egipto y se lo representaba en innumerables obras de arte.

de pelaje corto, y el extravagante gato chino de montaña.

Condición de semidiós Se cree que alrededor del año 1500 a.C., el faraón de Egipto tenía una reserva de granos de tal magnitud que necesitaba más gatos para protegerla. Como la gente no se mostraba dispuesta a entregar sus gatos, se piensa que el faraón proclamó semidioses a todos los gatos. Esto implicaba que un simple mortal no tenía derecho a poseer un gato, a diferencia del faraón, a quien su condición divina sí se lo permitía. Los gatos podían seguir viviendo en los hogares de sus primeros dueños durante el día, pero a la noche debían llevarlos a los depósitos para que atraparan a los roedores.

Por su nueva condición los gatos fueron reverenciados y consentidos. Se aplicaban castigos severos a quien lastimara a un gato, y en caso de que alguno resultara muerto el castigo era la muerte.

Cuando un gato moría, había un período de duelo tras el cual el gato era momificado. En una ceremonia cuidada, se lo enterraba en un ataúd de madera o bronce en un cementerio para gatos. En un cementerio en Beni-Hassan, Egipto, los arqueólogos descubrieron más de 300.000 momias de gatos.

Viajes por mar Los marineros también necesitaban proteger sus reservas de granos y otros alimentos de las ratas y los ratones, por lo que en sus viajes a través del mar comenzaron a llevar gatos. Se cree que los comerciantes griegos y fenicios fueron los que introdujeron el gato doméstico en Oriente Medio y en el actual territorio de Italia alrededor del año 1000 a.C.

Desde allí los gatos domésticos llegaron gradualmente a Asia y Europa, hasta desembarcar en Inglaterra. Seguían participando de los viajes por mar y, a medida que las exploraciones y el comercio ganaron relevancia en el siglo XVII, se expandieron por todo el Nuevo Mundo.

Europa Después de haber sido reverenciados por los romanos como símbolo de la libertad, los gatos cayeron en desgracia en Europa durante más de 200 años. En Inglaterra, en el siglo XIV, el gato había llegado a simbolizar el mal y se lo asociaba directamente con las brujerías y el Diablo. Cientos de miles de gatos encontraron su muerte en la hoguera, mientras la Iglesia no sólo condonaba la matanza sino que en realidad la defendía y alentaba.

A medida que la población de gatos iba en disminución, la población de ratas iba en aumento, lo que colaboró para la aparición de la Peste Negra (plaga de muerte bubónica) en 1334. Esta enfermedad fatal transmitida a los seres humanos por las pulgas de las ratas, se difundió rápidamente por toda Europa.

Fue entonces cuando se volvió a descubrir el valor de los gatos para controlar la expansión de los roedores, por lo que pronto recobraron su popularidad. A fines del siglo XVII, en Francia comenzaron a instalarse puertas batientes (o gateras) en muchas casas, con el objetivo de que la mascota de la familia pudiera entrar y salir cuando quisiera.

Asia Los gatos son muy respetados en todo el continente asiático. En algunas regiones eran criados en los templos para que protegieran los manuscritos del ataque de ratas y ratones. También ayudaban a resguardar los capullos de gusanos de seda, ya que el comercio de la seda tenía una importancia económica vital para China y Japón. (De hecho, el comercio de seda era tan importante para China que el secreto de los gusanos de seda permaneció a muy buen resguardo durante 3.000 años y cualquiera que dejara escapar una palabra al respecto podía ser sometido a la pena de muerte.)

En Siam (actual Tailandia), sólo los miembros de la realeza podían tener gatos y el gato Siamés era conocido como el gato real de Siam.

BIOLOGÍA Y ANATOMÍA FELINA

Los felinos tienen una forma bastante uniforme de cazar: son depredadores solitarios que acechan a la presa y luego la atacan en una acometida veloz. La mayoría de sus características anatómicas tienen relación con esta típica conducta predatoria.

El cuerpo del gato La espina sostiene el cuerpo del gato y al mismo tiempo le permite moverse con una gran flexibilidad. En la región del tronco es como un arco tirante al que los músculos de la espalda y del estómago proporcionan la tensión gracias a la cual el cuerpo del gato se estira y se contrae como un resorte, logrando potencia y velocidad.

Los dientes La dentición de los gatos es en verdad sorprendente. Los dientes son reducidos en cantidad, si se los compara con otros carnívoros, y tienen una función específica. Normalmente, en un cráneo adulto se encuentran 15 dientes a cada lado del centro de la mandíbula que incluyen, a cada lado, tres incisivos superiores y tres inferiores, un canino superior y uno inferior, tres premolares superiores y dos inferiores, y un molar superior y uno inferior. El molar superior es comparativamente pequeño, y a veces el primer premolar es mínimo o ni siquiera aparece. Los incisivos de los gatos no tienen un tamaño desmesurado, pero los dientes caninos son grandes. Al matar una presa, los caninos largos y redondeados se insertan entre las vértebras del cuello de la víctima.

En la mayoría de los carnívoros terrestres, los últimos premolares superiores y los primeros molares inferiores se denominan carniceros. Los carniceros tienen filos aplanados lateralmente, que al cerrar la mandíbula se superponen como las hojas de una tijera. La magnitud del filo de los carniceros depende de la alimentación. Los carniceros de los osos, por ejemplo, tienen coronas bajas, como los nuestros, lo que

CAZADORES ESPECIALIZADOS

Los esqueletos de los gatos son variaciones de un mismo tema. En general, de una especie a otra sólo varían las proporciones relativas de las distintas partes. Las características del cráneo, así como la longitud y la amplitud de los dientes caninos, está determinada por la alimentación, mientras que las particularidades poscraneanas y la longitud de los miembros, varían de acuerdo con los patrones de utilización y el hábitat de cada especie.

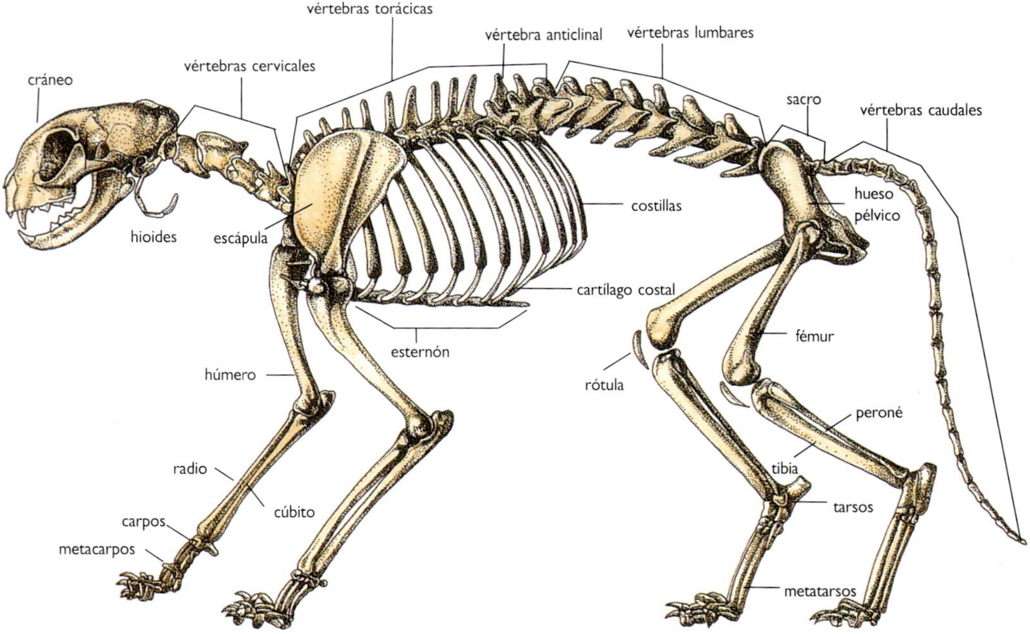
vértebras torácicas
vértebra anticlinal
vértebras lumbares
cráneo
vértebras cervicales
sacro
vértebras caudales
hueso pélvico
costillas
hioides
escápula
cartílago costal
esternón
fémur
húmero
rótula
peroné
tibia
radio
cúbito
tarsos
carpos
metacarpos
metatarsos

BIOLOGÍA Y ANATOMÍA FELINA (continuación)

los habilita más para aplastar que para desgarrar. En los gatos, los carniceros son bien largos y no poseen la parte del diente que es apta para aplastar.

Cada diente tiene una tarea específica: los caninos largos sujetan y matan a la presa; los molares como tijeras, o carniceros, se utilizan para arrancar trozos de carne del cadáver, y los pequeños incisivos despegan de los huesos hasta el último jirón de carne.

El sentido del olfato No se sabe qué información transporta el sentido del olfato del gato. Por mucho tiempo se ha considerado que en los felinos el olfato está mucho menos desarrollado que en los perros. Además de los sensores olfativos nasales normales, los gatos (y otros carnívoros) tienen un órgano vomeronasal que es una membrana olfativa auxiliar ubicada en canales opuestos que van desde cada lado del paladar hasta justo detrás de los incisivos. No se sabe con certeza qué funciones sensoriales cumple ese órgano, aunque se cree que es utilizado por los machos cuando verifican la disposición sexual de una hembra.

El control de la temperatura Tal como ocurre en otros carnívoros, las glándulas sudoríparas no abundan en la piel de los gatos. Se concentran más en las almohadillas de zarpas, alrededor del ano y en los genitales externos. El jadeo les refresca el cuerpo, y el cerebro es refrescado por un sistema complejo de intercambio de calor en el que participa una red de venas diminutas ubicadas en una cámara en la base del cerebro llamada seno cavernoso. Este sistema evita que el cerebro reciba sangre demasiado caliente, lo que tiene especial importancia durante la ejercitación, cuando la temperatura del cuerpo puede dispararse.

Reproducción No hay nada demasiado inusual en el sistema reproductivo de los gatos. Los machos tienen testículos escrotales y, como otros carnívoros (excepto las hienas), tienen un hueso en el pene (el hueso peniano o báculo), que es comparativamente más pequeño que en los perros. La punta del pene (el glande) está cubierta por espinas que apuntan hacia atrás y cuya función parece ser la de estimular a la hembra para que la liberación de sus óvulos coincida con el momento del coito. Las gatas tienen hasta seis pares de glándulas mamarias, y la

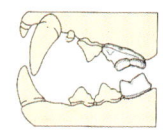

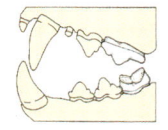

MANDÍBULA DE GATO CON CORTE DE LOS CARNICEROS
El sombreado indica las facetas cortantes de un premolar superior y un molar inferior. El movimiento de corte permite que el gato desprenda trozos de carne de la presa.

cantidad varía según el número de una camada típica.

Cola Además de ser una buena señal del humor del gato, la cola parece servir principalmente para el equilibrio. En gatos más grandes y pesados, como el chita, la cola también resulta de utilidad cuando el animal cambia de dirección durante una persecución a toda velocidad.

UÑAS RETRÁCTILES

Cuando las uñas se retraen (arriba a la derecha), el ligamento de resorte se contrae y los músculos dorsales y ventrales se liberan. Ese es el estado normal de las uñas cuando el gato está descansando. Cuando las pone en uso (abajo a la derecha), se produce la acción contraria: los músculos dorsales y ventrales se contraen y el ligamento de resorte se estira. Ahora las uñas sobresalen de sus cubiertas. Alguna vez se creyó que los chitas tenían garras no retráctiles, pero se trataba de un error. Lo que ocurre es que no tienen las cubiertas que protegen las garras, como otras especies de gatos.

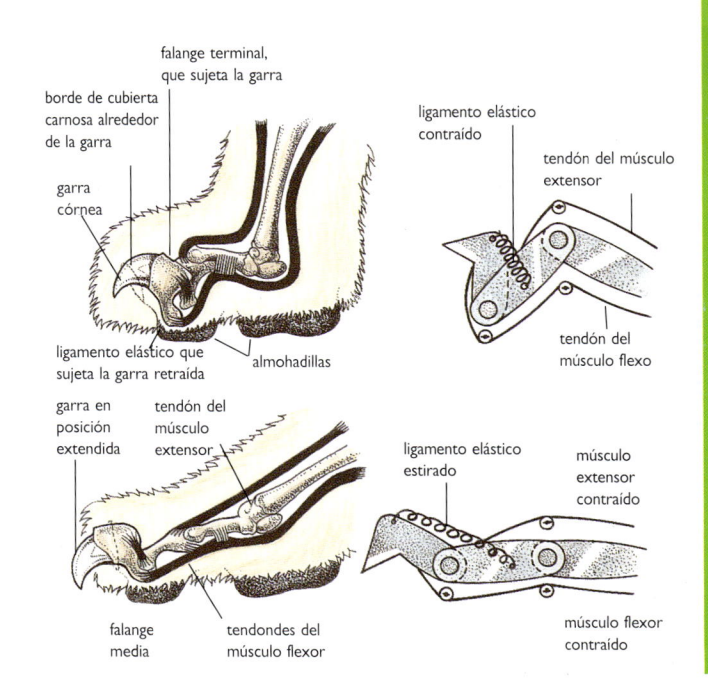

CAMUFLAJE Y PELAJE

Si bien las razas de gatos varían muy poco en cuanto a su morfología, presentan una infinita variedad en la forma de la cabeza y las orejas, la forma y el color de los ojos, el tipo de pelaje y los colores y patrones del pelaje.

Los gatos tienen cuerpos muy variados: desde el cuerpo corto, relleno y fornido de los Persas, los Manx y los Exóticos de Pelo Corto hasta el cuerpo largo, delgado y tubular de los Siameses y los Orientales de Pelo Corto.

En el medio están los de cuerpos más moderados que equilibran la corpulencia de los Persas y la esbeltez de los Siameses, como los Burmeses, los Americanos de Pelo Corto y los Habanas Café.

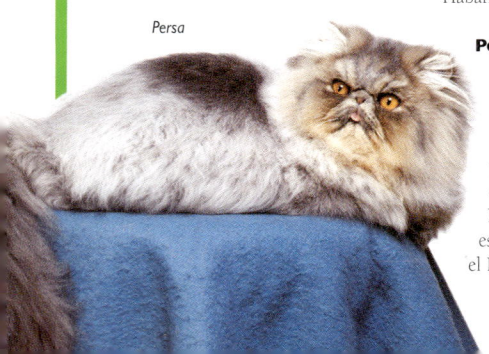

Dos gatos Esfinge: uno atigrado mackerel y uno negro

Pelo Como resultado del cruce entre razas, en la actualidad hay gatos que presentan una inmensa variedad de largo y tipo de pelo. Los largos van desde el casi inexistente pelo del Esfinge hasta el pelaje espeso y vaporoso del Persa. Entre estos dos extremos están las razas de pelo corto, como el Rex de Cornualles, el Burmés, el Ruso Azul y el Siamés, y las razas de longitud media de pelo, como el Somalí, el Abisinio y el Balinés. Algunos gatos tienen pelajes dobles, como el Manx, el Somalí y el Ruso Azul, mientras que otros son de pelo fino, sedoso y más compacto, como el Burmés, el Siamés, el Oriental y el Bombay.

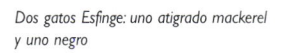

Hay cientos de combinaciones de colores, y algunos pelos tienen además diferentes texturas. El pelo blanco, por ejemplo, suele ser suave y sedoso; el

Persa

pelo azul es algodonoso y denso, y el pelo oscuro tiende a ser más áspero y de textura más espesa, lo mismo que los pelajes punteados y atigrados.

El pelo de algunos gatos es en realidad una de sus características más distintivas: el Rex de Selkirk parece una oveja lanuda; el Rex de Devon tiene ondas sueltas y suaves, y el Rex de Cornualles tiene ondas cortas y apretadas. Otros pelajes, como el de los Rusos Azules y los Exóticos de Pelo Corto, son tan densos y afelpados que acariciarlos resulta un deleite.

Colores básicos Blanco de ojos azules, Cobre de ojos azules, Blanco de ojos impares, Negro (ébano), Crema, Azul, Rojizo, Chocolate, Lila (lavanda).

Otros colores Dorado, Cameo, Café, Plata, Gamuza, Canela.

Puntos de color Punto lila, Punto Chocolate, Punto Azul, Punto Foca, Punto Rojizo, Punto Tortie, Punto Lince, Punto Torbie.

Colores atigrados Crema, Café, Azul, Rojizo, Chocolate, Lila, Plata, Cameo, Dorado

Patrones atigrados Clásico, Rayado de tigre o mackerel, Moteado, Manchado o Marmolado (agutí)

Ocicat chocolate

Tortoiseshell Rojo y negro (básico), Crema azul, Crema lila, Crema chocolate.

Multicolores Calicó (rojizo, azul y blanco), Calicó chocolate (rojizo, chocolate y blanco), Calicó lila (rojizo, lila y blanco), Bicolor (blanco con cualquier color básico o blanco con colores atigrados), Van (blanco con una zona menor que la bicolor de cualquier color básico, principalmente en cabeza, cola y patas), Van Calicó (blanco con una zona pequeña de cualquiera de dos colores básicos, principalmente en cabeza, cola y patas).

Torbie Colores atigrados, Colores tortoiseshell, Atigrado con blanco, Torbie con blanco (también puede presentarse en puntos de colores y blanco). Los pelajes sombreados son Chinchilla, Sombra y Humo. Puede agregárseles toques de Chinchilla, Sombra y Humo a los colores básicos uniformes, Bicolor, Dorado, Calicó, Cameo, Atigrados, Torbie, Tortoiseshell y Van.

El gato

CABEZAS Y OREJAS

El gato

Como nosotros, los gatos hacen expresiones faciales para comunicarse de cerca. Si bien ellos mueven sus orejas constantemente tratando de captar todo tipo de información interesante, al mismo tiempo nos dan mensajes sobre su humor y su nivel de ansiedad.

Cabezas La forma de la cabeza de los gatos domésticos puede dividirse en tres tipos básicos: en forma de cuña (o triangular), redonda y rectangular. Los Siameses y los Orientales de Pelo Corto son dos ejemplos de razas con cabezas en forma de cuña. Razas como el Abisinio y el Angora Turco tienen una cuña modificada, de forma todavía triangular pero que en lugar de tener ángulos definidos es suavemente curva o redondeada.

La cabeza redonda se encuentra en razas como el Persa, el Exótico de Pelo Corto y el Británico de Pelo Corto. En razas como el Burmés, Manx y Americano de Pelo Corto se verifica una cabeza redonda modificada (que no es del todo redonda).

La cabeza rectangular es ancha entre los ojos y va estrechándose hasta terminar en un hocico apenas más angosto, lo que le da la apariencia general de un rectángulo. Tanto el Maine Coon como el Habana Café pertenecen a esta categoría.

Orejas El tamaño, la forma y la ubicación de las orejas de los gatos difieren mucho entre las razas. Las hay pequeñas y grandes, anchas y angostas en la base, ubicadas en lo alto y en lo bajo de la cabeza, con puntas puntiagudas o redondeadas. Están las orejas pequeñas y curvadas hacia adelante del Fold Escocés y las orejas curvadas hacia atrás del Rizado Americano.

Otras razas de orejas pequeñas son los Persas y los Exóticos de Pelo Corto, que las tienen muy separadas, casi a los costados de la cabeza. Las razas que presentan orejas medianas con una separación moderada son Burmés y Británico de Pelo Corto, mientras que el Rex de Cornualles tiene orejas altas, que recuerdan las de un murciélago, extremadamente grandes y muy erguidas,

Bengalí Atigrado: cuña modificada

Azul Oriental: cabeza en forma de cuña

ubicadas muy juntas. Las orejas del Rex de Devon son muy anchas en la base, y están tan separadas y bajas a los costados de la cabeza que el gato parece un duendecillo. Las peculiares orejas triangulares del Siamés y el Oriental de Pelo Corto están ubicadas de manera que van acampanándose y continúan la línea triangular de la cabeza.

Oído El delicado control muscular que tienen los gatos sobre la parte externa de la oreja les permite localizar la fuente de sonidos ínfimos provenientes de cualquier dirección. Esto los ayuda a localizar potenciales presas pequeñas. No sabemos

Calicó Persa: cabeza redonda

cuál es la comparación entre el rango de audición y sensibilidad de los gatos grandes y los gatos domésticos y el de los seres humanos.

Si bien los gatos jóvenes tienen un oído excelente, este sentido parece ir deteriorándose hacia los cinco años de edad.

Señales con las orejas Durante un encuentro felino, la posición de las orejas de un gato envía señales claras al otro animal. Al principio estarán erguidas y hacia adelante porque el gato está alerta. Si percibe una amenaza, las orejas caen hacia abajo y hacia los costados, en relación directa con la intensidad de la amenaza. Si se asusta, dejará caer las orejas bien hacia los costados.

Noruego azul y blanco: cabeza rectangular

El gato

ojos

Los felinos tienen ojos grandes para el tamaño del cráneo. Los ojos de aquellos de hábitos nocturnos son todavía más grandes porque les permiten atrapar toda la luz posible. Los ojos de los gatos domésticos son casi tan grandes como los de los humanos, pero pueden ensanchar las pupilas mucho más que nosotros.

Visión estereoscópica Al nacer, los gatitos son ciegos; tienen los ojos muy cerrados. Permanecen así durante casi una semana o diez días, y la visión es escasa durante los primeros meses. Todos los gatos tienen ojos grandes, orientados hacia adelante, lo que les permite una buena superposición de los campos visuales. Esto significa que tienen una percepción estereoscópica en la mayor parte de su campo visual.

Esta disposición funciona muy bien en los depredadores, en especial aquellos que acechan o tienden emboscadas a sus víctimas, porque tienen que detectar hasta

Balinés: ojos azul intenso, almendrados

el menor movimiento que realice la potencial presa antes de que ésta los vea a ellos. La visión estereoscópica permite que el gato evalúe con exactitud la posición y la distancia, algo vital para los cazadores.

El sentido más importante Los gatos dependen mucho de su vista y tienen una excelente visión nocturna y un amplio campo visual. Las pupilas pueden dilatarse hasta formar un círculo completo en condiciones de poca luminosidad, pero a la luz del sol se contraen hasta formar ranuras verticales para dar protección a la retina sumamente sensible.

Ojos que brillan en la oscuridad Un atributo de los ojos del gato aumenta su sensibilidad a la luz, pero limita su agudeza. Se trata de una capa de celdas reflectoras, llamadas *tapetum lucidum*, presente en muchos animales nocturnos y en casi todos los carnívoros. Funciona reflejando la luz en el ojo a través de células sensoras para duplicar el efecto de cada fotón de luz. Si bien esto aumenta la sensibilidad del ojo, la imagen reflejada no es perfecta y aparece borroneada. El *tapetum lucidum* es lo que hace que los ojos de un gato parezcan brillar cuando se los enfoca con luces largas.

Siberiano: ojos almendrados

Fold Escocés: ojos redondos

Siamés: ojos sesgados

Forma Aunque los ojos de los gatos son redondos, algunos parecen tener otra forma debido a la apertura. Hay solamente tres tipos básicos de ojos: redondos, almendrados (u ovales) y sesgados.

Los gatos domésticos de ojos redondos son el Burmés, el Exótico de Pelo Corto y el Persa. Los que tienen ojos almendrados son el Abisinio y el Americano de Pelo Corto. Los de ojos sesgados son el Siamés y el Oriental de Pelo Corto.

Para criar o exhibir un gato de pedigrí, el color de los ojos debe adaptarse al color del pelaje en todas las razas, excepto en aquellas que se permiten ojos de cualquier color, como los Manx, Fold Escocés y los Rex, entre otros.

La mayoría del resto de las razas tienen los ojos adecuados a su clase de color (ver las especificaciones en la Guía de Razas, que empieza en la p. 202).

A veces los ojos del gato tienen dos colores distintos, pero esto no afecta para nada la visión del animal. En los gatos blancos de ojos azules la visión es normal, aunque a veces tienen un defecto en los oídos que les provoca sordera.

El tercer párpado Como casi todo el resto de los vertebrados, el gato tiene un tercer párpado llamado membrana nictitante. El aspecto de esta membrana es un buen indicio del estado de salud del gato (si queda a la vista, el gato no está bien). Parece un tejido fino blanquecino y está bajo la esquina interna del ojo.

Cada vez que el gato parpadea, estos párpados limpian la superficie del ojo. La superficie interna de cada párpado y la parte visible del ojo están recubiertas con una membrana humedecida constantemente por las lágrimas liberadas a través de conductos pequeñitos que están en el vértice del ojo.

COLAS

No hay una buena explicación funcional de la cola de un gato, aunque tal vez sirva para ayudarlo a mantener el equilibrio. En realidad, algunas especies prácticamente ya han perdido la cola.

Persa

Bobtail Japonés

57 variedades

Las colas de los gatos son de distintos tamaños y formas: desde la cola corta y gruesa del Persa hasta el Manx, que carece de cola. El Bobtail Japonés tiene una cola que parece un pompón y sobresale apenas unos 5 cm del cuerpo, el Rex de Cornualles, el Siamés y el Oriental tienen colas largas y delgadas, casi como látigos.

Otras colas largas pero no tan delgadas, pueden encontrarse en el Angora Turco, el Maine Coon, el Ragdoll y el Ruso Azul. Otras razas, como los Burmeses, Exóticos, Americano de Pelo Corto y Británico de Pelo Corto, tienen colas de largo medio.

Marcas La mayoría de las especies tienen marcas en la cola en forma de anillos y puntas de color contrastante. Tal vez sirvan para poner más en evidencia las señales que los gatos hacen con ellas. En encuentros agresivos, el gato menea la cola de lado a lado en señal de amenaza. Las marcas contrastantes pueden tener el objetivo de llamar la atención del otro protagonista y hacer que la amenaza sea más enfática y notable.

Británico de Pelo Corto

confrontación, y sufrir accidentes automovilísticos. Afortunadamente, en caso de que sufra heridas graves la cola puede ser amputada sin que esto implique un perjuicio serio para el animal, aunque puede llegar a verse y sentirse un poco raro hasta acostumbrarse a la nueva forma de su cuerpo.

No hay que tirar al gato de la cola porque se le puede dañar la médula espinal que corre por dentro de la espina. Si con el gato conviven niños, o si van niños de visita a su casa, enséñeles la forma correcta de sostener al gato (ver p. 72) y explíqueles que no le tiren de la cola porque lo estarán maltratando.

Heridas Las colas parecen ser especialmente vulnerables a las heridas. Entre los accidentes más frecuentes que sufren las colas de los gatos figuran el de quedar atrapadas en las puertas de casas y automóviles, ser mordidas tanto en peleas como cuando tratan de escapar de una

Razas sin cola La raza sin cola más conocida es la del Manx, aunque muchos gatos de esta raza tengan vestigios de una cola. La falta de cola se origina en un defecto medular, por eso es importante no aparear dos gatos Manx que no tengan ningún vestigio de cola.

Siamés

El gato

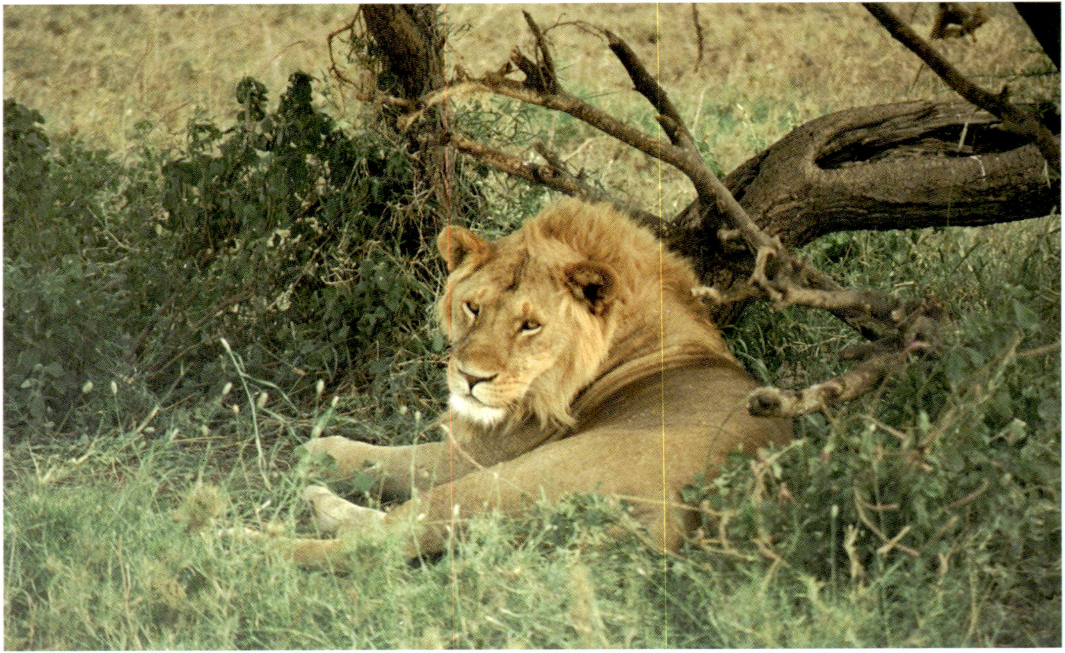

Todo sobre los gatos
Gatos salvajes

Entre los carnívoros, los gatos tal vez sean los mejor adaptados a un estilo de vida predatorio por ser corredores con cuerpos aerodinámicos o sigilosos cazadores al acecho, con garras afiladas y dientes letales. A pesar de la gran diversidad de colores, tamaños y hábitos, los felinos (o verdaderos gatos) se destacan por la uniformidad en la forma del cuerpo y el cráneo, por sus proporciones generales y en especial por su dentición. Aunque no tienen dientes diseñados para masticar, sus largos caninos son típicos de los carnívoros. El éxito de los felinos se debe en parte a la universalización de muchas de sus características, pero también a que mantienen peculiaridades primitivas de gran utilidad, heredadas de sus primeros antepasados o de la orden de los carnívoros en su totalidad.

Gatos salvajes

LEONES

Son uno de los integrantes más grandes y poderosos de la familia de los gatos, y han desarrollado eficaces estrategias de supervivencia. Son los únicos gatos que funcionan en conjunto para realizar una caza, y comparten el botín más o menos democráticamente. El vivir en comunidad les permite defender mejor cualquier territorio que quieran ocupar.

El león sociable (*Panthera leo*) vive en manadas de distinta cantidad de miembros, cuyas hembras suelen ser parientes. El grupo puede estar constituido por hasta 40 animales, pero lo más frecuente es que de 12 a 15 de ellos vivan y cacen juntos en un territorio bien delineado, que es rondado y delimitado por los machos dominantes. Los machos jóvenes –que son alejados del grupo familiar cuando el padre pierde el control de la manada– pueden formar grupos pequeños de protección y ayuda mutua en actividades de caza, hasta que son capaces de establecerse en una manada por su cuenta.

Cuando un macho dominante empieza a perder su vigor debido a la edad, a la pérdida de los dientes, o a heridas, los machos jóvenes más fuertes aprovechan la oportunidad para expulsarlo. El nuevo macho dominante mata o echa de la manada a los jóvenes y a los cachorros. Las hembras entran de inmediato en su periodo fértil y el nuevo líder se aparea varias veces con la mayor cantidad posible de hembras, para asegurar la supervivencia de la especie.

Unos seis meses después nacen los cachorros, normalmente de varias hembras y casi al mismo tiempo. Las hembras ayudan a criar camadas de uno a cuatro

Una manada típica está formada por varias generaciones de unos doce animales emparentados.

cachorros, aprestándose a dar de mamar a las crías de otras hembras y adoptando a los que puedan haber quedado huérfanas.

Distribución Alguna vez los leones vagaron por el centro y el sudoeste de Europa, India y el norte de África. Ahora sólo existen en el oeste de la India y en los territorios semidesérticos y altos de África. Sus hábitats preferidos son las sabanas, las praderas, los bosques áridos y los semidesiertos, donde los colores cafés y ocres de sus pieles les permiten pasar inadvertidos en el paisaje que los rodea.

Alimentación Como la mayoría de los carnívoros, los leones se esfuerzan por conseguir comida. Normalmente se agrupan para acechar y derribar animales grandes, como cebras y antílopes, que son sus presas más frecuentes. También cazan jirafas y animales más pequeños, además de comer carroña. Por lo general, la leona es la encargada de matar, pero cuando llega la hora de comer los machos preceden a las hembras y a los animales más jóvenes. Un macho viejo que ha perdido su lugar en la manada tiene pocas posibilidades de sobrevivir mucho tiempo, y probablemente no sobrepase los 12 años de edad.

Dos hembras emparentadas comparten una comida. Los jóvenes tienen que esperar su turno. Los animales de otras manadas no son bien recibidos en este festín.

Leones macho y hembra: la melena amarronada del macho se espesa y se oscurece con la edad.

Gatos salvajes

Gatos salvajes

TIGRES

Con su distintiva piel a rayas, el imponente *Panthera tigris* es fácilmente reconocible. Es un depredador formidable, y el más grande de todos los gatos. Las rayas verticales marrones oscuras o negras constituyen para él un camuflaje perfecto para las condiciones de poca luminosidad con que caza, normalmente entre el ocaso y el amanecer.

El tigre es el único felino con rayas, por lo que tal vez sea el gato grande más fácil de reconocer. Su pelaje va de un anaranjado oscuro a un ocre rojizo, con la panza, el cuello y la parte interior de las extremidades color crema claro. Tiene el cuerpo cruzado por rayas verticales oscuras.

Las camadas de dos o tres cachorros son amamantadas por la madre durante unos seis meses, y permanecen con ella aprendiendo las habilidades de la caza hasta que nace la siguiente camada, aproximadamente cuando los jóvenes tienen unos dos años de edad. Las hembras vecinas pueden tener territorios exclusivos o superpuestos, mientras que la distribución de los machos puede incluir el territorio de varias hembras con crías.

Distribución Los tigres viven en hábitats variados, desde la taiga nevada hasta las selvas tropicales, siempre que haya abundancia de animales de presa y una fuente confiable de agua dulce durante todo el año. Cuando una hembra establece su territorio, normalmente permanece allí toda su vida, o hasta que es expulsada por otra. Los tigres viven en India, Nepal, Buthán, Bangladesh, Birmania, Tailandia, Vietnam, Rusia, y tal vez en China.

Alimentación Aunque los tigres cazan en soledad, la presa puede ser compartida por varios adultos. Puede ser cualquier criatura incauta o vulnerable que se les cruce en el camino, pero por lo general atacan venados, cerdos y hasta búfalos. Algunos tigres parecen tener lugares de acecho privilegiados, en especial cerca de los espejos de agua donde las presas potenciales pueden estar distraídas o con la guardia baja. Matan con facilidad al ganado doméstico, y también matan seres humanos.

Los tigres prefieren vivir cerca de espejos de agua fresca y son nadadores resistentes e intrépidos.

El tigre Siberiano (debajo) generalmente tiene la piel muy clara y es el más grande de todas las especies de tigres.

Gatos salvajes

LEOPARDOS

Gatos salvajes

Precavido, resistente y pragmático, el adaptable leopardo es capaz de vivir a la sombra de los seres humanos con mucha más eficacia que cualquier otro gato grande. Resuelve el problema de la competencia cazando en distintos momentos del día a sus primos más grandes.

El leopardo *(Panthera pardus)* tiene un aspecto bastante similar al del jaguar, pero carece de la cabeza compacta y el físico robusto de éste. El pelaje varía de gris a marrón óxido, y los que viven en desiertos y sabanas son más claros. Tienen el pelo cubierto de motas y rosetas negras, sin motas en el interior de las rosetas. Los leopardos completamente negros (melanísticos) son bastante comunes, en especial en las selvas tropicales.

Tras un período de gestación de 90 a 105 días nacen dos o tres cachorros en un cubil recluido, y permanecen con su madre hasta que tienen de 15 a 24 meses de edad.

Distribución El leopardo, uno de los gatos grandes más adaptables, sobrevive en gran parte de África, excepto en el Sahara, así como también en zonas de Israel, Oriente Medio, Pakistán, India, el Sudeste Asiático, China y Siberia. Vive en hábitats muy variados, donde haya comida suficiente y resguardos para poder cazar.

Alimentación Los leopardos son cazadores sigilosos y solitarios, y a veces acechan a la presa a través de grandes distancias. Mientras que las hembras parecen respetar los límites territoriales de cada una,

Los individuos pueden identificarse por la cantidad y la ubicación de las motas en el hocico.

Las pieles negras proporcionan un buen camuflaje para los leopardos que viven en selvas tropicales.

los machos pueden vagar por los territorios de varias hembras. Los leopardos suelen comer las extremidades y las entrañas de sus presas como primera comida, y esconden el resto para más adelante. Arrastran el cadáver hasta esconderlo en la espesura o lo cuelgan en la rama baja de un árbol, lugar relativamente seguro fuera del alcance de las hienas y hasta de aves carroñeras como los buitres. Las presas más comunes son las gacelas, venados, cerdos y monos, pero también comen roedores e insectos.

A diferencia de los tigres y los jaguares, los leopardos no necesitan una fuente constante de agua dulce porque pueden sobrevivir gracias a la humedad que extraen de los cuerpos de sus víctimas. Sin embargo, si disponen de agua beberán con regularidad.

Gatos salvajes

Gatos salvajes

JAGUARES

Tercero en tamaño de los gatos grandes tras el tigre y el león, el jaguar que vive en la actualidad es mucho más pequeño que su antecesor gigante, que alguna vez vagara libremente por toda América del Norte. Aunque suelen descansar en los árboles, se cree que estos animales escurridizos cazan principalmente en tierra.

El jaguar (*Panthera onca*) es un gato poderoso, de pecho hundido, robusto, de cabeza grande y redonda y extremidades cortas y fuertes. Por su tamaño y su piel moteada parece un leopardo corpulento, pero el patrón de manchas de ambos animales presenta diferencias. El pelaje corto del jaguar varía del dorado claro a un óxido rojizo intenso, y tiene una serie de rosetas oscuras que rodean una o dos motas más pequeñas. A lo largo de la espina tiene una hilera de motas negras que suele formar una línea sólida. También hay muchos jaguares completamente negros.

Tras un período de gestación de 93 a 105 días, nacen de uno a cuatro cachorros

Los jaguares completamente negros (melanísticos) son bastante comunes. Las motas características se ven a través del trasfondo oscuro del pelaje.

que permanecen con su madre alrededor de dos años; luego establecen su propio territorio. Los territorios de las hembras pueden superponerse, y el territorio de un macho puede superponerse con el de varias hembras.

Distribución Los jaguares frecuentan los lugares donde abunda el agua dulce, como las planicies pantanosas del Brasil y los bosques que crecen en los márgenes de arroyos, ríos o lagos. Entran al agua sin dudar y son nadadores resistentes. Se los encuentra en la zona sur del centro de México, en toda América Central y en América del Sur hasta el norte de la Argentina.

Alimentación Por ser buenos trepadores, los jaguares suelen descansar en los árboles, pero se cree que cazan principalmente en tierra. Estos poderosos cazadores solitarios comen casi cualquier cosa que esté a su alcance, como lagartijas, serpientes, carpinchos, caimanes, mamíferos pequeños, venados, peces, tortugas y ganado vacuno. Las resistentes mandíbulas del jaguar y sus contundentes dientes caninos le permiten matar ejemplares que lo superan en peso de tres a cuatro veces, asestándoles una mordida mortal en la parte trasera del cráneo en lugar de morderles el cuello o la garganta, como hacen muchos otros gatos grandes.

Gatos salvajes

LEOPARDOS DE LA NIEVE

Gatos salvajes

Tema de mitos y folklore por varios siglos, estos animales magníficos y sigilosos se dejan ver en muy pocas ocasiones; hasta a los escaladores más avezados les cuesta dar con ellos. Tienen una adaptación superlativa a los rigores de su hábitat remoto y escabroso.

El leopardo de la nieve (*Panthera uncia*) es un animal de aspecto exótico, de ojos verdes-grisáceos y pelaje largo, espeso, color gris humo con rosetas y motas grandes y oscuras. Tiene cabeza pequeña con frente ancha, y orejas cortas y redondeadas. Las patas son comparativamente cortas, con garras grandes y anchas.

Distribución Los leopardos de la nieve viven en territorios remotos, empinados y escabrosos, en altitudes muy elevadas, y se los ha visto en prados alpinos, montes bajos de las estepas alpinas, y bosques en latitudes muy elevadas. Suelen vivir en alturas de 2.700 a 6.000 metros, pero a veces descienden a zonas más bajas en busca de comida durante el invierno.

Estos animales, fundamentalmente solitarios, se distribuyen en amplias regiones montañosas de Asia Central, así como también en territorios de Rusia, Mongolia, China, Nepal, Bután, India,

Pakistán y posiblemente Afganistán. Sus hábitos furtivos, la escasa cantidad de individuos y su dispersión en territorios amplios, junto con la dificultad que ofrecen las condiciones de esos lugares, han entorpecido desde siempre los intentos por estudiarlos, por lo que se conoce muy poco sobre sus hábitos. El territorio de un macho puede superponerse con el de una o más hembras.

Alimentación Caza principalmente cerca del amanecer, al anochecer o durante la noche. Sus presas preferidas son las cabras silvestres y las marmotas, aunque también se alimenta de ciervos almizcleros, cabras alpinas, liebres y aves, y come ramas de sauce y otro tipo de vegetación. Se sabe que mata ovejas y cabras domésticas, y tras incursiones de esta naturaleza se lo suele perseguir y matar, aunque en la mayoría de los países es un animal protegido. No hay datos que indiquen que haya matado a seres humanos.

El leopardo de la nieve

Gatos salvajes

PUMAS

Gatos salvajes

El puma es el animal terrestre más diseminado en el hemisferio Occidental, pero se lo conoce por distintos nombres en las diferentes regiones que habita. León de montaña, león americano, cougar, pantera, painter y gato montés son algunos de los nombres dados al puma, por lo que la confusión sobre su nombre "correcto" seguramente continuará.

Un cachorro con piel moteada y ojos azules brillantes.

El puma (*Felis concolor*) tiene orejas pequeñas, cuello largo, cuerpo delgado y alargado, y cola larga. Es uno de los dos gatos grandes de color uniforme (el otro es el león). Los machos no tienen melena, y el color de la piel incluye casi cualquier gama, desde el rojo amarronado hasta el gris azulado. Los colores rojizos parecen predominar en zonas tropicales, mientras que las tonalidades grises son más comunes en las regiones septentrionales. Los cachorros de puma nacen con la piel moteada, pero las motas se diluyen y desaparecen a medida que crecen. Suelen nacer dos o tres por camada, y el período de gestación es de 90 a 95 días. Empiezan a comer carne alrededor de las seis semanas de vida, pero siguen mamando otros dos o tres meses. Alcanzan la madurez física y la independencia a los dos años de edad. Los hermanos de camada permanecen juntos varios meses después de alejarse de la madre, pero los adultos son básicamente solitarios.

Distribución Estos animales viven en bosques de coníferas, selvas tropicales, pantanos, praderas y zonas de malezas, desde el nivel del mar hasta 4.500 m de altura, en Canadá, oeste y sur de los Estados Unidos, México, y América Central y del Sur.

Las hembras pueden compartir territorios superpuestos, y los machos en pocas ocasiones pueden superponerse en el territorio de una o más hembras.

Alimentación En general, el venado forma parte de la alimentación de los pumas, que también cazan castores, puercoespines, liebres, mapaches, zarigüeyas y jabalíes. Normalmente arrastran a la presa muerta hasta un lugar seguro y, tras comer sus entrañas, cubren los restos con vegetación. Con presas más grandes, como los alces, tienen comida para más de una semana.

Gatos salvajes

CHITAS

Gatos salvajes

Singulares por su belleza y velocidad, el majestuoso chita es una especie en peligro de extinción, principalmente debido a que la difusión de la agricultura está reduciendo su hábitat. La mortalidad de los cachorros en estado salvaje siempre ha sido alta porque son cazados por otros depredadores.

El chita (*Acinonyx jubatus*) tiene un cuerpo esbelto y musculado y patas largas y fuertes, lo que se combina para convertirlo en el mamífero terrestre más veloz. Tiene cabeza pequeña, con hocico corto, fosas nasales anchas, ojos elevados y orejas pequeñas redondeadas. El pelaje corto y áspero es de un amarillo tostado, marcado con motas negras redondas. Tiene la cola larga. Las garras quedan expuestas, aunque estén retraídas, lo que le suma tracción para girar y maniobrar, y durante la aceleración.

Las hembras viven solas con sus crías, pero no delimitan territorios. El campo de acción de las hembras es grande y puede superponerse, pero ellas tienden a evitarse. Tras un período de gestación de 90 a 95 días nacen de tres a ocho cachorros.

A los cuatro meses los cachorros pierden el pelaje grisáceo con que nacen; son destetados a los seis meses, y se alejan de la madre entre los 13 y los 20 meses. Los hermanos suelen permanecer juntos durante varios meses más, sobre todo los machos que forman coaliciones pequeñas de hasta cuatro individuos, lo que implica tanto protección mutua como una ventaja en la caza. Así pueden capturar presas más grandes que si estuvieran solos, y comparten el botín.

Los chitas hacen carreras cortas a 110 kph. La secuencia de abajo ilustra el galope rotativo de un chita corriendo a gran velocidad. Apoya primero una pata trasera de cada lado, a lo que le sigue una fase de flotación, cuando ninguna pata está sobre la tierra. Luego apoya una pata delantera de cada lado, seguido por un período de vuelo cruzado con todas las patas reunidas bajo el cuerpo.

Gatos salvajes

Distribución El estilo de caza del chita funciona mejor en zonas abiertas donde haya suficiente cobertura como para ocultarse de las presas potenciales. Vive en planicies abiertas, en semidesiertos y en espesuras arbustivas en todo el territorio de Asia y en Oriente Medio.

Alimentación Cazan de día, por lo general a fines de la mañana y comienzos de la tarde, cuando la competencia es menos encarnizada. Atrapan animales como gacelas, impalas, crías de ñúes y liebres, acechándolos hasta que se les acercan lo suficiente como para arrojarse sobre ellos y luego los persiguen en una carrera corta y a una velocidad sorprendente.

LINCES

Gatos salvajes

De las cinco especies del género *Lince*, el gato salvaje es el que mejor se ha adaptado a las condiciones cambiantes de su hábitat. Todos son miembros de la familia Pantera y tienen orejas prominentes y en punta con mechones de pelos negros.

Caracal (Lynx caracal)

Gato salvaje (Lynx rufus)

El Caracal es un gato esbelto, de patas largas y color marrón rojizo que vive en el norte, centro y sur de África, así como también en regiones de Oriente Medio, Arabia Saudita, territorios de Rusia, Afganistán, Pakistán y el norte y centro de la India. Prefiere los montes secos, las estepas montañosas áridas, los montes bajos de acacias, las sabanas y las zonas montañosas secas, donde se alimenta fundamentalmente de aves, roedores y mamíferos. Caza de noche, a veces presas bastante grandes. Tiene un tamaño similar al de una gacela y un pelaje corto, recto y sin manchas.

Los gatos salvajes
tienen un aspecto similar a otras especies de linces, pero en general tienen patas más cortas y pies más pequeños. Su pelaje corto, suave y denso se presenta en distintos colores, desde gris claro a marrón rojizo. La piel puede tener motas o barras negras o marrones oscuras, y la parte de atrás de las orejas es negra con una mancha blanca grande. La cola corta es blanca por debajo, con una franja negra arriba, en la punta, y varias franjas oscuras indistintas. Estos animales solitarios viven en hábitats muy variados, desde el

sur de Canadá hasta el centro de México, aunque de pocos individuos. Comen conejos y liebres, pero también cazan roedores, aves, serpientes y venados pequeños.

Lince norteamericano (Lynx canadensis)

El lince norteamericano suele ser de color marrón amarillento, a veces con motas oscuras. Tiene cola corta, con varios anillos oscuros y la punta oscura, y pies grandes y muy poblados de pelos. Vaga por las zonas boscosas del Canadá y Alaska, alimentándose casi exclusivamente de liebres de la nieve, pero también son carroñeros y comen otros mamíferos pequeños, aves y crías de reno.

El lince euroasiático tiene casi el doble de tamaño que el norteamericano, y sus motas negras están mejor definidas. Vaga por las zonas boscosas de Europa Occidental, Rusia, Escandinavia, Asia Menor y Central, Irán, Iraq, Mongolia y Manchuria. Los principales ingredientes de sus dietas son conejos y liebres, complementados con roedores y aves.

El lince español tiene más manchas que el resto. Habita las lejanas regiones montañosas del sudoeste de España y partes de Portugal, y caza conejos, patos y cervatillos.

Lince euroasiático (Lynx lynx)

Lince español (Lynx pardinus)

Gatos salvajes

Gatos salvajes

SERVALES Y OCELOTES

Estos dos gatos de tamaño mediano tienen historias evolutivas muy distintas pero, aunque viven en distintos continentes, ambos se alimentan esencialmente de lo mismo: roedores pequeños. El serval ronda por las praderas, mientras que el ocelote es más un cazador de los bosques.

Serval (Felis serval)

Servales Este gato a... tiene una cabeza pequeña y de... dominada por un par de orejas muy grandes. La cola corta llega hasta la corva. Tiene un pelaje tostado dorado, con motas negras que varían en tamaño.

Tras un periodo de gestación de 74 días nacen de uno a tres cachorros en una guarida bien camuflada o en una madriguera abandonada por otro animal. Los jóvenes empiezan a comer alimentos sólidos al mes de edad. Permanecen con su madre durante casi un año.

Distribución El serval prefiere las planicies con abundante agua fresca, y nunca se aleja demasiado de ella. Está distribuido en vastas zonas de África y es bastante numeroso en zonas del sur del Sahara, aunque desde hace 25 años que no se lo avista en la región Atlas de África del Norte, donde antes era muy común. Los territorios de las hembras con crías no se superponen, pero el dominio de un macho

Ocelote (Felis pardalis)

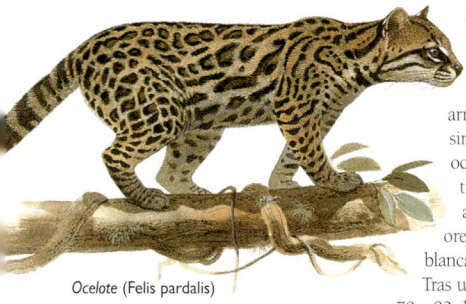

puede superponerse con el de varias hembras. Los territorios se mantienen con frecuentes marcaciones.

Alimentación Altamente especializado en la caza de roedores, este animal caza sólo en tierra. Utiliza sus orejas largas y su afinado oído para localizar a la presa entre los pastizales altos. Aunque prefiere los roedores, también come ranas, lagartijas, topos, aves pequeñas e insectos.

Los ocelotes tienen pelaje corto y abigarrado, con motas oscuras, sólidas y abiertas, dispuestas en líneas por todo el cuerpo. La cola es anillada en negro, o tiene franjas negras en la parte de arriba. El patrón del pelaje es muy similar al del margay, pero los ocelotes suelen ser más grandes, tienen la cola más corta y ojos apenas más pequeños. Tienen orejas redondeadas con una mancha blanca notoria en la parte posterior. Tras un período de gestación de unos 79 a 82 días nacen uno o a veces dos cachorros, que permanecen con su madre aproximadamente dos años.

Distribución Estos animales fundamentalmente solitarios viven en una gran variedad de hábitats tropicales y subtropicales, como bosques, montes achaparrados y sabanas inundables, desde el sur de Texas, partes de México y América Central hasta América del Sur, llegando hasta la Argentina. Sin embargo, su distribución se está acotando debido a la destrucción de sus hábitats naturales.

Los territorios de las hembras con cría no se superponen, pero el de un macho puede superponerse con los de varias hembras.

Alimentación Principalmente nocturnos, estos depredadores cazan al acecho. Las presas comprenden roedores y otros mamíferos pequeños, pero a veces cazan animales grandes como agutíes o aves de presa, peces, serpientes, lagartijas y cangrejos de tierra.

Ocelote (Felis pardalis)

Gatos salvajes

OTROS GATOS SILVESTRES

Gatos salvajes

De las 36 especies de gatos que habitan en el mundo, conocemos apenas siete de las más grandes. Son las que fueron estudiadas tanto en su estado silvestre como en los zoológicos, y han prosperado en cautiverio. Para preservar las especies menos conocidas, tenemos que aprender más sobre sus necesidades y ciclos vitales.

Kodkod

El kodkod *(Felis guigna)* Del tamaño de un gato doméstico pequeño, el kodkod es uno de los gatos más pequeños del hemisferio Occidental. Vive en zonas restringidas de Chile y la Argentina, en los bosques de coníferas, en zonas arboladas y ambientes semiabiertos. Sus hábitats preferidos están a punto de extinguirse debido a la actividad forestal y a la expansión de la agricultura, por lo que tiene un futuro incierto.

La piel del kodkod puede ser negra, amarillo crema o gris amarronada, y está repleta de motas pequeñas que a veces se unen formando una banda en los hombros. En la cola tiene una serie de anillos negros. También hay muchos kodkods completamente negros (melanísticos).

No se sabe mucho sobre esta extraña criatura, pero tal vez sea un cazador solitario que se alimenta de mamíferos pequeños y aves.

El gato de Pallas *(Felis manul)* es un animal pesado, de aspecto mullido, con patas cortas y robustas. Su pelaje denso, largo, grisáceo o rojizo, es dos veces más largo en la parte inferior del cuerpo que en la parte superior y en los costados, para protegerlo de los inviernos fríos y abundantes en nieve de los lugares donde vive. Se lo encuentra en el Mar Caspio, Irán, el sudeste de Siberia y China. Se cree que caza lo que ve, como mamíferos pequeños, liebres y aves.

El oncilla *(Felis tigrina)* es aún más pequeño que el kodkod. Tiene un pelaje espeso y suave, con motas y rosetas negras o marrones, un camuflaje ideal para los bosques donde vive. Se lo encuentra en las selvas elevadas y en bosques húmedos bajos, desde el nivel del

Oncilla

mar hasta los 1.000 metros de altura en América Central y del Sur, desde Costa Rica hasta el norte de la Argentina. Escaso en la mayor parte de sus hábitats, probablemente haya cada vez menor cantidad de individuos a medida que su hábitat se achica debido a la actividad forestal y a las plantaciones de café.

Se sabe poco de los hábitos del oncilla, pero en cautiverio nacen uno o dos cachorros tras un período de gestación de 74 a 76 días. Se cree que, como la mayoría de los gatos, es un animal solitario, nocturno, y que caza roedores y aves en tierra.

Gatos salvajes

OTROS GATOS SILVESTRES (continuación)

Leopardo nebuloso de Asia

Yaguareté (jaguareté)

El leopardo nebuloso de Asia (*Neofelis nebulosa*) tiene un extraño pelaje, con manchas grandes y oscuras en forma de nubes que se oscurecen hacia la parte posterior. La parte inferior de las patas, cabeza, hombros y panza están cubiertas de grandes motas negras. Tiene patas cortas y poderosas, y cola muy larga. Pocas veces visto en estado salvaje, no se sabe a ciencia cierta si este leopardo es una especie arbórea o un cazador terrestre que se desplaza por los troncos de las selvas. Vive en los Himalayas, el sur de China, Taiwan, Malasia, Sumatra y Borneo. Se cree que se alimenta de aves, monos, cerdos, ganado vacuno, cabras, venados y puercoespines.

El yaguareté o jaguareté (*Felis yagouaroundi*) tiene un cuerpo alargado, bajo pero esbelto; patas cortas y una cola muy larga. Tiene cabeza pequeña y aplanada, y orejas pequeñas redondeadas. En general, parece más una comadreja u otro animal similar que un gato. Es uno de los pocos gatos sin manchas, de pelaje marrón rojizo o gris de color casi uniforme. Está distribuido en hábitats variados, desde áridos bosques espinosos hasta densos bosques y planicies pantanosas. Parece más apto para vivir en zonas abiertas que el resto de los gatos neotropicales. Es un buen nadador, por lo que también se lo encuentra en zonas ribereñas.

El yaguareté (jaguareté) vive desde el sur de Texas pasando por México y América Central hasta llegar a América del Sur, en la región este de los Andes y el norte de la Argentina. Caza principalmente de día en tierra, y se alimenta de aves, mamíferos pequeños y armadillos, y come también frutas.

El margay (Felis wiedii) tiene un pelaje suave, con motas o rayas marrones oscuras o negras con centros abiertos más pálidos. Su piel es muy similar tanto a la del ocelote, de mayor tamaño, como a la del oncilla, de menor tamaño, pero el margay tiene cabeza más corta y redondeada, ojos más grandes y cola más larga que ellos. Se lo encuentra siempre en hábitats arbóreos, por lo general en selvas tropicales húmedas, desde México pasando por América Central y América del Sur hasta la región este de los Andes y la Argentina. Caza de noche, principalmente en los árboles pero también en tierra, y se alimenta de roedores, aves, reptiles e insectos.

Aunque de una distribución amplia, probablemente haya escasos individuos de esta especie. Poco se conoce sobre su vida social, aunque tal vez sean solitarios. Tras un período de gestación de 81 días, los margays en cautiverio dan a luz un solo cachorro. El pequeño empieza a comer alimentos sólidos a los dos meses, y se desarrolla plenamente a los 10 meses.

Margay

Gatos salvajes

53

GATOS VAGABUNDOS

Gatos salvajes

A pesar de la cercanía que los gatos han tenido con los seres humanos desde su domesticación, tal vez en Egipto hace unos 4.000 años, todavía no llegamos a entender plenamente su comportamiento. Cuando los gatos domésticos se tornan vagabundos, su comportamiento guarda poca similitud con la del mismo gato de modos suaves que descansaba en el sofá.

La mayoría de los parientes del gato doméstico viven en hábitats donde el alimento escasea por lo menos en parte del año. Adoptan un estilo de vida solitario, y ocupan territorios grandes, exclusivos, que defienden con ferocidad.

Los gatos domésticos perdidos o abandonados se tornan vagabundos con gran rapidez, inclusive en ambientes urbanos. Llegan a volverse tan recelosos de las personas que resulta difícil reclamarlos o rehabilitarlos.

Vida silvestre Cuando los gatos domésticos se tornan vagabundos no tienen problemas para sobrevivir, pero sus cacerías hacen estragos en las poblaciones nativas de pequeños animales y aves. Esto es lo que hace que los conservacionistas miren con mala cara a los gatos vagabundos, ya que los ven como una plaga importante.

Reproducción Los gatos vagabundos pueden tener varias camadas por año y los pequeños, al no tener contacto con personas en los primeros días de vida, se convierten en adultos prácticamente imposibles de atrapar y manejar sin controles físicos o químicos. Como no son tratados por sus enfermedades, estos gatos pueden convertirse en depósitos de parásitos y enfermedades infecciosas. La presión poblacional implica una competencia feroz, por lo que abundan las peleas en las que las infecciones se transmiten con facilidad. Enfermedades como el virus de inmunodeficiencia felina aparecen en proporciones cada vez mayores en los animales vagabundos.

Peleas En sus guerras territoriales los gatos vagabundos se infligen heridas espantosas. Cuando sus territorios se superponen con el de mascotas domésticas, los vagabundos suelen salir mejor parados de la pelea. Entre las heridas más comunes están las córneas rasguñadas, pero el mayor peligro radica en el contagio y la difusión de una enfermedad. Las heridas de mordeduras siempre se infectan, por lo que los abscesos son generalizados.

La rehabilitación de los gatos vagabundos pocas veces resulta exitosa, en especial si no tuvieron una socialización temprana con los seres humanos, como ocurre con la segunda generación de gatos vagabundos. Aunque pueden llegar a aceptar ofrecimientos de comida, nunca se domesticarán.

Los gatos vagabundos pueden sobrevivir en estado salvaje, pero son un gran problema para los animales nativos. Como son cazadores expertos, en poco tiempo pueden exterminar distintas especies de pequeños mamíferos y aves.

Gatos salvajes

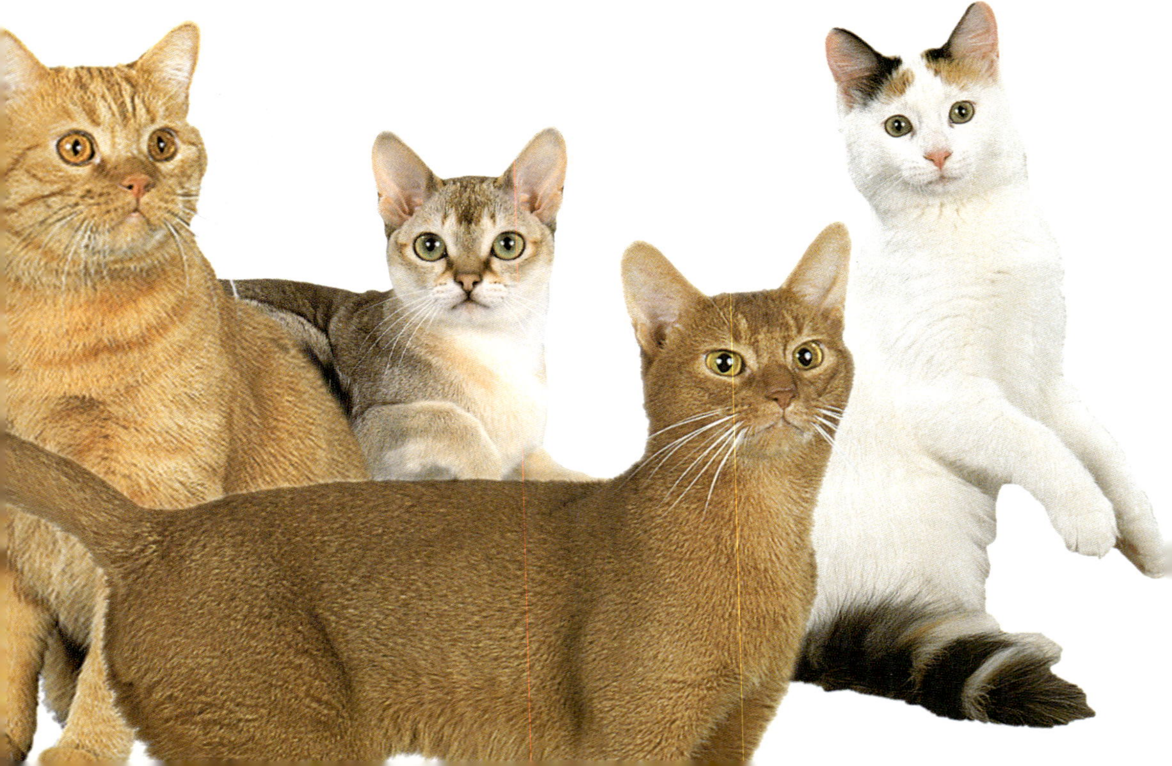

SEGUNDA PARTE

Gatos como mascotas

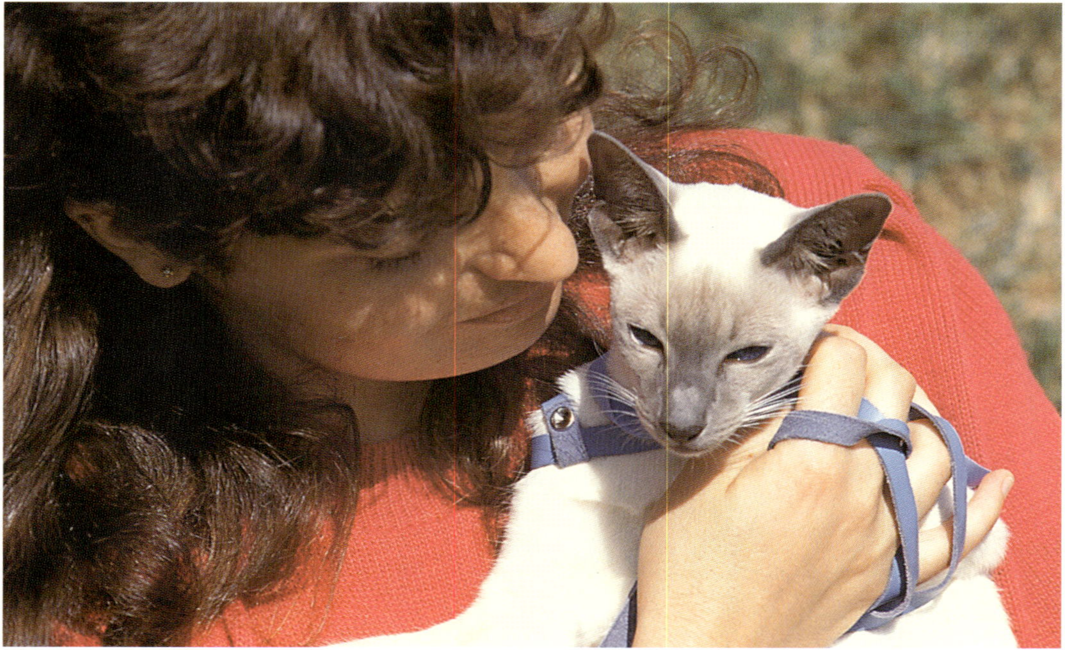

Gatos como mascotas
USTED Y SU GATO

Alguna vez considerados semidioses, los gatos han sido miembros importantes de las familias desde hace miles de años. En la actualidad, millones de orgullosos dueños de todo el mundo disfrutan del amor y la amistad incondicional que sus gatos les ofrecen. Un gato puede hacer maravillas en cuanto a mejorar la salud y la felicidad de una persona. Pero su adopción supone también asumir una responsabilidad importante; cada dueño potencial debe saber que tendrá que dedicar tiempo y esfuerzo para que la vida de su mascota sea lo más dichosa posible desde el momento mismo en que la elige y la lleva a casa. Es un esfuerzo que se verá recompensado con años de compañía y amor.

ELEGIR UN GATO

¿Está usted buscando un gato que le haga compañía? ¿O le interesa encontrar un ejemplar para la cría y exhibición? Por cierto, es muy reducido el porcentaje de dueños interesados en criar y exhibir sus gatos. La mayoría busca ese gato especial con el que compartir sus corazones y sus hogares.

Antes de adoptar un gato hay que preguntarse si uno quiere y puede mantenerlo durante unos 18 años, o más. ¿Puede ofrecerle un lugar seguro donde vivir? ¿Tendrá tiempo para asearlo y cuidarlo? ¿Sus hijos entienden la responsabilidad que implica tener una mascota? ¿Las otras mascotas de la casa están listas para recibir a un nuevo integrante?

Si contesta positivamente a todos estos interrogantes, entonces pregúntese si dispone del dinero para mantenerlo sano y salvo. Hay que tener la certeza de poder alimentarlo, además de mantenerlo al día con la vacunación, exámenes físicos anuales y otros cuidados veterinarios que pueda necesitar.

Si aún contesta positivamente, tendría usted que saber que el tiempo y el dinero que invierta le serán restituidos mil veces por la compañía y el amor que su gato le dará.

No importa si su casa es grande o pequeña: los gatos entran en cualquier lugar, así que cualquier tipo de casa les bastará y se adaptan de maravillas incluso a un departamento en el centro de la ciudad.

COMENZAR
Un gatito nuevo es el comienzo de una maravillosa amistad. Asegúrese de disponer del tiempo y el dinero para cuidarlo como se merece.

Aunque al principio parezcan oponerse al encierro, pronto se tranquilizarán si uno ignora sus súplicas para salir. Si usted vive en un lugar donde su gato pueda estar afuera sin problemas, cualquier patio será suficiente para sus necesidades.

¿Gatito o gato? Hay muchos gatos adultos que, por distintos motivos, necesitan encontrar hogares que los reciban. No es fácil adoptar un adulto, pero la gratitud y el afecto que se cosechan valen la paciencia que se les dedique. Los gatitos, por otra parte, son más fáciles de adoptar porque se adaptan con mayor facilidad. Si ya hay otros gatos en la casa, conviene comprar un gatito, mientras que si es el primer gato, tal vez convenga adoptar un gato plenamente desarrollado. Los adultos no son tan bulliciosos como los gatitos, por lo que son más apropiados para personas mayores.

Gatos para niños Los gatos y los niños se entenderán muy bien con un poquito de ayuda de los mayores. Aunque a un gatito pueda resultarle difícil escapar de los tirones de cola y de pelo que le dará un niño pequeño, un gato adulto simplemente se alejará cuando el juego se convierta en guerra. Además, la mayoría de los gatos perdonan a los niños y toleran que los sostengan en toda clase de posiciones poco dignas. Si un adulto llegara a sostenerlo con la cabeza colgando hacia abajo, el gato reaccionaría con indignación, pero tolerará que un niño lo transporte de cualquier forma.

Si en su casa hay niños, pídales que no se acerquen mucho al gatito hasta que éste se acerque a ellos y ejerza un control adecuado hasta ver que pueden estar juntos sin problemas.

Un gato faldero No todos los gatos se trepan a la falda. Algunos están demasiado ocupados como para quedarse tirados por largo rato. A los que tienen pelaje espeso o largo no les gusta sentir la calidez adicional de otro cuerpo. Se van porque el calor los incomoda. Como todos los gatos tienen el tamaño ideal para estar en la falda, conviene tener uno de raza de pelo corto, aunque tampoco esto constituye una garantía.

Usted y su gato

BUENOS AMIGOS
Aunque pueden no gustarse demasiado de inmediato, déles tiempo a sus mascotas para que se conozcan y pronto serán los mejores amigos.

Usted y su gato

¿DE PELO LARGO O CORTO?

La consideración principal a tener en cuenta en la elección de una raza es cuál nos gusta más, pero el sentido común indica que el pelaje debe adecuarse al clima y a las condiciones de vida. Recuerde que las razas de pelo largo exigen disponer de más tiempo para su acicalado.

PIEL FÁCIL
Si no se puede invertir mucho tiempo en el acicalado del gato, conviene elegir una raza de pelo corto.

La elección de una raza Hay muchas consideraciones a tener en cuenta en la elección de una raza. Los gatos Persa, con sus caritas de muñeca y largo pelaje espeso, pueden gustarnos mucho, pero ¿disponemos del tiempo y las ganas necesarios para acicalarlos todos los días?

Si este tipo de pelaje pasa un día sin ser peinado, se enmaraña y se llena de suciedad. Una buena solución que permite tener ese gatito Persa con cara de muñequita pero con pelo corto que exige menos cuidados es el Exótico de Pelo Corto. En el Reino Unido hay un tipo similar que se llama Británico de Pelo Corto, y en Europa Continental está el llamado Europeo de Pelo Corto.

¿Es usted amante de la paz y la tranquilidad? Entonces tal vez no le convenga tener un Siamés ni un Oriental de Pelo Corto, porque tienen una voz muy aguda. Y si quiere que sus objetos pequeños permanezcan en los estantes o en la mesita ratona, la mayoría de las razas de pelo corto le estarán vedadas ya que les encanta reacomodar todo lo que puedan mover.

¿Hay otros gatos o perros en su casa? ¿El nuevo gato tendrá mucha compañía humana, o estará solo la mayor parte del día? Algunas razas soportan mejor que otras el hecho de quedarse a solas.

Clima ¿Vive usted en un lugar caluroso y húmedo? Si así fuera, un gato de pelo largo no estará cómodo a menos que se disponga de un acondicionador de aire. Un gato de pelo corto buscará refugio,

Usted y su gato

BAJO LAS LUCES
A un Persa como éste nada le gusta más que estirarse en un lugar expuesto y dejarse admirar.

temblando, en un clima frío y ventoso, a menos que se lo mantenga siempre adentro. Incluso así, querrá que la chimenea esté encendida porque no tiene una piel gruesa que lo abrigue.

Ciertas razas, como la Esfinge (ver pp. 234-235) y las Rex (ver pp. 256-259) tienen poco o nada de pelo y necesitan un cuidado especial. Además, el Esfinge puede sufrir quemaduras solares con facilidad, por lo que hay que protegerlo del sol.

Adentro o afuera Un gato que viva en el interior y en el exterior será más independiente porque mantendrá sus instintos básicos de supervivencia. Un gato que nunca salga ocultará su naturaleza independiente y dará respuestas muy similares a las de un perro. La mejor forma de elegir el gato ideal es seleccionar el que luzca más atractivo, teniendo en cuenta los cuidados especiales que necesite, y luego integrarlo gradualmente a la rutina de la casa.

Una vez decidida la raza habrá que elegir el color, ámbito en que la variación es realmente asombrosa. La Guía de Razas (que empieza en la p. 202) sirve de ayuda para decidir cuál es el gato que mejor se adapta a usted, a su estilo de vida y a las necesidades de su familia.

ACRÓBATA
Un Pelo Corto Oriental como éste será activo, juguetón y adorable, pero aman la compañía y pueden inquietarse si están solos mucho tiempo.

Usted y su gato

¿CON O SIN PEDIGRÍ?

Tal vez usted tenga amigos que son dueños de un Siamés adorable, o quizás haya admirado a una raza en particular en una exhibición de gatos. Si quiere un gato que tenga determinado aspecto o temperamento, podrá encontrar una raza que tenga las características que busca. Pero recuerde que los gatos de razas mixtas son igualmente amorosos.

IRRESISTIBLES
Los gatitos Persa de ojos azules ablandan el corazón de cualquiera, pero antes de elegirlos hay que estar seguro de disponer del tiempo para brindarles los cuidados que requieren.

Gatos con pedigrí La mayor ventaja de comprar un gato con pedigrí es que probablemente cumpla con las características y peculiaridades de la raza que uno busca. Si bien todos los gatos son individuos únicos, el aspecto es una constante dentro de cada raza, aunque algunas se presentan en tantos colores y patrones de pelaje que resulta difícil decidirse por un gato en particular. También se pueden encontrar determinados rasgos de personalidad en razas específicas. Algunas razas, como los Burmeses, Siameses y Abisinios, son famosos por su trato similar al de los perros. Adoran jugar con sus dueños y perseguirlos. Otras, como los Rusos Azules, son sumamente afectuosos además de ser muy bonitos.
La preferencia por un gato

de pura raza puede deberse a su color, pelaje o forma del cuerpo. Si esto es lo que le importa, elija un gato de esa raza con pedigrí.

Gatos sin pedigrí En el mundo hay muchas más razas de gatos mixtas que puras. Y la madre naturaleza suele dotar a aquellos de características más bonitas que a muchos de los gatos con pedigrí. Estos gatos de reproducción menos cuidada son más robustos y más capaces de defenderse. También resultan más fáciles de cuidar y cuesta mucho menos mantenerlos. Si bien tienen personalidades menos predecibles, son mascotas bellas y afectuosas.

Amigo y compañero de juegos
Si usted busca un gato que le haga compañía, cualquier gato –con pedigrí o de raza mixta– le vendrá bien. El gato no sabe, ni le interesa saber, que tiene pedigrí. Todos los gatos comen como gatos, juegan como gatos y nos aman como gatos, sin importar de dónde provengan.

ARISTÓCRATAS
No todos los gatos con pedigrí necesitan cuidados especiales. Este elegante Burmés prácticamente no requiere mantenimiento.

ORÍGENES HUMILDES
Los gatos de razas mixtas suelen ser mascotas sumamente afables y afectuosas.

Usted y su gato

CÓMO EVALUAR UN GATO

Ahora que usted ha decidido tener un gato como mascota y ya ha elegido el tipo preferido, hay que asegurarse de comprar el gato correcto en el lugar correcto, ya que el animal tiene que estar sano, feliz y ser afectuoso.

Signos de enfermedad Al elegir ese gatito o gato especial, uno quiere que esté en las mejores condiciones posibles. Tendrá que tener las orejas limpias, sin pulgas. Tendrá que tener los ojos claros, sin suciedad en los vértices. La boca y la encía tendrán que tener una saludable tonalidad rosada. La nariz no tiene que gotearle. Pásele la mano suavemente por la espina hasta las caderas. Tendrá que tener la cantidad suficiente de carne como para que la mano no sienta los huesos. El pelaje y la zona anal tendrán que estar limpios.

Si es un gato de pelo corto, el pelaje tiene que estar pegado al cuerpo, no deslucido ni abierto; si es de pelo largo, el pelaje tendrá que cubrirle todo el cuerpo y no estar seco. No tendrá que tener mal aliento, y lo ideal es que tampoco tenga olor. Especialmente si es un gatito, tóquele el estómago suavemente con los dedos para asegurarse de que no esté distendido o desproporcionado respecto del resto del cuerpo.

Cuando sostenga un gatito o un gato que no sea suyo, no lo levante con la mano colgando en el aire ya que se asustará y reaccionará gritando y tratando de escapar. Examínelo sujetándolo con firmeza, preferiblemente sobre la falda.

Dónde comprarlos Los gatitos y gatos abandonados suelen esconderse bajo automóviles o arbustos. Si piensa

EXAMEN
Antes de comprar un gatito o un gato, verifique que esté sano y en buenas condiciones.

adoptar uno, tenga cuidado porque pueden ser salvajes. Los gatos se venden o entregan en las casas de refugios para animales o en las asociaciones protectoras. Sin embargo, en estos lugares no ofrecen detalles de los antepasados de los gatos ni de los defectos hereditarios que puedan tener.

En los periódicos y revistas veterinarias también pueden aparecer avisos sobre venta de gatitos y gatos, pero hay que verificar que los animales estén en buen estado de salud, que tengan condiciones sanitarias aceptables, y que se ofrezcan garantías sobre su salud.

Se pueden conseguir gatos de razas puras por medio de criadores particulares. También se los vende –o se los ofrece en adopción en caso de gatos entrados en años o de razas fuera de competencia– en las exhibiciones de gatos.

Si se compra un gato a un criador, hay que dejarse guiar por la primera impresión. Si en la casa hay un olor muy fuerte, o si el gato sale disparando de temor, no conviene comprar un gatito en ese lugar. Aunque la mayoría de los gatos se esconderá momentáneamente cuando vea llegar extraños a la casa, un gato bien criado aparecerá enseguida para explorar al recién llegado. También es bueno conocer a los parientes del gatito, para tener una idea del tamaño y el aspecto que tendrá cuando crezca.

Si la casa o la bandeja sanitaria están sucias, es alta la probabilidad de que el gatito también lo esté.

PAPELES

Pida que le entreguen un registro de las vacunas dadas al gato. Si compra un gato con pedigrí para crianza, también necesitará sus certificados de pedigrí e inscripción.

Usted y su gato

LLEGAR A CASA

Llegó el momento tan esperado por usted y su gatito. Cuando lo lleve a casa tenga en cuenta que él puede estar un poco asustado. Hágalo sentir seguro y cómodo, y bríndele toda la compañía que pueda mientras se adapta a su nuevo ambiente.

Es importante que para transportar a casa a su nuevo gatito utilice una jaula, ya que puede asustarse con el tránsito de la calle. No intente llevarlo en brazos, porque podría arañarlo al tratar de escapar o, si usted va manejando, puede meterse bajo el acelerador o el freno. Si no cuenta con una jaula adecuada, compre una caja barata de cartón en cualquier veterinaria.

Establecerse Cuando llegue a casa con su gatito, colóquelo en una habitación donde pueda expresarse a gusto y póngale una bandeja sanitaria y platos con comida y agua. No lo encierre a solas. Los gatitos extrañan a sus hermanitos y lloran toda la noche si se los deja solos. Aunque uno quiera un gato que pueda vivir en el interior y en el exterior, nunca hay que dejarlo salir hasta que esté preparado.

Coloque siempre una bandeja sanitaria en la habitación, porque el gato no se atreverá a explorar una casa nueva y extraña durante los primeros días. A veces estará demasiado asustado hasta como para usar la bandeja sanitaria, y puede buscar la seguridad de la cama para hacer sus necesidades. Es un comportamiento normal, y pronto aprenderá adónde debe dirigirse.

CONOCIÉNDOSE
Vigile siempre a sus mascotas cuando se encuentren por primera vez, y antes de dejarlas a solas asegúrese de que no se lastimarán.

Los juegos Su gatito necesita mucho amor y atención, y dado que ya no tiene a sus hermanitos para jugar, lo buscará a usted, que ocupará el lugar de su hermano: él forcejeará con su mano, lo pateará y lo mordisqueará suavemente. Es un comportamiento normal, y es la forma de quemar energía. Si muerde fuerte, hay que desalentarlo diciéndole "¡No!" con voz firme o dándole una bofetada suave. No retire la mano con demasiada rapidez porque el gatito puede aferrarse todavía con más fuerza.

Hasta que se acostumbre a su presencia, no le empuje la cara con las manos tal como lo haría con un perrito. Las manos son objetos grandes que pueden asustarlo. Háblele siempre con dulzura –tal como le hablaría a un bebé– y muévase con lentitud. El gatito necesita ser acariciado y peinado, y habrá que llevar a cabo las tareas hogareñas más ruidosas con mucho cuidado.

Conocer a otras mascotas No deje a su gatito con otras mascotas en cuanto llega a casa. Lo que él más necesita es sentirse seguro, comer normalmente y utilizar su bandeja sanitaria. Cuando esté listo, una forma de presentárselo a los otros gatos y perros consiste en dejarlo en una habitación con una puerta mampara, para que pueda ver a las otras mascotas sin tener la posibilidad de pelearse con ellas. Otro método consiste en colocar una jaula temporaria en una habitación donde pueda olfatearse con las otras mascotas sin que se produzcan riñas.

Si estos métodos no le parecen adecuados, tras varios días de su llegada déjelo suelto en la casa. Es normal que los demás le gruñan o le siseen, pero el gatito no querrá pelear ya que está acostumbrado a los gruñidos de su propia madre, que hasta lo alejaba pateándolo cuando decidía que él ya no necesitaba ser amamantado. A menos que se vea cercado sin posibilidad de escapar, el gatito huirá.

POR SIEMPRE
Después de adaptarse a su nuevo hogar, el gato adulto nos brindará años de afecto y compañía.

Usted y su gato

69

LLEGAR A CASA (continuación)

Adoptar un gato adulto Si la nueva mascota es adulta, transpórtela a casa en una jaula. No se tiente a dejarlo suelto en el auto, porque seguramente se asustará y podría arañar o morder mientras trata de esconderse.

Cuando llegue a casa, no lo deje suelto. La primera preocupación es ofrecerle un refugio seguro, a salvo de personas y de otras mascotas. A diferencia de un gatito, el gato adulto no llorará por extrañar a sus hermanos, pero probablemente busque un lugar donde esconderse.

Póngale platos con agua y comida en su habitación. Si se esconde bajo un mueble, colóquele allí un lecho para gatos o una manta para que esté más cómodo. No usará un almohadón ni un lecho para gatos en un lugar más abierto hasta que se sienta a salvo.

A los gatos no les gustan los cambios. Particularmente les disgusta mudarse a una casa nueva o encontrarse con muebles nuevos en su casa de siempre. Por eso es que el gato adulto tiene que soportar una carga doble ya que ha perdido su antiguo hogar y los muebles con que estaba familiarizado.

El nuevo hogar No hay modo de medir el tiempo que tardará el gato en establecerse. Algunos se sentirán cómodos a los pocos días, y a otros les llevará semanas y hasta meses. La paciencia es la clave para ayudarlos a adaptarse.

Evite hablarle en voz muy alta, y no haga movimientos repentinos. A los gatos les disgustan los ruidos y las voces altas casi tanto como la casa nueva. No lo tome en brazos contra su voluntad, ni lo fuerce a salir de su escondite porque se asustará y tal vez no vuelva a confiar en usted.

Mientras coma y beba y utilice su bandeja sanitaria, usted habrá ganado la batalla. Si tiene demasiado temor de acercarse a usted, trate de sentarse tranquilamente en el suelo y háblele con suavidad. A nivel del suelo, el gato ya no lo verá como un gigante y es mucho más probable que se acerque. Si usted arrastra un pedazo de cuerda o lana lentamente frente al lugar donde se esconde, tal vez salga para jugar. Lo más importante es dejar que él se acerque. Con un movimiento repentino para agarrarlo sólo logrará que el gato vuelva rápidamente a su escondite.

Hasta que se sienta lo suficientemente seguro como para moverse en su habitación sin tener que salir volando en cuanto ve entrar a alguien, no habría que permitirle el acceso al resto de la casa. Pero en cuanto se sienta cómodo en la habitación y con usted, abra la puerta y permítale que explore por su cuenta.

Conocer a otras mascotas Si en la casa hay otros gatos o perros, no es buena idea dejar suelto al nuevo gato en presencia de los demás. Deje al gato en una habitación separada mientras aprende a adaptarse a su nuevo hogar, o trate de ponerlo en una jaula grande en otra habitación.

La jaula debe estar contra una pared, para que el gato pueda retraerse a una posición segura cuando lleguen sus nuevos amigos a conocerlo. Tal vez se produzcan algunos siseos, gruñidos y pelos parados de ambas partes, pero es algo normal que no debe preocupar. Este extraño ha invadido la propiedad de otras mascotas, por lo que tales reacciones son completamente naturales.

Después de que se hayan acabado los ruidos y las colas paradas, en el transcurso de un día, o dos o varias semanas, abra la puerta de la jaula y déjelo salir, pero solamente mientras se lo vigila. Si uno está fuera de casa no hay que dejarlo desprotegido hasta tener la plena certeza de que todas las mascotas se entiendan bien.

Tal vez ocurra que el gato más antiguo de la casa, que era el líder, haga un cambio repentino y permita que el recién llegado o uno de los otros gatos domine el grupo. También puede ocurrir que las otras mascotas reaccionen a esta intrusión desarrollando malas conductas. Pueden empezar a jugar más rudamente, a hacer sus necesidades en la alfombra y hasta marcar el territorio rociándolo con orina. Los machos castrados y las hembras esterilizadas son capaces de rociar con orina cuando se sienten estresados.

Al adoptar un gato adulto hay que calcular que tardará un tiempo en sentirse completamente seguro, pero con paciencia finalmente lo logrará. Una ventaja adicional es que probablemente ya esté entrenado para vivir en una casa.

¿DÓNDE DORMIR?
Se le puede armar un lecho al nuevo gato, pero si él decide que prefiere dormir en otro lugar, no hay forma de modificarlo. Acéptelo y ármele un lecho en el lugar elegido por él.

CÓMO SOSTENER UN GATO

Al gato le encantará estar en sus brazos, siempre que se sienta seguro. Si se lo sostiene con firmeza y confianza, enseguida se tranquilizará. No hay que sostenerlo de la cola, ya que se le puede dañar la médula espinal.

La mejor forma de agarrar a un gatito es por el pescuezo, mientras que al mismo tiempo se le coloca una mano bajo el cuerpo. Pero nunca hay que agarrar un gato adulto de esta manera.

Para levantar un gatito más grande o un gato pequeño, sujételo desde abajo con una mano y sosténgalo firmemente contra el pecho con la otra mano. Si es un gato muy grande, levántelo colocándole una mano bajo el cuerpo desde atrás, sosteniéndolo entre las patas delanteras. Sujételo con la otra mano firmemente, para impedir que trate de liberarse. Si el gato lucha por escapar, habrá que sostenerlo por el pescuezo con la otra mano bajo el cuerpo. No levante nunca a un gato de las patas o la cola, y tampoco permita que un niño lo levante así.

Los niños y los gatos Un niño y un gato adulto normalmente encontrarán un método aceptable para ambos. Puede ocurrir que el gato acepte andar cojeando y permita que el niño lo transporte desparramado en sus bracitos, con la mayor parte del cuerpo colgando. Hay que enseñarles a los niños cómo tratar a los gatitos cuidadosamente, siempre con las dos manos y sosteniéndolos por la pancita.

Administrarles medicamentos La mayoría de las personas encuentran dificultades en sujetar a un gato que se contonea mientras lo revisan o le dan medicamentos. Coloque el gato sobre un banco alto o una superficie de trabajo lisa. Resultará más fácil manejarlo y las probabilidades de recibir rasguños son menores si se lo coloca a la altura de la pileta (fregadero) de la cocina. Si se logra que el gato se acueste, tal vez se lo pueda sujetar con firmeza por el pescuezo y los hombros, de modo que no pueda soltarse meneándose. Evite presionarle la espalda o los cuartos traseros porque meneará sus patas delanteras. Si está sentado, sujételo con firmeza por el pescuezo con una mano y rodéele el cuerpo con la otra, acercándolo bien a su cuerpo por el pecho. Tenga cuidado de no recibir rasguños al hacer este movimiento.

El truco de la toalla Para evitar que al examinarle la cabeza al gato las uñas afiladas nos lastimen, sujételo con firmeza por el pescuezo y envuélvalo en una toalla de modo que sólo sobresalga la cabeza. Inserte el extremo de la toalla hacia adentro, como si fuera un turbante. No le suelte el pescuezo hasta haber completado el examen o el tratamiento de ojos u oídos.

Usted y su gato

ADENTRO O AFUERA

Usted y su gato

Antes de decidir si el gato vivirá en el interior o en el exterior habrá que considerar qué tipo de compañía se pretende del animal, en qué tipo de lugar uno vive y qué estilo de vida lleva.

Si usted vive cerca de un lugar céntrico, tal vez prefiera que el gato permanezca siempre adentro por su propia seguridad. Sin embargo, si cuenta con un patio razonablemente grande o si la casa está en las afueras de la ciudad, el gato puede vivir en el interior y en el exterior. La elección es personal, pero hay ciertos puntos a considerar antes de tomar la decisión.

DE AFUERA HACIA ADENTRO

Nunca es tarde para cambiar el estilo de vida del gato y acostumbrarlo a vivir puertas adentro. No lo deje salir por un período corto, y pronto se adaptará a estar encerrado.

Compañía Si el gato permanece siempre adentro, pronto se domesticará por completo, estará feliz y será un compañero permanente. Se puede colocar un estante alfombrado en el apoyo de una ventana para que el gato reciba aire fresco y luz del sol a través del vidrio y para que pueda ver a los pájaros que pasan sin lastimarlos.

Por otra parte, si permite que el gato viva adentro y afuera, nunca se convertirá en un acompañante permanente. Por su propia protección, tendrá que conservar muchos de sus instintos salvajes necesarios para sobrevivir. Aunque tal vez usted prefiera que así sea, tendrá que saber que en su casa el gatito puede reproducir algunos de esos instintos. Aunque esté castrado puede demarcar su territorio cada vez que entre a la casa, lo que hace rociando con orina una puerta, un mueble y hasta la cama. Todas las hembras que viven en el exterior, incluso las esterilizadas, también pueden comportarse de esta manera y, en ocasiones, también pueden actuar así los gatos que viven solamente de puertas adentro.

La vida al aire libre Si cuenta con un patio cerrado, al gato le gustará pasar un tiempo afuera, pero hay que tener en cuenta que no estará completamente a salvo ya que podrá escaparse, y también otros gatos podrán entrar.

Los peligros que el gato puede enfrentar al aire libre son variados: desde ser atacado por gatos o perros vecinos hasta ser atropellado por un automóvil. Es vulnerable al envenenamiento de la sangre a través de un absceso, resultado de la mordedura de un gato o un perro. Pero las mordeduras no siempre quedan a la vista hasta que la infección se ha diseminado por todo el torrente sanguíneo.

La vida en el campo Si el gato participa de las actividades de una granja, tendrá que reconocer los peligros del ganado y de las maquinarias por su propia cuenta, ya que es muy poco lo que se puede hacer para ayudarlo. Es importante que lo mantenga con las vacunaciones al día y que le proporcione un lugar cómodo y seco donde dormir.

Pídale al veterinario que le recomiende productos para el control de pulgas, como una inyección mensual o gotas que se colocan en el cuello del gato. Como alternativa, se le puede poner un collar antipulgas. Espolvoree con pulguicida al gato y el lugar donde éste duerme.

Gatos intactos Si el gato no está castrado y sale al aire libre, habrá que someterlo a exámenes frecuentes para ver si tiene heridas que puedan haberle infligido otros gatos machos. Cuando las hembras tengan cría, tendrá que brindarles un lugar seguro donde proteger a los pequeños de los depredadores, uno de los cuales puede ser su propio padre.

La naturaleza tiene su propia forma de control de la población, y lo hace eliminando gatitos y gatos por medio de enfermedades u obligando a los gatos machos invasores a reducir la cantidad de gatitos recién nacidos matándolos. Así que si el gato va a vivir afuera, conviene castrarlo.

LA VIDA AL AIRE LIBRE
La vida al aire libre ofrece placeres pero al mismo tiempo peligros. Es imposible que el gato no tenga pulgas y gusanos si se le permite vivir en el exterior. Eliminar las pulgas de la casa será una batalla inútil porque el gato volverá a contagiárselas —y a llevarlas a la casa— cada vez que se junte con otros gatos.

ENTRENAR AL GATO

Aunque hay personas que entrenan a sus gatos en habilidades especiales, es una actividad que lleva mucho tiempo y que no ofrece garantías de éxito. No así el entrenamiento en las formas de comportamiento, que resulta esencial para la seguridad y el bienestar del animal.

No trate de convertir a su gato en un perro. Si quiere lograr que una mascota se siente, ruede o acate sus órdenes, no le conviene tener un gato. Puede enseñarle a que acuda a comer (todas las veces) y a que acuda a su llamado (la mayoría de las veces); el éxito dependerá del estado de ánimo del animal.

La seguridad en la casa
Lo más importante que hay

DISTRACCIONES
Atraiga al gato para que se acerque: agite un juguete que le guste u ofrézcale comida, aunque esto no implica que obedecerá siempre.

que enseñarle al gato son las actividades que puedan implicar riesgos tanto para él como para los objetos de valor. Uno no quiere que él convierta el artefacto de la cocina en su lugar preferido, ya que puede quemarse en caso de estar caliente.

Empiece a entrenar a su gato en cuanto alcance la edad suficiente como para intentar saltar sobre la cocina. Lanzarle agua con un rociador da buenos resultados, pero sólo si se puede montar guardia en la cocina durante las 24 horas del día. En otros momentos, cubra la superficie de la cocina con papel aluminio o con recipientes o cacerolas de metal. Al gato no sólo le resultará difícil encontrar un lugar

DISUASIONES
Para evitar que el gato rasgue los muebles, adhiérales cáscaras de naranja; como el gato detesta el olor, se retirará enseguida.

donde sentarse sino que el ruido que haga al saltar lo hará salir volando. Los gatos odian los ruidos y pronto aprenden a no hacerlos. También se puede cubrir el refrigerador y el microondas con cacerolas para desalentarlo a que se instale allí.

Puertas batientes o gateras Si quiere que su gato entre y salga con libertad, una gatera pequeña puede ser la solución. Déjelo en la casa y ubíquese afuera, directamente frente a la gatera. Luego llámelo ofreciéndole su comida favorita. Cuando haya salido, entre y

Usted y su gato

USO DE LA BANDEJA SANITARIA

Un gatito se acostumbrará a usar una bandeja sanitaria de manera natural. Si hace sus necesidades en la alfombra o en una cama, rocíe el lugar con agua de colonia. A la mayoría de los gatos les gusta lamer el perfume, y no ensucian allí donde lamen.

repita el proceso hasta que atraviese la gatera a su voluntad. Luego baje la mitad de la gatera para que él se vea obligado a empujarla para poder pasar. Nuevamente, llámelo y ofrézcale algo rico cuando haya pasado. Cuando aprenda a utilizar la gatera parcialmente cerrada sin dudarlo, complete el paso final, que consiste en repetir el proceso con la gatera completamente baja.

Macetas Para evitar que el gato excave la tierra de una maceta o que la use como bandeja sanitaria, cubra la tierra con piedritas o con "pimienta para gatos". Si persiste, considere la posibilidad de colgar la planta bien lejos de su alcance. No utilice bolitas de naftalina como elemento disuasivo porque pueden resultar mortales en caso de que el gato las ingiera.

En los muebles No es práctico permitir que el gato suba a una silla e impedir que suba a otra. Él no comprenderá la diferencia entre dos sillas, y uno terminará teniendo un gato nervioso e infeliz. Sin embargo, si usted quiere evitar que el gato rasguñe los muebles, cubra los lugares donde le gusta rascarse con plástico transparente grueso, que se consigue en los negocios de mascotas, o coloque cáscara de naranjas en los lugares donde se rasca. Otra sugerencia es colocarle un poste para rascarse próximo al sofá o la silla.

SOBREPASAR LOS LÍMITES

Si no se puede evitar que el gato se trepe a la cocina, úntela con miel u otra sustancia pegajosa. Algunos gatos, como los Siameses, odian pegotearse y no les tomará mucho tiempo abandonar la zona.

77

LA RESPONSABILIDAD DEL DUEÑO

Antes de comprar o vender un gato, hay ciertas cuestiones prácticas y legales a considerar. Tal vez la más importante sea la de asegurarse de que esté inscripto y que posea una identificación clara.

Si se trata de un gato con pedigrí, tendrán que haberle entregado sus papeles en el momento de la compra. Se trata de un certificado de inscripción o una solicitud de inscripción completada por el criador, además de un pedigrí mostrando su árbol familiar.

Si se trata de un gato de raza mixta, también se lo puede inscribir. Casi todas las asociaciones felinas ofrecen inscripciones en la categoría de mascotas. La única condición que ponen es que el gato registrado no sea utilizado para cría, lo que apunta a reducir la cantidad de gatitos no deseados.

Además de estas asociaciones hay grupos independientes que registran razas mixtas. Éstas pueden ser localizadas a través de publicaciones en revistas felinas.

En algunos estados de los Estados Unidos, los gatos son considerados vagabundos y, como tales, no tienen derechos de inscripción bajo las normas de aplicación en ese estado. Aunque estas normas casi nunca se aplican, conviene averiguar cuál es la condición del gato a comprar.

Ventajas Las ventajas de tener un certificado de inscripción son varias.

IDENTIFICACIÓN
Si el gato se atreve a salir, hay una gran variedad de etiquetas de identificación para adosar al collar. Otra alternativa es hacer que el veterinario le implante un microchip identificable por otros veterinarios o por las autoridades de los refugios de animales que cuenten con el correspondiente aparato de lectura.

Primero, identifican al gato en cuanto a sexo, color, color de ojos, longitud del pelo y edad. En el caso de las razas puras, también se registra la raza. Si otra persona recogiera a su gato o si sucediera un accidente, la inscripción le servirá para identificarlo como suyo.

En un caso extremo, si el gato se interna en el jardín de un vecino y ese vecino lo lastima, el certificado servirá como prueba de pertenencia en caso de que se quiera entablar un juicio por daños y perjuicios.

Criadores o negocios de mascotas Si se compra un gato a un criador o en un negocio de mascotas, hay que solicitar garantías de salud. Las personas con sentido de la ética ofrecerán unos días para que un veterinario de confianza examine al gato. Si no estuviera totalmente sano se lo podrá devolver al vendedor, que tendrá que reintegrar el dinero de la compra.

Refugios Si usted compra un gato en algún refugio o en un centro de rescate, tendrá que cumplir con sus reglas. La mayoría establece que cualquier animal que sale de dichos lugares tiene que ser castrado o esterilizado, sin importar la edad. En los Estados Unidos, actualmente se castran y se esterilizan los gatitos a las ocho semanas de edad. Sin embargo, en Gran Bretaña no se aconseja la castración o esterilización hasta que los gatitos cumplen los seis meses de edad.

Esterilización o castración A menos que se planee utilizar al gato

EN VENTA
Siempre habrá que llevar al gatito o gato nuevo a un veterinario para que le haga un control, sin importar el lugar donde haya sido comprado. El gato tiene que estar sano y libre de parásitos. Aunque parezca tener un simple resfriado, no lo deje pasar por alto. Llévelo al veterinario porque la negligencia puede resultar en obstrucciones nasales de por vida a causa de la rinitis.

LA RESPONSABILIDAD DEL DUEÑO (continuación)

para cría, es importante anularle el sexo (ver p. 116). Ya hay demasiados gatitos no queridos en busca de hogar. El veterinario podrá indicarle la edad que tiene que tener el gato para realizarle la operación. En general, mientras las hembras pueden esterilizarse a los pocos meses de edad, para los machos hay que esperar hasta los seis meses.

El costo de anular el sexo del gato varía según cada lugar, pero es ínfimo en comparación con el costo potencial de tratarle las heridas resultado de las luchas con otros gatos machos, o de cambiar la alfombra o los muebles rociados con orina.

Si sus ingresos no le permiten hacer frente al pago total de la operación, pregunte en las veterinarias del lugar si existen programas de castración de bajo precio.

ELEGIR UN PEDIGRÍ
Si compra un gato con pedigrí, le tendrán que entregar los detalles de tres generaciones como mínimo. Si piensa exhibir su gato, las normas exigen la presentación del árbol familiar de cinco generaciones como mínimo.

Vender gatitos Antes de vender un gatito hay que darle por lo menos la primera vacuna, y habrá que transmitir instrucciones al nuevo dueño para que continúe con el programa de vacunación.

Si se lo vende al precio de una mascota –no para cría ni exhibiciones– no hay obligación de entregar papeles. Sin embargo, por lo general un veterinario dará un comprobante de que el gatito ha sido castrado o esterilizado.

También puede ocurrir que los criadores emitan certificados con el espacio tachado, para indicar que el gatito todavía no ha sido castrado o esterilizado.

Si se lo vende como gato de exhibición o para cría, el precio será mayor y existe la obligación de entregar sus papeles. No hay razón para no tener su documentación lista al entregarlo, por lo que un comprador no tendría que aceptar un gato que no le sea entregado con todos los papeles importantes completos en el momento de la venta.

Imprevistos Todo animal encerrado en una casa puede morir de hambre, por lo que es necesario dejar instrucciones escritas a un amigo, pariente o vecino para que puedan entrar y cuidar de las mascotas en caso de necesidad.

Elegir un veterinario No sólo es importante que al veterinario elegido le gusten los gatos sino que también trabaje con usted para mantener la salud de la mascota. Es importante dar con un veterinario que insista con los exámenes y análisis para establecer los problemas de salud que pudiera tener el animal. Después de todo, usted vive con su gato y conoce su comportamiento habitual mejor que ninguna otra persona.

PREPARARSE
Haga los arreglos necesarios para que alguien cuide de sus gatos en caso de necesidad.

A menos que el gato se enferme, usted tendrá que llevarlo a su veterinario solamente una vez por año para realizar el control de rutina y la vacunación anual.

Cuarentena Si usted se muda a otro país, tal vez le exijan dejar al gato en cuarentena. Pregunte a las autoridades del nuevo país qué dictaminan sus leyes acerca del tema.

Usted y su gato

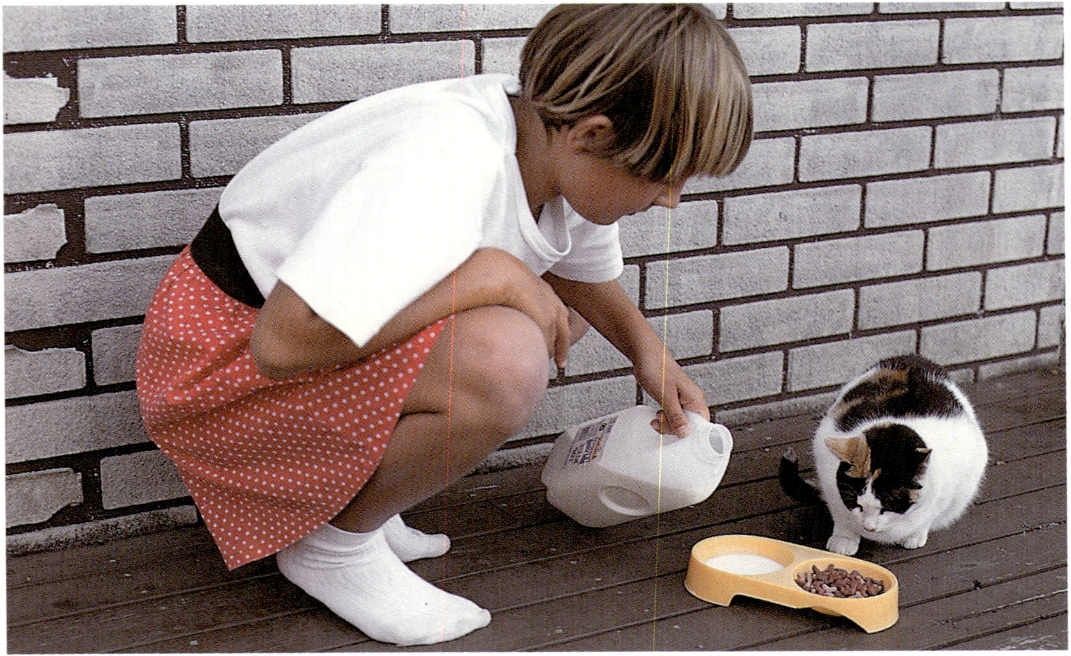

Gatos como mascotas
CUIDAR DE LOS GATOS

Cuando uno empieza a convivir con un gato, debe prepararse para brindarle todo lo que necesita, tal como lo haría con un bebé. Los elementos adecuados les facilitarán la vida a ambos, aunque esto no implica salir corriendo a vaciar las estanterías de un negocio de mascotas. Conviene empezar con lo básico e ir agregando cosas a medida que se las necesite, para que el nuevo integrante de la familia esté seguro y saludable. Los gatos son muy autosuficientes, así que no hay que desanimarse sino más bien concentrarse en proporcionarles un ambiente seguro. Hay que pensar que se trata de un niño que da sus primeros pasos y tomar las mismas precauciones que uno tomaría para con el niño, como cerrar con llave los armarios donde haya elementos peligrosos, y bloquear zonas de riesgo que, inevitablemente, parecen tener una atracción fatal.

ALOJAR AL GATO

Cuidar de los gatos

Es importante brindarle al gato un hogar seguro y cómodo. Habrá que tomar las precauciones necesarias para reducir los accidentes que puedan ocurrir en la casa, y crearle un refugio propio y confortable donde dormir.

almohadón anillo

Un lugar cómodo donde dormir Se le puede brindar al gato un lugar cómodo donde dormir colocando un almohadón anillo –un almohadón redondo, relleno, con bordes de unos 10 cm de alto– sobre un mueble, preferiblemente contra la pared. El gato necesita sentir la seguridad de estar por encima del nivel del suelo y de tener una pared sólida atrás. Si tiene pelo corto o fino necesitará más calor en invierno, que puede ser proporcionado por una lámpara de pie con lamparitas de bajo voltaje colocada en su cercanía. Verifique que la lámpara esté bien apoyada, para que no se caiga.

Si no le importa tener al gato en la cocina, un almohadón sobre una silla o el lavarropas (lavadora) es un sitio muy cómodo. Como antes, el gato está elevado del suelo y se beneficia con el calor del ambiente.

Tal vez el gato decida que la cama o un sillón tapizado son justo lo que estaba buscando, así que habrá que proporcionarle

SU PROPIO IGLÚ
Los gatos duermen mucho, por lo que necesitan un lugar seguro donde relajarse sin preocuparse por la presencia de niños u otras mascotas.

un almohadón o una manta pequeña para esos lugares. También puede llegar a conformarse con un almohadón o una manta en el suelo de un mueble de ropa; si así fuera, hay que dejar la puerta entornada. Allí no se sentirá amenazado porque es un lugar oscuro y tranquilo.

Su seguridad Es imposible pensar que la casa es totalmente segura para el gato; ante todo, conviene guardar los medicamentos en un mueble cerrado con llave. Los productos de limpieza también tendrán que estar guardados bajo llave. Al llenar la bañera con agua, deje la puerta cerrada para evitar que el gatito se caiga dentro. Si es un gato adulto, sólo sentirá herida su dignidad. Si es un gatito, puede ahogarse. Por el mismo motivo, deje la tapa del sanitario siempre baja.

Preste mucha atención al abrir la tapa del horno, ya que el aroma a comida puede atraer al gatito, que no dudará en meterse. Cuando cocine, mantenga al gatito fuera de la cocina o vigílelo de cerca. No sólo se trata de que pueda quemarse las patas con una hornalla todavía caliente, sino que puede chamuscarse la cola o los bigotes en una encendida. Coloque siempre una pantalla ignífuga segura frente a una hornalla encendida.

Verifique siempre que el gato no esté dentro del lavarropas (lavadora) antes de ponerlo en funcionamiento. Antes de abrir las ventanas, verifique que las rejas permanezcan cerradas. Recuerde que los gatos no siempre aterrizan de pie.

canasta de mimbre

media de gato

colchón

Cuidar de los gatos

85

ACCESORIOS PARA GATOS

Antes de llevar un gato a casa, habrá que contar con algunos elementos esenciales: recipientes para comida, bandeja sanitaria, jaula para transportarlo y lo necesario para armarle el lecho. Hay una gran variedad de productos en el mercado que permiten hacer una buena elección.

piedritas o granulado sanitario    *papel reciclado*    *cáscara de arroz*    *papel de diario cortado*

Material sanitario El mejor producto depende por completo de cuánto se quiera gastar y de cuánta molestia signifique la arena, la arcilla o las virutas de madera desparramadas por la casa.

Un material sanitario económico es el papel de diario. Forre la bandeja con una hoja entera y luego cúbrala con papeles cortados en tiras. Después de que el gato hace sus necesidades, resulta fácil enrollar la hoja entera y tirarla a la basura. Con esto se evita que el material sanitario se desparrame por toda la casa, y también se disminuye el olor.

Si se usa una palita para quitar los sólidos, el material sanitario empapado de orina sigue en su lugar durante varios días. Esto no sólo provoca un olor desagradable que pronto impregna toda la casa, sino que hace que el gato tampoco quiera usar la bandeja sanitaria.

A los gatos no les gusta la suciedad ni tener las patas mojadas. Si la bandeja contiene material sanitario húmedo, el

bandeja sanitaria

palita

gato bien puede decidir que la cama del dueño o un rincón de la alfombra es un buen lugar –y seco– donde hacer sus necesidades.

Después de eliminar el contenido de la bandeja (la frecuencia dependerá de la cantidad de gatos que la usen y del olor), límpiela muy bien por fuera y por dentro, con un limpiador no tóxico.

Si usa un agente limpiador potente, enjuague muy bien la bandeja para que el efecto residual del limpiador no perjudique al gatito.

Bandeja sanitaria El tamaño de la bandeja dependerá del tamaño del gato y de que la comparta o no con otros gatos.

En cualquier supermercado o negocio de mascotas se pueden conseguir bandejas plásticas de distintos tamaños.

También conviene tener a mano algunas bandejas de cartón descartable, muy útiles para los viajes cortos, o en caso de que un amigo venga a cuidar al gato cuando no estamos en casa, ya que le resultará más fácil tirar a la basura la bandeja completa y su contenido.

Las bandejas sanitarias también vienen con cubierta o completamente cerradas, con una abertura ínfima para que entre el gato. La privacidad es muy importante cuando en la casa hay gatos y perros.

El problema con este tipo de bandeja es que el gato salpicará los lados de la tapa con orina, y entonces habrá que limpiar no sólo la bandeja sino también la tapa.

Cuidar de los gatos

Cuidar de los gatos

ACCESORIOS PARA GATOS (continuación)

plato metálico para agua

plato plástico para agua

plato de cerámica

alimentador doble, de plástico

Recipientes y platos Será necesario contar con tazones para agua y alimentos deshidratados, además de un plato plano para alimentos húmedos.

Si en la casa hay más gatos, o si se alimenta a gatos vagabundos, lo ideal es un abastecedor de agua y un dosificador de alimentos deshidratados. Estos recipientes pueden contener más cantidad de agua y de alimentos que los recipientes comunes, y tienen tapas de protección que mantienen los contenidos más frescos y libres de suciedad y polvo. El abastecedor de agua también es sumamente útil si uno sale de casa durante varias horas, ya que asegura que los

poste para rascarse

gatos no pasarán sed si derriban el recipiente.

Postes y palos para rascarse Un poste o palo (un poste acostado en el suelo) para rascarse es uno de los elementos esenciales que habrá que comprar para el gato que viva dentro de la casa.

El gato que viva en el interior y el exterior se rascará en el tronco de un árbol. Como a los gatos les gusta estirarse mucho al rascarse, el poste tendrá que ser más alto que el gato con el cuerpo plenamente estirado y con las patas delanteras hacia arriba.

Conviene forrar el poste con alfombra de tejido grueso, en lo posible para uso interior y exterior. Otra posibilidad es munirse de un tronco macizo o un cajón de naranjas. También se puede comprar o hacer un poste o palo con hilo sisal: se envuelve una madera larga en hilo sisal, apretándolo bien. Puede quedar parado o se lo puede clavar al marco de una puerta.

Collares, correas y arneses Si el gato vive siempre adentro, no necesitará un collar. Si se le quiere poner uno a modo de decoración, o por si se escapa y lo encuentran, hay que fijarse que el collar se desprenda sólo en caso de que el gato quede colgado del cuello en la rama de un árbol.

Si se le quiere enseñar al gato a pasear, solamente hará falta una correa. Tiene que ser de un material liviano y, dado que el peso de un gato adulto varía de 2 a 11 kg, adecuarse a su tamaño y peso. No hay que adosar la correa a un collar sino a un arnés en forma de 8, diseñado especialmente para gatos. Un arnés de perros no es adecuado, y si puede salirse del arnés el gato siempre buscará escaparse.

ARNÉS DE SEGURIDAD
El arnés en forma de 8 fue diseñado especialmente para gatos; con él se lo puede refrenar sin riesgos de sofocarlo.

ACCESORIOS PARA GATOS (continuación)

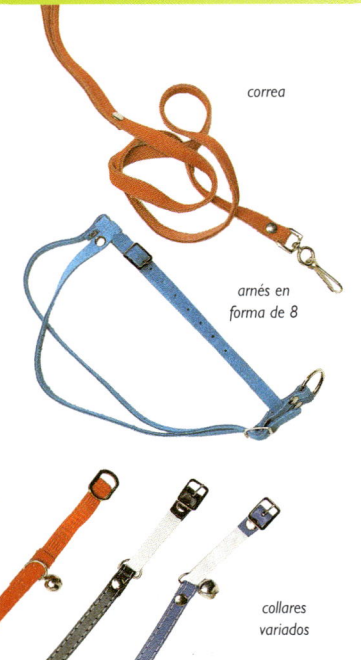

Cuidar de los gatos

correa

arnés en forma de 8

collares variados

Equipo de acicalado El gato necesitará sus propios cepillos. El tipo de cepillo dependerá de que el gatito tenga pelo corto o largo, y fino o espeso. Los hisopos de algodón para limpiarle los oídos también son indispensables, además de tijeras o alicates diseñados especialmente para cortarles las uñas.

Gateras Si el gato sale, lo ideal es instalar una gatera. Hay desde mamparas con mosquiteros que se levantan, hasta puertas de madera sólida.

Algunas gateras sólo se abren mediante un chip que el gato lleva en el collar y que acciona la puerta al acercarse. Ésta es una buena opción para gatos que invitan a otros a comer. También sirve para impedir que entren potenciales depredadores, como perros pequeños o roedores.

Lechos y canastas Como los gatos pasan mucho tiempo durmiendo, es importante proporcionarles un lecho. Tendrá que tener el tamaño suficiente como para que el gato se estire cuando se desarrolle por completo, y tendrá que estar cerrado por lo menos de tres lados para brindarle comodidad y sensación de seguridad.

Las canastas y los lechos pueden ser de mimbre, plástico o fibra de vidrio. También se puede armar un lecho casero forrando una caja de cartón con laterales que impidan la entrada de corrientes de aire. Para una mayor comodidad, adentro se le puede colocar una manta suave o un almohadón.

Otro lecho muy aceptado es un colchón relleno con poliestireno y forrado con un material lavable desmontable. También está el almohadón anillo.

Juguetes Hay muchísimos juguetes para gatos en oferta. Aunque los mejores son los que implican la participación del dueño, el gato necesitará juguetes para cuando usted no esté en casa o tenga demasiadas ocupaciones como para jugar con él.

Una bolsa de papel grande acostada en el suelo constituye una fuente infinita de juegos.

Cuando compre juguetes para gatos, fíjese que ninguno contenga partes pequeñas que puedan desprenderse y ser tragadas accidentalmente por el gatito. Una buena forma de evaluación consiste en preguntarse si el juguete es seguro para un bebé. Si no lo es, probablemente tampoco sea seguro para el gatito.

Jaulas Es una buena idea tener una jaula donde poder encerrar al gato cuando se reciben invitados a quienes no les gusten que los gatos se les trepen a la falda, o por si el gato está enfermo y hay que retenerlo en un lugar. La caja debe ser grande como para contener la bandeja sanitaria. Se puede usar un canil, o adaptar el corralito o la cuna de un bebé colocándole una tapa. En el caso de la cuna, hay que cubrirle los costados con una tela resistente, o con un alambre.

Cajas para transporte Una caja para transporte es un elemento esencial. Hay cajas baratas de cartón y cajas de diseños especiales. Habrá que poner el gato en la caja cuando se viaje en auto, tren o avión, y también para llevarlo al veterinario. El gato no se sentirá seguro en el consultorio del veterinario sobre la falda del dueño ni atado con una correa. Aunque el resto de los animales que estén en la sala de espera no puedan alcanzarlo ni molestarlo, él puede pensar que no es así y esto puede provocarle una ansiedad y un estrés innecesarios, más aún si está enfermo.

LA ALIMENTACIÓN DEL GATO

Aunque todos los alimentos para gatos de marcas comerciales son aptos desde el punto de vista de la nutrición, el gato aprecia una dieta que incluya alimentos frescos. También resultará más fácil servirle la comida en el lugar y el recipiente adecuados.

CENA PARA UNO Hay que disponer de un lugar para que el gato coma, donde se sienta tranquilo y seguro. En lugar de engullirla enseguida como lo hacen los perros, los gatos se toman su tiempo para consumir la comida.

Qué, cuándo y cómo Qué darle de comer al gato, con qué frecuencia y en qué tipo de recipientes dependerá del tipo de gato de que se trate, de la edad y de que coma afuera o adentro.

Alimentar a los gatitos Por lo general, la mamá gata alimenta a sus gatitos a partir de las cinco semanas de vida con trocitos premasticados de ratones y aves.

Si usted está criando una camada de gatitos en el interior de su casa, empiece a alimentarlos a las cinco semanas dándoles una mezcla de cereales, yema de huevo y leche en polvo sin lactosa, cada cuatro horas. Aunque también es probable que ya hayan empezado a comer el alimento que se le da a la madre. No hay que preocuparse, porque no les hace mal.

Nunca les dé leche de vaca a los gatitos ni a ningún gato, porque no tienen la encima necesaria para digerir adecuadamente la lactosa azucarada de esta leche, que puede causarles diarrea.

Variedad Acostumbre a su gato a alimentos deshidratados y húmedos de distintos sabores. Pruebe hasta conocer cuáles alimentos prefiere el gato, y no se sorprenda si tiempo después los rechaza. Dado que hay tanta variedad, sólo se trata de probar con otro sabor.

A los gatos les gusta cambiar de tipo de alimentos, por lo que también puede ofrecerles comidas elaboradas, aunque no conviene hacerlo con frecuencia. Ellos pueden digerir casi todo lo que nosotros comemos, excepto leche, queso y chocolate. No lo mantenga tampoco a dieta de pescados y carnes rojas, a menos que haya sido preparada especialmente por un fabricante de comida para mascotas, por que puede resultar perjudicial.

Un cambio de alimentación puede producirle diarrea o vómitos durante casi una semana, pero tales síntomas no significan necesariamente que los nuevos alimentos no le caigan bien. Siempre habrá que consultar al veterinario ante estas circunstancias, aun cuando tales desórdenes coincidan con un cambio en la dieta. Lo mejor es introducir cambios graduales en la alimentación, en un periodo de siete días. Se le puede ofrecer trocitos de riñón, corazón o hígado, o darle cogotes de pollo crudos para suplementar los alimentos de marca comercial.

Nutrientes necesarios Las regulaciones gubernamentales exigen que los alimentos para gatos comprados en un almacén o negocio de mascotas tengan un poder nutricional completo y cumplan con las necesidades específicas de los gatos. En las veterinarias o en los negocios de mascotas se consiguen fórmulas desarrolladas científicamente.

El gato necesitará comer estos alimentos formulados solamente si tiene un problema de

fórmula científica

galletas con sabor a carne

galletas con sabor a pescado

Cuidar de los gatos

LA ALIMENTACIÓN DEL GATO (continuación)

pollo crudo

pescado enlatado (alimento para gatos)

sardinas frescas crudas

riñones crudos

salud específico. El veterinario podrá dar instrucciones sobre el tipo de alimentos que necesita el gato, y dónde comprarlos.

El comedor El lugar de comida del gato tendría que ofrecerle cierta privacidad, pero no hay que colocar los tazones de agua y comida cerca de la bandeja sanitaria. Si en la casa hay un perro, habrá que buscar un lugar elevado para alimentar al gato. Ningún perro que se precie podrá resistirse al aroma de la comida para gatos.

Recipientes Conviene darles alimentos húmedos en un plato plano. A los gatos les disgusta la sensación de tocar los costados del recipiente con los bigotes, por lo que muchas veces no terminan la comida. Se pueden servir los alimentos deshidratados en un tazón, aunque si se observa con detenimiento se verá que el gato tomará un trocito de comida del tazón y lo colocará sobre una superficie plana antes de comerlo. Si consume únicamente alimentos deshidratados, conviene tener un dosificador.

Si en la casa hay más de un gato, pueden comer todos del mismo recipiente. Si en la casa hay un tazón de agua para un perro, el gato también podrá usarlo. Hay que mantener los tazones de agua siempre llenos con agua fresca. Un recipiente que se autoabastezca de agua ayuda a mantener el agua limpia, aunque hay que limpiarlo con frecuencia.

Cantidades Hay que alimentar al gato dos veces por día, en cantidades que dependerán del tamaño y la actividad del animal. Para saber si el gato tiene el peso adecuado, bastará con pasarle las manos por la espina y las caderas y no sentir los huesos demasiado protuberantes a través de la carne. Como alternativa, se lo puede pesar cada tres o cuatro meses, y consultar al veterinario para saber si está dentro de los parámetros normales.

Sin apetito Si el gato no quiere comer, o si está enfermo, tiéntelo entibiándole la comida a la temperatura de su cuerpo. Este proceso mejora el sabor en un 40 por ciento. O colóquele un poco de comida en las patas. En casos severos, prepare una solución líquida con la comida e inyéctesela en la boca con un gotero.

A SU MANERA

El gato puede tomarse su tiempo para comer, alejándose y volviendo varias veces, por lo que no hay que sacarle la comida en cuanto se aleja. En verano, habrá que recoger y tirar a la basura la comida antes de que se pudra, pero en tiempos menos calurosos los alimentos pueden quedar en el recipiente todo el día o la noche.

EL ASEO DEL GATO

Cuidar de los gatos

Si bien los gatos son animales muy limpios, se los puede mantener en condiciones impecables ayudándolos en el cuidado de la boca y otros lugares de difícil acceso. Si se empieza a asearlos de pequeños, hasta pueden llegar a disfrutar de estas atenciones.

cepillo de dientes para gatos

BUENOS AMIGOS
Si bien las madres lamen a sus cachorros para limpiarlos, el acicalado mutuo de gatos adultos es una forma de socialización.

El gato es una de las criaturas más limpias que existen, y pasa gran parte del tiempo aseándose. Puede arreglárselas muy bien sin bañarse nunca; bastará con el peinado y cepillado diario. Pero si usted planea presentar a su gato en una exhibición, tendrá que exhibirlo en condiciones impecables, y cepillarlo y asearlo con frecuencia.

También necesitará darle un baño si se ensuciara con sustancias extrañas o tóxicas para eliminárselas de la piel inmediatamente. Y si se trata de un gato que vive en el interior y el exterior, puede tener una acumulación de polvo que será necesario quitarle.

La saliva del gato puede tornar de color rojizo un pelaje oscuro, y de color amarillento un pelaje claro. La luz del sol también puede afectar el color del pelo. Por lo tanto, sin importar las veces que lo lavemos, será muy difícil mantener la piel completamente libre de manchas.

Limpieza de los oídos Antes o después del baño, hay que limpiarle los oídos con un hisopo de algodón humedecido en agua tibia o en una solución para la limpieza de los oídos que se compra en las veterinarias. Sólo hay que quitarles la suciedad y el exceso de cera del interior del pliegue de la oreja, sin internarse en el canal auditivo.

Limpieza de la cara El resto de la cara puede limpiarse con un paño suave humedecido en agua tibia. Esta limpieza puede formar parte de una rutina diaria para refrescarle la cara y también para quitarle la suciedad que se junta en las esquinas de los ojos.

Para eliminar las manchas dejadas por el correr de las lágrimas, hay que impregnarlas con almidón de maíz (maicena) o ácido bórico mezclado con un poquito de agua oxigenada hasta formar una pasta. Hay que tener mucho cuidado al trabajar cerca de los ojos. Esta pasta se aplica con hisopos o pelotitas de algodón. Luego hay que enjuagar y secar.

La pasta se usa cada tanto, pero siempre hay que limpiar las marcas de lágrimas con agua. Si no se las limpia diariamente, se le pueden formar surcos profundos que se ulcerarán simplemente a causa de las lágrimas que le corren por la cara.

Cuidados de dientes y encías El veterinario examinará la boca del gato en el control físico anual, y normalmente le limpiará los dientes. Mientras tanto, habrá que hacerle controles periódicos para verificar posibles irritaciones de encía, acumulación de sarro y dientes enfermos o rotos.

Se pueden evitar la caída de dientes y la infección de las encías del gato

MASAJE DE ENCÍAS
Hay que tomarse el tiempo necesario para masajear con regularidad las encías y los dientes, para evitar enfermedades y acumulación de sarro.

limpiándole los dientes con regularidad. Resulta más fácil si se lo empieza a hacer cuando el gato es pequeño, ya que pronto se acostumbrará. Hay que empezar envolviéndose un dedo con un pedacito de gasa y frotándolo suavemente sobre y alrededor de los dientes y en la encía. Luego se pasa un cepillo de dientes para gatos (hay que asegurarse de utilizar uno especialmente diseñado) y pasta dentífrica para gatos. A veces, la falta de apetito, el babeo o la negación a comer indican problemas dentales.

BAÑARLO Y SECARLO

Si cree que necesitará bañar al gato con regularidad, tal vez porque tiene pelo blanco largo y participa en exhibiciones, tendrá que empezar a darle baños húmedos desde pequeño, cuando todavía tenga el tamaño adecuado para manejarlo con facilidad.

Baños húmedos Conviene intentar bañar al gato sin ayuda, para que no entre en pánico al ser manipulado por otro par de manos y no se esfuerce todavía más por liberarse.

El lugar ideal para bañarlo es cualquier recipiente que se pueda colocar a la altura de la cintura o la pileta (fregadero) de la cocina.

Los gatos se asustan si se los pone en una bañera baja, sobre la que hubiera que inclinarse para llegar a ellos, además de que es una posición en la que resulta difícil sujetarlo y controlarlo.

Tenga a mano los champúes, enjuagues o soluciones pulguicidas, además de una toalla suave para limpiarle la cara y una toalla grande para el primer secado del pelo. Ubique todos los elementos cerca del alcance de la mano, pero lejos del alcance del gato. Al principio, el gatito tratará de aferrarse a cualquier cosa con tal de escapar del agua.

La elección del champú es personal y depende del tipo de pelo. Para los gatos blancos se recomienda un champú con aclarante, pero si tiene problemas de piel o pulgas, hay que usar un champú antipulgas. También se puede usar un champú suave de uso personal, como el que se usa para los bebés, y terminar el baño con un buen acondicionador.

Si el gato se ensució con grasa, habrá que quitársela con alcoholes minerales. Si tiene manchas sobre un pelo claro, es esencial quitárselas con un alcohol quirúrgico.

En este momento no importa limpiarle los oídos, ya que conviene hacerlo en otra ocasión. Algunos expertos aconsejan colocarle un pedacito de algodón en los oídos para impedir la entrada de agua, aunque esto puede alarmar al gato. Otros sugieren colocarle vaselina alrededor de los ojos, para evitar la entrada de champú. Tampoco esto resulta conveniente porque no es un buen medio para evitar la penetración de espuma en los ojos. La vaselina termina por entorpecer el baño ya que el gato no cesará en sus intentos por quitársela. También puede llegar a distribuírsela por toda la piel.

Coloque una alfombra plástica o una toalla en el fondo de la pileta. Llénela con agua tibia hasta que cubra los hombros del gato. Métalo en el agua de espaldas hacia usted. Nunca lo ponga de frente, ya que puede estirar las patas más allá de lo calculado y aferrarse a su ropa o sus brazos.

Si lo mete con las cuatro patas en el agua de una sola vez, el gato normalmente se tranquilizará. Luego apóyele una mano en la espalda, con suavidad (el gato puede gritar fuerte si la presión es excesiva), y con la otra mano mójelo y colóquele el champú. Evite sujetarlo del pescuezo, ya que si bien esto calma a los gatitos acostumbrados a que su madre los domine de esa manera, el gato adulto luchará todavía con más fuerza.

Muévase con lentitud y háblele con suavidad. No hace falta ponerle champú en la cara, ya que resulta más fácil limpiársela después, con un paño apenas humedecido en el agua del baño.

Luego de haberlo enjabonado bien, enjuáguelo ayudándose con un vaso o con un tarro plástico.

Elimine muy bien todo el champú del pelo, ya que hasta el mínimo rastro hará que se produzcan burbujas en la boca cuando el gato empiece a lamerse tras el baño. Si usa acondicionador, enjuáguelo muy bien, tal como lo hizo con el champú. Luego recoja al gato con una toalla, envuélvalo bien y llévelo a un lugar donde no haya corrientes de aire.

El gato puede temblar por miedo o ansiedad. Siéntese con él y deje que la toalla absorba el exceso de agua mientras le habla dulcemente.

Baños secos Si no quiere darle un baño húmedo porque el gatito tiene una infección o porque hace frío, probablemente convenga darle un baño seco para lo cual se consiguen varios tipos de champúes específicos.

Rocíele el pelo con el polvo y cepíllelo bien. Quítele el exceso de champú con una toalla. A los gatos les disgusta tener sustancias extrañas en el pelo, y el polvo puede irritarlos.

champú seco

cepillo

Cuidar de los gatos

BAÑARLO Y SECARLO (continuación)

manopla para cepillar gatos de pelo largo

peines plásticos para eliminar pulgas

Secado de gatos con pelo corto Si es un día cálido, el gato de pelo corto puede secarse de forma natural, en el interior de la casa. Hay que mantener las ventanas bien cerradas hasta que el gato se seque por completo, porque una leve ráfaga de aire, aunque sea cálido, puede perjudicarlo. Si es un día fresco, se

cepillo para desenredar

tijeras con puntas romas

puede agilizar el proceso con una estufa eléctrica.

También se lo puede secar con un secador de pelo si es una mascota de pelo corto, aunque si es un gato para exhibición cuyo estándar exija un pelo brillante que caiga plano, el secador lo dejará demasiado esponjoso como para que los jueces lo acepten.

Secado de gatos con pelo medio a largo Si el gato tiene pelo largo o de longitud media, la tarea será más ardua porque el secado natural no resulta conveniente. A medida que se seque habrá que ir cepillando el pelo continuamente para que no se enmarañe. Si se lo acostumbra a esto desde pequeño, pronto se lo podrá secar con secador de pelo, lo que agiliza muchísimo el proceso.

Ya sea que el secado se realice en forma natural o con la ayuda de un secador, habrá que seguir cepillando el pelo hasta que esté completamente seco. Si el gato no se queda quieto como para poder cepillarlo con una mano y sostener el secador con la otra, habrá que contar con ayuda adicional.

Sujete el secador con un accesorio improvisado como un broche grande, o compre un secador con pie en el negocio de mascotas.

Cuidar de los gatos

Cuidar de los gatos

ACICALADO

Todos los dueños de gatos tendrán que dedicar parte de su tiempo a acicalar a sus gatos. Pero las horas invertidas dependerán de que se trate de un gato de interior o exterior, de pelo largo o corto, y si se tiene intención de presentarlo en exhibiciones o de tenerlo como compañía.

TODO BAJO CONTROL
Después de haberlo acicalado, el gato probablemente se retoque el pelo, como para demostrar quién tiene el control.

Acicalado de gatos con pelo corto Enseguida después de comprarlo, acostumbre a su gato de pelo corto a cepillarlo cada tres o cuatro días. Con un peine de dientes pequeños y finos, empiece a peinarlo desde el pescuezo hacia la cola, siguiendo la caída del pelo. Tenga mucho cuidado al llegar a las caderas y otras zonas sensibles. Luego repita el proceso con un cepillo duro de goma.

Los aceites naturales de las palmas de sus manos son ideales para que el pelo quede aplanado.

ACICALADO DE PELO CORTO
Tras un peinado inicial con un diente metálico de dientes finos, pásele un cepillo duro de goma. Trabaje siempre en el sentido del pelo.

Acariciando al gato diariamente se obtienen casi los mismos resultados que cepillándolo. Se puede terminar el cepillado pasándole un pañuelo de seda o una gamuza húmeda.

Acicalado de gatos con pelo largo
Con los gatos de pelo largo, la tarea es más prolongada, y si se lo piensa presentar en exhibiciones habrá que esforzarse todavía más.

Quizás el gato, por mucho que lo intente, no pueda impedir que las bolitas de materia fecal se le adhieran al pelo. Por el hecho mismo de tener pelo largo alrededor de la cola y en la parte de atrás de las patas le resulta casi imposible no ensuciarse.

Tendrá que controlarle la cola con regularidad para ver si está limpia.

También puede apoyarlo en un banco con la parte posterior del cuerpo colgando sobre una pileta, y lavarle la zona manchada con agua tibia y jabón neutro, enjuagándolo bien.

Si tiene poca cantidad de suciedad pegada en las patas, conviene despegársela y luego limpiarlo en seco –con almidón de maíz (maicena)– durante el cepillado.

Cuidar de los gatos

ACICALADO (continuación)

Si es de una raza sin cola –como por ejemplo, Manx, Cambriano o Bobtail Japonés– y aunque sea de pelo corto, puede tener el mismo problema.

Como no tiene cola, carece de la capacidad "de pellizco" para cortar las heces con pulcritud, por lo que normalmente se les pegarán en las patas, aunque enseguida se nota cuando se ensucia; límpielo como se indicó para los gatos de pelo largo.

Para que resulte más fácil cepillar el pelo largo, espolvoree el pelo con almidón de maíz (maicena). El polvo aflojará los nudos, por lo que el peine se deslizará con mucha más facilidad.

Para eliminar los nudos es conveniente usar un peine de dientes anchos. Ponga especial cuidado en la parte de atrás de las patas, la cola y la panza. Se le puede cepillar la panza acostándolo boca arriba en la falda. Su gato disfrutará mucho de este momento, ideal para combinar el afecto con el juego.

Aunque lo cepille cotidianamente, puede tratarse de un pelo de tal consistencia que se le acumule una capa grasosa en la panza y se le formen nudos. Córteselos con una tijera de punta roma. Con los dedos, separe el nudo todo lo que pueda. Luego apoye un dedo sobre la piel, para no cortarla cuando recorte el nudo.

Si por algún motivo no lo ha podido cepillar diariamente y se le acumula una cantidad importante de nudos imposibles de eliminar, tendrá que acudir a un peluquero de gatos profesional, o directamente al veterinario. Si no se controlan los nudos, se formará una maraña que le provocará dolorosos pellizcones en la piel.

Cepille con un cepillo suave el pelo que rodea el cuello, ya que tiene que sobresalir del cuerpo. Y preste especial atención a las patitas.

A los gatos de pelo largo les crecen unos mechones en las patas, hermosos de contemplar pero que pueden enredarse tanto como el pelo del cuerpo.

Termine el acicalado del gato de pelo largo peinándolo o cepillándolo de modo que el pelo sobresalga del cuerpo.

SEA REALISTA

El glamoroso gato de pelo largo es irresistible a la hora de acariciarlo, pero antes de elegir un ejemplar de este tipo deberá ser honesto y evaluar sus posibilidades de dedicarle los cuidados que requiere.

Cuidar de los gatos

RECORTE Y ELIMINACIÓN DE LAS UÑAS

Si bien puede ser necesario recortar las uñas del gato de tanto en tanto, la eliminación total es una práctica desdeñada en la mayor parte del mundo. Aunque es cada día más popular en los Estados Unidos, sólo habría que considerarla como último recurso.

TIJERA O GUILLOTINA
Para recortar las uñas se pueden usar alicates tipo tijera o guillotina.

Eliminación de las uñas Si es usted consecuente con los métodos de entrenamiento, y le ofrece a su gato varios objetos a los que aferrarse, las probabilidades de que rasguñe los muebles son bajas. Sin embargo, el gato puede insistir con los arañazos.

Sólo habrá que pensar en el procedimiento quirúrgico cuando todas las medidas de entrenamiento hayan fracasado, y cuando la otra posibilidad sea la de regalar al gato. Antes de hacerlo, plantéese las siguientes preguntas: ¿pienso quedármelo para siempre? ¿Soy consciente de que el gato tal vez nunca pueda volver a salir?

A un gato sin uñas le cuesta muchísimo treparse a un árbol para escapar de un perro y no se puede defender adecuadamente en caso de que lo arrinconen. También puede desarrollar cambios de conducta, como negarse a usar la bandeja sanitaria, morder con frecuencia o comportarse con más nerviosismo, perder el equilibrio y, a consecuencia de la disminución de la habilidad para treparse, puede empezar a esconderse o a sobresaltarse con gran facilidad. También puede empezar a usar los dientes con regularidad, dado que ya no tiene las uñas. Esto hace que administrarle medicamentos, acicalarlo o bañarlo se conviertan en actividades riesgosas, ya que las heridas que puede provocar con los dientes son más graves que los arañazos.

Si la única solución es eliminarle las uñas, habrá que tener en cuenta que se trata de un procedimiento ortopédico que exige la extirpación de este tejido y del primer hueso de cada dedo. Es como si nos amputaran las puntas de los dedos hasta el primer nudillo, y al gato le resultará muy doloroso pararse sobre sus extremos mutilados hasta la cicatrización total.

Si el veterinario que realiza la operación no tiene experiencia, o si la operación no sale bien, la recuperación puede ser todavía más dolorosa para el gato y puede dejarle una sensibilidad extrema o una renguera de por vida.

RECORTAR LAS UÑAS

Si su gato vivirá siempre adentro, conviene recortarle las uñas para disminuir la posibilidad de que arañe los muebles. Si empieza a recortarle las uñas desde pequeño, el animal enseguida descubrirá que no duele nada y se resignará al proceso. Tal vez convenga recortarle las uñas antes de bañarlo.

Al apretar la zarpa entre el dedo índice y el pulgar, la uña se extiende y se la puede recortar con alicates especialmente diseñados para gatos. Asegúrese de no cortar la sensible parte rosada: bastará con que corte justo la puntita de la uña. Sujete al gato con suavidad mientras le recorta las uñas; no se asuste y no levante la voz: con un tono de voz alto, enojado o agudo, sólo logrará ponerlo más ansioso y temeroso.

No lo sujete con mucha fuerza. Haga una pausa y continúe hablándole con tranquilidad; intente soplarle suavemente la cara, al tiempo que le dice "no" en voz baja pero firme. Con unos masajitos atrás de las orejas, normalmente el gato se pone de buen humor. No lo suelte hasta terminar, para que no crea que puede ganar la batalla resistiéndose. Bastará con recortarle las uñas una vez por mes.

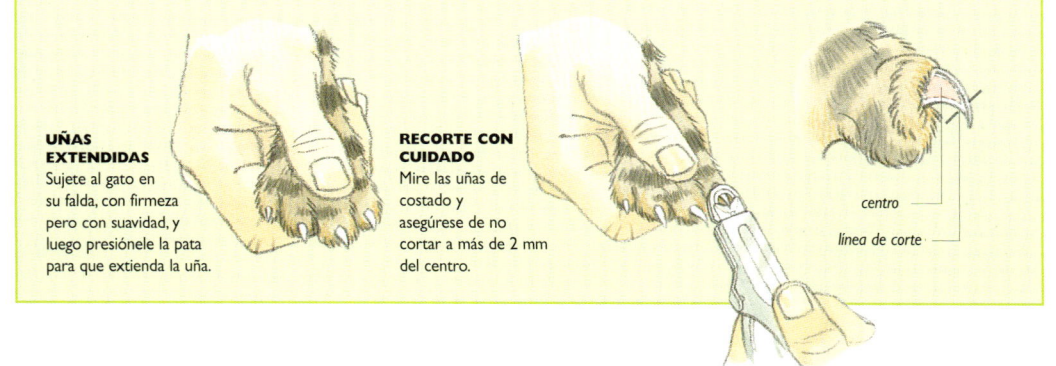

UÑAS EXTENDIDAS
Sujete al gato en su falda, con firmeza pero con suavidad, y luego presiónele la pata para que extienda la uña.

RECORTE CON CUIDADO
Mire las uñas de costado y asegúrese de no cortar a más de 2 mm del centro.

centro

línea de corte

Cuidar de los gatos

Cuidar de los gatos

EJERCICIOS Y JUEGOS

Si bien no hace falta ejercitar a los gatos, en especial a los más pequeños, ellos disfrutan de la compañía que les brindamos en los momentos de jugar. Además, es una forma de establecer un vínculo profundo.

El gatito come, duerme y, al despertarse, corre por toda la casa como poseído; eriza la cola y hasta se trepa a las paredes. Este comportamiento se repetirá durante aproximadamente las seis semanas de vida, hasta que madure, aunque bien puede seguir comportándose como cachorro ya bien entrado en la adultez.

Aunque los gatitos quieren jugar todo el tiempo, no conviene cansarlos para que el estrés del cansancio no retrase su crecimiento.

Si usted ve al gatito atacar a sus hermanitos con dientes y garras, se maravillará de que sean tantos los que sobreviven a los primeros tiempos de

REBOTES
El gato hará todo el ejercicio necesario en sus actividades cotidianas normales, pero le encanta que su dueño juegue con él. Reserve para su mascota algunos momentos de su día.

EL CAZADOR JUGUETÓN
El gatito puede convertir casi cualquier cosa, hojas, pelotas de papel, plumas o pedacitos de soga, en presas potenciales con las que practicar sus habilidades de caza.

vida. La madre tolerará que le muerdan la cola y le mastiquen la oreja, pero les hará saber a los pequeños que ya ha tenido suficiente tomándolos del pescuezo con los dientes.

Cuando compre un gatito solo, él querrá convertirlo a usted en sustituto de sus hermanitos. Unas cuantas caricias y juegos son aceptables, pero no se extralimite. Trátelo como si fuera un bebé o un niño que aprende a caminar, pero no lo revolee por el aire: manténgalo siempre al nivel de la falda, o por debajo.

Los juegos El mejor juguete es el que tiene al dueño como protagonista. Cuando el dueño está acostado en la cama con los pies tapados, el gato adora rebotar sobre esos pies que se mueven bajo las mantas. Un pedacito de hilo, un cinturón o cualquier cosa que se agite le resulta muy atractivo. Una cinta arrastrada por el suelo o frente a su escondite genera una gran felicidad en el gatito, que saldrá en carrera desenfrenada tras el extremo suelto. También se puede armar una caña de pescar casera, con un palito, un tramo de tanza y un pedacito de trapo enganchado en el extremo de la

HACER LO QUE SIENTE
El mejor poste para rascarse es un árbol del jardín, aunque esa es apenas una de las posibilidades que ofrece.

Cuidar de los gatos

EJERCICIOS Y JUEGOS (continuación)

tanza, o hacer una bola de papel aluminio, que es liviano y rueda bien. Un limpiatubos limpio y redondo lanzado al aire es una fuente interminable de diversión para el gatito, que lo recogerá con la boca y lo traerá (o lo dejará lejos, porque le parece divertido).

También se puede tomar una caja de cartón cerrada con cinta adhesiva a la que se le habrán hecho orificios arriba y a los costados, del tamaño suficiente para que el gatito saque la cabeza. Allí adentro pasará horas de gran diversión.

Aventurarse afuera Un gato que viva en el interior encontrará mucho que hacer en la casa, pero si quiere sacarlo para que tome sol, le conviene entrenarlo en el uso de un arnés en forma de 8. Sin embargo, esto no constituye una

EL AIRE LIBRE
Un gato de exterior, como este Tonkinés, hará todo el ejercicio necesario persiguiendo hojas y pajaritos, matando roedores y controlando y marcando su territorio.

verdadera forma de ejercitación porque normalmente el gatito se enroscará en un ovillo y habrá que moverlo tirando con suavidad del arnés.

Gatos de exterior Si el gato vive afuera, correrá velozmente tras una presa real o imaginaria. Para un gato de interior y exterior, una hoja flotando sobre el césped es tan atractiva como un pájaro o un ratón. En cuanto al gato trabajador, desarrollará y mantendrá el tono muscular y una buena condición física alejando de la granja a los roedores y a otros invasores.

El gato de interior y exterior, así como también el gato que vive siempre en el exterior, se ejercita mucho porque se ve obligado a hacer rondas de vigilancia de su territorio todos los días. Dejará su marca rociando con orina, frotando la mejilla contra una edificación o un árbol, o dejando marcas de sus garras en el tronco. Esta ronda diaria no sólo lo mantiene en actividad y ocupado sino también en buena forma.

Gatos entrados en años El gato duerme cada vez más a medida que crece. Además de controlarle la alimentación, hace falta animarlo a jugar dejándole juguetes a su alcance y dedicarle tiempo para estimularlo.

RITMO LENTO

Este gato mayor estaría muy feliz descansando en un rincón cálido, de donde se movería sólo para comer y hacer sus necesidades. Pero tendrá mejor salud si se lo anima a jugar y a mantenerse activo. Algunos veteranos pasan por períodos cortos de regreso a la infancia.

VIAJAR CON EL GATO

Cuidar de los gatos

Puede llegar el momento en que nuestro gato tenga que viajar. No le gustará mucho, pero podemos hacer algunas pocas cosas para que la experiencia sea menos estresante para ambos.

ENTRENAMIENTO

Si tiene que hacer un viaje largo con su gato, acostúmbrelo a ir en la caja transportadora encerrándolo en ella durante parte del día, aproximadamente una semana antes del viaje. También conviene darle de comer cerca de la caja.

Viajar en automóvil Cuando haga falta transportar al gato, como en una mudanza, siempre habrá que encerrarlo en una caja transportadora adecuada. En un alto del camino para descansar, se le pueden ofrecer alimentos, agua y acceso a la bandeja sanitaria. Pero no resultaría extraño que el gato se rehusara a los tres ofrecimientos. La mayoría de los gatos prefiere esperar hasta llegar al hotel –o a la nueva casa– para comer, beber o hacer sus necesidades. No hay nada de qué preocuparse: ese día agitado no lo afectará.

Viajar en tren o en avión Si hace falta despachar al gato por tren o por avión, primero habrá que averiguar cuáles son las exigencias de transporte y de certificados de cada transportador. No se aconseja administrar tranquilizantes a los gatos. Algunos pueden ponerse muy agresivos con ese tipo de medicamentos, mientras que otros se enferman. Si se los tranquiliza demasiado, al vomitar pueden llegar a ahogarse con sus propios fluidos.

Forre el fondo del contenedor con bastante papel periódico y llene el contenedor casi hasta la mitad con tiras de papel. Esto lo aislará del calor y el frío, y el gato podrá esconderse debajo en busca de seguridad. Si tuviera que hacer sus necesidades, puede tapar los desperdicios con las tiras de papel.

Haga siempre una reserva segura para el gato en la línea aérea o ferroviaria, y piense en un plan alternativo.

caja transportadora alambrada en la parte superior

Trate de buscar un viaje directo, sin cambios de avión o tren. La mayoría de las aerolíneas no transportan mascotas si la temperatura en tierra, tanto en el punto de partida como en el de llegada, es inferior a 7°C o superior a 27°C, pero habrá que verificarlo con la aerolínea en el momento de reservar.

CONTENEDORES

Cuando haga una reserva para su gato en una línea aérea o ferroviaria, pregunte si exigen el uso de un tipo especial de contenedor. Lógicamente, deberá ser resistente y tener cierres de seguridad, y la identificación debe ser clara.

caja transportadora estándar

Cuidar de los gatos

113

Cuidar de los gatos

DEJAR AL GATO

A los gatos no les gustan los cambios ni los viajes, así que siempre que sea posible conviene hacer los arreglos necesarios para que se quede en casa, en su propio terreno, en lugar de enviarlo a otro lugar para que lo cuiden.

DOS SON COMPAÑÍA
Los gatitos pequeños necesitan compañía. Si hay dos, por lo menos podrán entretenerse juntos, pero aun así hace falta que un cuidador acuda a verlos una o dos veces por día para controlar que estén bien.

A los gatos no les gusta viajar y prefieren las comodidades conocidas de su hogar y su territorio. En general estarán más felices y seguros si se quedan en casa, pero habrá que considerar cuánto tiempo estaremos fuera y dónde vivimos.

Solos en casa Si sus gatos viven siempre afuera, bastará con que les deje recipientes bien grandes con alimento y agua mientras usted esté fuera, pero solamente tratándose de periodos cortos. La cantidad dependerá de cuántos gatos tenga y del tiempo que estará lejos. Para asegurarse de que no se queden sin agua fresca, puede probar con uno de esos recipientes que se autoabastecen, que van conectados directamente al grifo.

Si tiene varios gatos que viven siempre adentro, y todos son sanos y no necesitan comidas especiales ni medicación, los puede dejar solos durante varios días. Pero tiene que saber que la forma en que demuestran la indignación de haber sido abandonados consiste en desordenar toda la casa, por lo que conviene restringirles el acceso a ciertas zonas. Los recipientes autoabastecedores de agua y alimentos también son ideales en este caso. Controle que el agua no se derrame (se consiguen recipientes para agua en los que los gatos no pueden meter las patas, y contenedores autoabastecedores de agua y alimentos), y deje bandejas sanitarias adicionales.

Cuidadores de gatos Si tiene gatos chiquitos o entrados en años, o gatos enfermos que necesitan alimentos y cuidados especiales, conviene que alguien vaya a su casa a atenderlos. En muchos vecindarios se ofrecen intercambios de cuidado de gatos. Si esto no fuera posible, habría que contratar a alguien para que los atienda o pedirle el favor a un amigo o un pariente. A pesar de que ellos puedan no tener inconvenientes en prestar ayuda en caso de emergencia, nos arriesgamos a perder su amistad en caso de que nos quejemos si ellos no cuidan bien a nuestras mascotas.

En zonas pobladas, se pueden contratar cuidadores profesionales. Ellos van a su casa una o dos veces por día, alimentan a los gatos, juegan con ellos y les cambian la bandeja sanitaria. La mayoría de los cuidadores también entrarán a la casa las cartas y el periódico, y se ofrecerán para regar las plantas de interior. Algunos llevan registros del comportamiento de los gatos.

Casas de internación Si no se puede contratar a un cuidador, la otra alternativa es dejar al gato en casa de un amigo, en una veterinaria o en un canil especializado en gatos. A los gatos les disgustan los cambios y no la pasan bien lejos de casa. Lo demuestran rehusándose a comer. Un gato que no come es susceptible a enfermarse. Si se lo deja en lo de un amigo que tenga gatos, no se llevará bien con los otros gatos y tendrán que dejarlo en una habitación a solas. Tenderá a presentar las mismas alteraciones que si estuviera en una casa de internación especializada, y probablemente no coma.

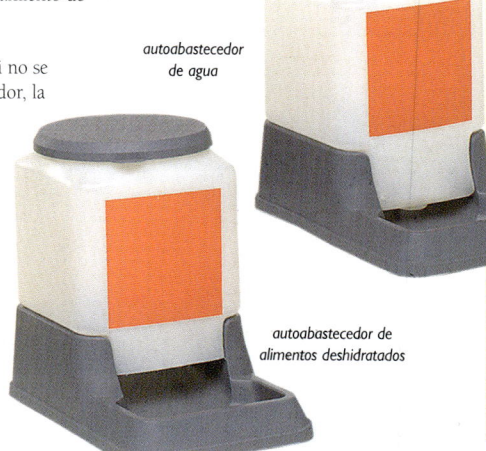

autoabastecedor de agua

autoabastecedor de alimentos deshidratados

CASTRACIÓN / ESTERILIZACIÓN

A menos que sea usted un criador, el gato estará mucho más feliz y será mucho mejor mascota si se lo castra. Esto también ayuda a reducir la cantidad de gatitos no queridos y, probablemente, a ahorrar costos médicos.

Si el gato macho queda intacto, maullará continuamente, andará de un lado al otro y saturará de orina los cortinados y los muebles. La frustración de no engendrar (los gatos de interior no tienen acceso a las hembras) también puede producirle una pérdida grave de peso, lo que puede provocarle enfermedades.

Si se trata de una hembra, hay que saber que puede entrar en celo cada pocas semanas durante todo el año. Ella también maullará, andará de un lado al otro y orinará los muebles.

Esterilización Hay hembras que pierden mucho peso cuando están en

EN EL VETERINARIO
En la esterilización de una gata, el veterinario le quita los ovarios y el útero. Esta operación es más complicada que la castración (extirpación de los testículos), y la gata tardará unos días en recuperarse. El veterinario le aconsejará cuál es la mejor edad para castrar al gato. En términos generales, las gatas pueden ser esterilizadas a los pocos meses de vida, en cambio los machos deben estar plenamente desarrollados.

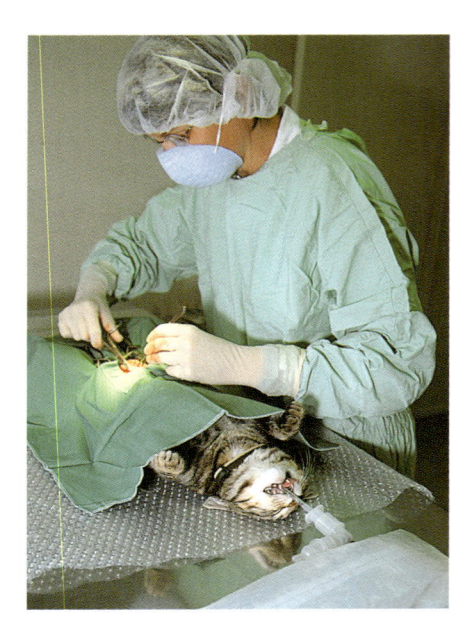

celo y pueden no llegar a recuperarlo. Una gata que haya tenido una sola camada tiene más probabilidades de contraer cáncer de mamas que una gata que haya sido esterilizada sin haber tenido cría. Una gata no esterilizada es susceptible además a desarrollar infecciones uterinas debido a la frecuencia de los celos. Una de esas infecciones (ver p. 136) puede ser fatal si no se detecta a tiempo.

Algunos veterinarios esterilizan mediante una incisión lateral, mientras que otros prefieren una incisión central. Dado que el afeitado puede provocarles un cambio permanente en la coloración del pelo, las gatas de punto de color siempre tendrán que ser operadas mediante una incisión central.

Castración Aunque muchas personas no tienen escrúpulos en cuanto a esterilizar a una gata porque no quieren que tenga cría, se niegan rotundamente a castrar a un macho. Sin embargo, si el gato vivirá siempre adentro, es cruel dejarlo intacto como macho y negarle acceso al apareamiento normal con una hembra.

Si es un gato de exterior, el dueño será responsable de contribuir al crecimiento de la incontable población de gatos y gatitos no queridos que las sociedades humanas del mundo destruyen día a día.

El macho intacto también tiene una acción refleja que se pone en funcionamiento al acariciarle la panza. De gatito le encanta rodar sobre su espalda y dejar que le acariciemos la pancita y lo hagamos girar. Cuando alcanza la madurez física, sin embargo, si las caricias caen justo en el lugar adecuado, sin advertencia previa el gato nos atrapará las manos con las patas traseras y nos clavará los dientes. No se trata de un mal comportamiento: es una acción puramente refleja.

No es cierto que un gato castrado engorda mucho y deja de ser el mismo compañero juguetón de antes. Debido a los cambios hormonales ocasionados por la castración, ya no necesitará tanta comida o necesitará comida con menos contenidos de grasas. Y casi seguramente se retrotraerá a un comportamiento infantil y será todavía más juguetón, ya que no estará compelido por el impulso de aparearse. Tenderá a brindar mucho más afecto que antes.

¿A qué edad? La esterilización o la castración del gato tendrán que realizarse a la edad adecuada. En general, se cree que los machos necesitan las hormonas masculinas para el buen desarrollo de sus huesos. Cada gato difiere en cuanto a su desarrollo, pero aparte del signo evidente de los testículos desarrollados, se nota un cambio importante en su comportamiento.

Durante la noche, de ser un gatito retozón pasará a convertirse en un macho agresivo rudo en el juego, tanto con el dueño como con otros gatos. Esto sucede entre los seis y los nueve meses de edad, y es un signo claro de que llegó el momento de castrarlo.

Las hembras pueden ser esterilizadas a los pocos meses de vida. Sin embargo, cada uno debería seguir el consejo de su veterinario.

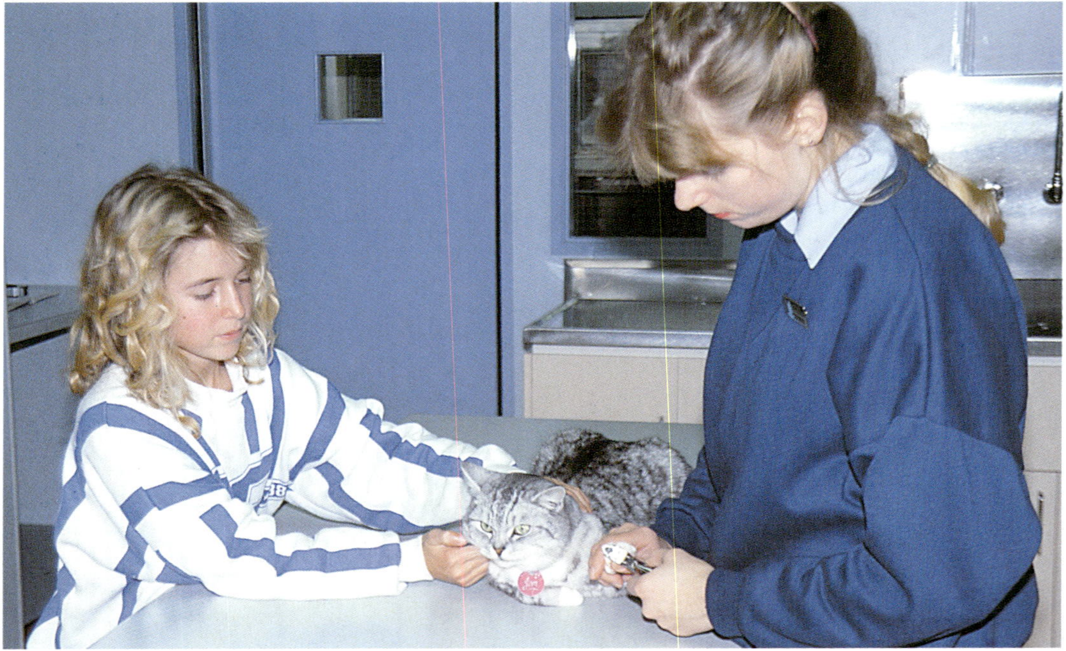

Gatos como mascotas
La salud de su gato

Los principales requisitos para tener un gato sano y feliz son controlar muy de cerca su comodidad y seguridad, y ofrecerle mucha comida y amor. El gato necesita estar protegido de riesgos ambientales tales como parásitos y accidentes, pero normalmente gozará de buena salud. Entonces, a no desalentarse ni abrumarse con el capítulo siguiente. Tal como ocurre con el cuidado de un niño pequeño, hay que aprender a reconocer los problemas potenciales para tomar las medidas adecuadas en caso de que ocurran. Los controles veterinarios de rutina tranquilizan y sirven para detectar cualquier enfermedad que pueda presentarse, antes de que se vuelva grave.

UN GATO SANO

La salud de su gato

El momento del acicalado o el cepillado del gato es ideal para descubrir problemas físicos. Cuanto antes se detecten los síntomas, más fácil le resultará al veterinario aconsejar un tratamiento con resultados positivos.

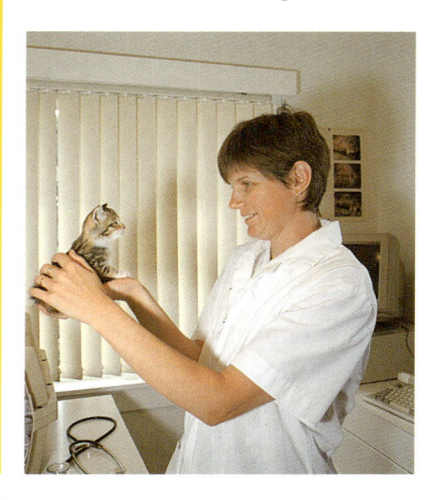

Signos de advertencia

Como el gato mantiene una rutina bastante regular, tendría que ser sencillo detectar alguno de los síntomas que puedan indicar posibles problemas de salud. Los síntomas a observar son:

- Cambios en la rutina diaria
- Apatía

CONTROLES FRECUENTES

Lleve su gato al veterinario para el control anual. Además de detectar síntomas tempranos de enfermedades, éste se encargará de darle todas las vacunas en el momento adecuado.

- Cambios de conducta
- Picazón
- Rascado excesivo
- Aseo compulsivo
- Aparición del tercer párpado
- Pérdida de peso
- Disminución del apetito
- Disminución de la sed
- Babeo
- Cojera
- Exceso de sed
- Diarrea
- Constipación
- Sangre en las heces
- Mayor frecuencia al orinar
- Esfuerzos para orinar
- Vómitos
- Mal aliento
- Estómago distendido
- Ojos llorosos
- Estornudos
- Tos
- Piel opaca
- Encías claras

La salud de su gato

- Observe la cola de su gato macho. Si tiene una acumulación de secreción amarronada e hinchazón o pérdida de pelo alrededor de la base de la cola, sufre de cola de semental.

- Acaricie al gato suavemente, tocándole todo el cuerpo. Si siente protuberancias o si el pelo luce opaco, puede tener un absceso, en especial si es un gato de exterior, o puede tener un tumor. La mayoría de los tumores detectados son benignos, pero conviene que lo vea el veterinario.

- Con suavidad, tírele hacia afuera la piel sobre los hombros o espalda. Si queda hacia afuera, o tarda en volver a su lugar, el gato puede sufrir deshidratación.

- Fíjese si el gato tiene una sustancia cerosa de color marrón oscuro en los oídos, o cualquier otro signo de garrapatas.

- Los ojos tienen que verse claros y limpios. La aparición del tercer párpado es un síntoma seguro de que el gato está enfermo.

- Examine la parte de atrás del cuerpo del gato. Tiene que estar limpia y lucir saludable. Si hubiera signos de irritación puede sufrir de diarrea que, en caso de persistir, tendría que tratar el veterinario.

- Con cuidado, inspecciónele el interior de la boca. Tiene que tener aliento fresco y no tienen que verse síntomas de dientes flojos o encías enfermas.

- Si el gato no tiene la misma agilidad que antes y muestra signos de rigidez en las articulaciones, puede tratarse simplemente de que está envejeciendo.

- Si notó que el gato se rasca mucho más que lo normal, en especial la cabeza y la espalda, puede tener pulgas u otros parásitos.

- Para saber si el gato tiene el peso adecuado, pásele las manos por la espina, sobre las caderas y el bajo abdomen. Los huesos no tienen que sentirse protuberantes.

- Controle que no tenga cortes en las patas, y que las uñas no estén lastimadas. Verifique si hace falta recortarle las uñas.

121

CUIDADOS BÁSICOS

Se puede saber si el gato está enfermo observando su lenguaje corporal y detectando variantes en su rutina diaria. Los dueños conocen mejor a sus mascotas que cualquier otra persona, así que no dude en dejarse guiar por sus instintos cuando crea que algo no anda bien.

Hay muchos síntomas que indican que el gato no está bien. Si se muestra apático y no nos recibe como siempre, si deja de comer su alimento preferido o si su pelaje siempre lustroso y brillante luce opaco, probablemente el gato esté enfermo. Hay síntomas adicionales como fiebre, cambios en su comportamiento normal, o la aparición del tercer párpado.

Otros síntomas de enfermedad son más sutiles y difíciles de detectar a menos que se les preste mucha atención. Si una hembra que normalmente vive afuera empieza a sisear cuando la alzamos, puede estar manifestando el dolor provocado por un problema en la vejiga. Si el gato mayor, siempre tan tranquilo, ha empezado a atacar a otros gatos aunque no lo provoquen, puede ser un síntoma de que algo no anda bien. Las

TERCER PÁRPADO
El tercer párpado es una membrana que está en el vértice del ojo más cercano al hocico. No es visible en un gato sano, pero puede aparecer cuando el gato se enferma, cubriendo parcialmente el ojo. Es de color blanco o rosado.

causas pueden ser desde un diente infectado hasta un tumor.

¿Y qué pasa con el gatito de tres meses? ¿Ha dejado de perseguirse la cola o de rebotar sobre nuestros pies bajo las mantas de la cama? Si así fuera, hay que considerar esto como señales de alarma y llevarlo al veterinario. En un pequeño de tres meses puede tratarse de la dentición normal, pero es mejor que el especialista lo determine.

El cuidado en casa Cuando el gato se enferma, lo más importante es mantenerlo abrigado, tranquilo y bien alimentado. Los gatos detestan los ruidos y las luces fuertes, y buscan lugares recluidos cuando se enferman. Para un gato de interior conviene armar un lugar de retiro en una habitación que no se use y donde no haya otras mascotas. Una caja de cartón cubierta con una toalla suave colocada en el estante inferior de un armario será ideal. Con la puerta entornada, el gato tiene oscuridad y soledad. Para el gato de exterior, bastará con cubrir un neumático con una sábana vieja en el garaje, donde no haya corrientes de aire. Para darle calor funcionan muy bien las almohadillas térmicas y las bolsas de agua caliente, y en casos extremos se puede recortar el extremo de una media o la manga de un pulóver en desuso para mantenerlo abrigado.

Además de administrarle los medicamentos recetados, habrá que hacerle beber mucho líquido. Si se rehúsa a beber agua, se puede usar un gotero o una jeringa plástica. Si el gato

AYUDARLO
Para evitar que el gato enfermo se deshidrate, asegúrese de que beba suficiente cantidad de líquido. Insértele suavemente en la boca un gotero con líquido, y repítalo con frecuencia hasta que beba por su cuenta.

CUIDADOS BÁSICOS (continuación)

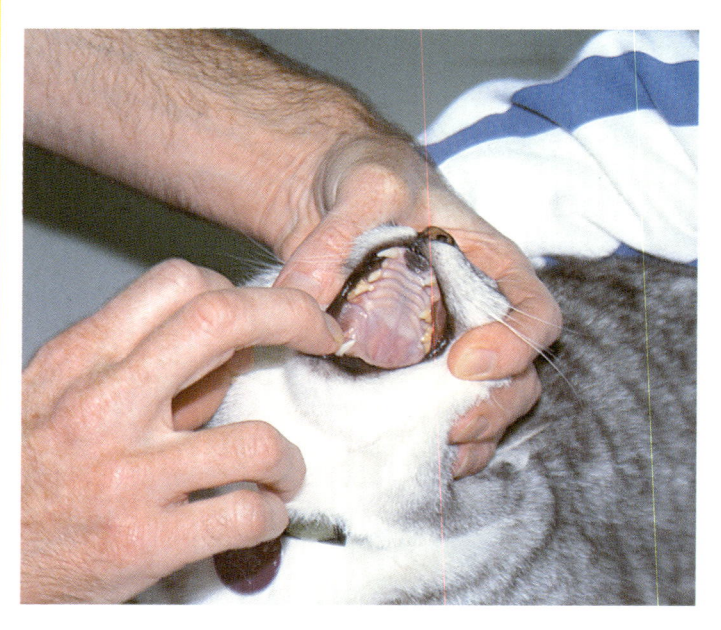

aprieta el gotero con los dientes y no abre la boca, insértele la punta por el costado de la boca. Allí hay una abertura por donde se le puede introducir el agua.

Como líquidos se le pueden dar caldo (consomé) de pollo colado y el jugo de carne cruda o cocida. Al ser levemente salados, estos líquidos tienen la ventaja de generarle sed y por lo tanto de impulsarlo a beber por su propia cuenta.

También hay que asegurarse de que el gato coma lo suficiente, en especial si está resfriado. Cuando los gatos se resfrían no pueden oler y, cuando no huelen, no comen. Colóquese un pedacito de comida en el dedo índice y

BIEN ABIERTA

Los gatos de interior son más propensos a sufrir de problemas de encías y dientes que los gatos de exterior, por lo que hay que examinárselos con frecuencia y llevarlo al veterinario ante el primer síntoma de un trastorno.

métaselo en la boca. A veces es lo único que hace falta para despertarle el instinto. Si esto no funciona, repita el proceso. Es importante hacerlo comer; hasta el menor pedacito lo ayudará a recuperarse.

Si aun así se rehúsa, se venden productos que no sólo contienen todas las vitaminas, minerales y aminoácidos esenciales, sino también las calorías que el gato necesita. Pruebe embadurnando las patas delanteras del gato con uno de esos suplementos pegajosos. La mayoría de los gatos no soporta nada pegajoso, por lo que se lamerán las patas hasta eliminarlo. O disuelva el suplemento en agua caliente y déselo con el gotero.

Los gatos detestan estar sucios. Cuando están enfermos muchas veces dejan de limpiarse, así que es nuestro turno de hacerlo. Hay que empezar con un paño suave humedecido en agua caliente. Límpiele los ojos, el hocico y los costados de la boca con suavidad. Tome otro paño para limpiarle la cola porque tal vez esté demasiado enfermo como para hacerlo él mismo después de hacer sus necesidades. No utilice jabón ni otros agentes de limpieza porque pueden provocarle reacciones alérgicas o intensificar los efectos de la enfermedad. En casos graves, cepíllelo suavemente con un champú seco.

RUTINAS DIARIAS
Cuando los gatos se sienten bien, comen sus alimentos, usan la bandeja sanitaria y cumplen con sus rutinas de jugar y dormir. Cualquier alteración importante de esta rutina puede ser un síntoma de problemas de salud.

La salud de su gato

VACUNACIÓN

Con la vacunación pueden prevenirse muchas enfermedades graves, y hasta potencialmente fatales. Hay vacunas obligatorias y opcionales, pero es esencial que el veterinario las indique para una mejor medicina preventiva.

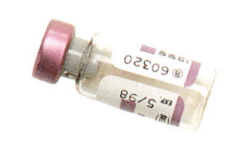

Las "tres grandes" Todos los gatos son susceptibles a, y deben ser inmunizados contra, tres enfermedades: la enteritis infecciosa felina *(feline infectious enteritis - FIE)*, también conocida como panleucopenia, una infección casi siempre mortal de los intestinos que causa pérdida de apetito, fiebre, vómitos y diarrea; el calcivirus felino *(feline calcivirus - FCV)*, una cepa grave del resfrío común; y la rinotraqueitis felina *(feline rhinotracheitis - FVR)*, también conocida como "fiebre gatuna". Se recomienda vacunar contra estas enfermedades a las 8 y 12 semanas de vida, preferiblemente con el virus vivo modificado, que se consigue en inyecciones o en gotas nasales. Habría que hacer excepciones al cronograma anterior cuando se trate de un gatito huérfano que no está desarrollando su sistema inmunológico a través de la leche materna, o si se tratara de una gran cantidad de gatos que conviven y a los que se quiera proteger con anterioridad.

Clamidia Después de que el gatito recibió las dos dosis de lo que normalmente se denomina "vacuna triple" (ver apartado anterior), no

JERINGAS Y GOTAS
El veterinario es el encargado de vacunar al gato. Aunque normalmente las vacunas se aplican con inyecciones, algunas pueden darse en gotas nasales. No deje de llevar a su gato para el control veterinario anual, ocasión en que recibirá las vacunas de refuerzo necesarias y se le harán los controles de salud necesarios.

necesitará otra vacuna hasta su control médico anual. En ese momento, el veterinario podrá darle un refuerzo de las tres vacunas, y también puede darle la vacuna contra la clamidia, o neumonitis.

Con esto, el gato estará inmunizado contra varias cepas del resfrío común. Se recomienda no vacunar contra la clamidia a los gatitos menores de 12 semanas de vida, ya que puede provocarles un resfrío muy fuerte que en muchos casos los deja con afecciones nasales crónicas. Sin embargo, el gato no tendría que sufrir ningún efecto a largo plazo si se lo inmuniza después de las 12 semanas de vida.

Virus de Leucemia Felina, Peritonitis Infecciosa Felina y rabia Todavía no hay una decisión tomada sobre la conveniencia de vacunar contra el virus de leucemia felina *(feline leukemia virus - FeLV)*, un virus complicado y con frecuencia mortal que ataca la médula espinal de los gatitos y puede provocar cáncer, o peritonitis infecciosa felina *(feline infectious peritonitis - FIP)*, que hace que los pulmones o el abdomen se llenen de líquido. Hay ciertas preocupaciones acerca de que la vacuna contra la leucemia felina pueda provocar reacciones cutáneas llamadas sarcomas. También hay dudas sobre la verdadera eficacia de la vacuna contra la peritonitis.

Los gatos que andan a la intemperie deben ser vacunados contra la rabia una vez por año, pero un gato que nunca sale de la casa no necesita esta vacuna.

El veterinario tendrá que indicar los tratamientos disponibles para curar algunos de los parásitos internos más comunes, aunque con ello no se impedirá su reaparición.

También conviene consultar al veterinario en cuanto al programa de vacunaciones para cada gato en particular y según las condiciones de cada casa. Por ejemplo, si usted tiene un gato de hocico corto y cara aplanada, como el Persa o un Exótico, que, debido a su reducida capacidad nasal puede ser más propenso a tener problemas respiratorios, el veterinario puede decidir vacunarlo con anticipación o con mayor frecuencia. Y la hembra preñada, el macho en celo y los gatos que participan en exhibiciones tal vez necesiten refuerzos más frecuentes porque están expuestos a muchas enfermedades.

Un gato que viva siempre en el interior de una casa puede no necesitar las mismas vacunas que un gato de exterior o un gato que convive con otras mascotas.

La salud de su gato

PARÁSITOS INTERNOS

La mayoría de los parásitos de los felinos viven en los intestinos de sus anfitriones. Si bien son una afección bastante común en los gatos y no constituyen una preocupación seria, hay que llevar el gato al veterinario en cuanto se sospeche que sufre de parásitos.

anquilostomas

Ascárides Son parásitos comunes de los gatos, y son contagiados por la madre o por contacto con tierra infectada. Se multiplican rápidamente formando colonias y parecen fideos largos. Los ascárides viven en el estómago y el intestino. También sobreviven en el suelo durante años. Las larvas se incuban en el intestino y luego se trasladan a los pulmones, donde trepan por la tráquea y son tragados, lo que provoca tos. Aunque los síntomas no son siempre visibles, pueden incluir vómitos, diarrea y distensión estomacal.

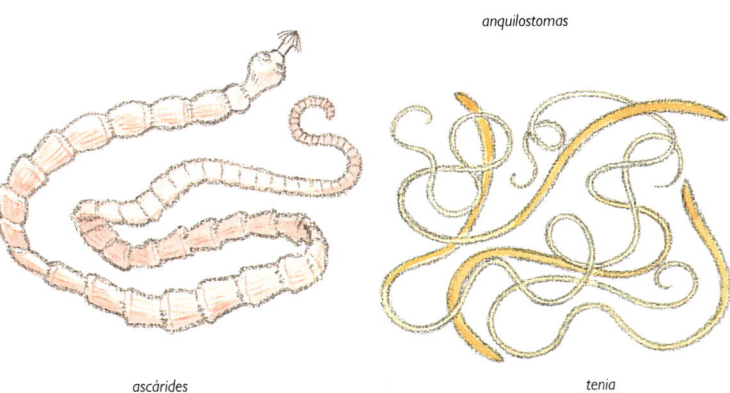

ascárides

tenia

TRATAMIENTO EN CASA
Se pueden administrar antiparasitarios en pasta con una jeringa (arriba, izquierda). Si cuesta darle las pastillas recetadas, un disparador de píldoras (derecha) puede resultar de utilidad.

Todos los gatos son susceptibles a tener ascárides, pero los gatitos más pequeños son los que corren el mayor peligro, porque si no se los trata pueden morir. Aunque la madre no tenga ascárides, éstos pueden estar escondidos en los tejidos de sus órganos. Cuando produce leche para las crías, los gusanos cobran vida e infectan a los gatitos a través de las glándulas mamarias. Suele ocurrir que un control veterinario no detecte evidencias de la presencia de estos parásitos si todavía no han llegado al intestino. Así que habrá que llevar al gatito al veterinario de 10 a 14 días después del primer control para asegurarse de que no los tenga.

Tenia Otro parásito común de los gatos es la tenia, que se alimenta de los nutrientes del tracto digestivo. Lo que se ve a simple vista es un segmento, que semeja un grano de arroz, que se rompe y es expelido por el ano. Normalmente es el único signo visible.

El gato de interior puede contagiarse de tenia a través de las

VIDA AL AIRE LIBRE
Si el gato disfruta de estar afuera, no hay mucho que se pueda hacer para impedir la reaparición de parásitos, pero un tratamiento rápido minimiza los riesgos.

La salud de su gato

PARÁSITOS INTERNOS (continuación)

SIN RIESGOS
Se sabe poco sobre la filaria en los gatos y los síntomas son vagos. Entonces, si su gato, como este Balinés, se siente enfermo y usted cree que puede ser susceptible a esta enfermedad, llévelo al veterinario de inmediato.

pulgas, y el gato de exterior no sólo por las pulgas sino también por comer ratones o mediante tierra y heces infectadas.

El veterinario controlará la presencia de estos parásitos cuando el gato tenga de tres a cuatro semanas de edad, e indicará el tratamiento adecuado, que por lo general tiene que repetirse. Los gatos de exterior tienen que ser controlados y tratados por el veterinario dos veces por año, ya que están más expuestos a los parásitos. Los gatos de interior sólo tendrán que ser examinados en caso de que se detecten signos visibles de su presencia.

Anquilostomas y triquinas Son otro tipo de parásitos internos, pero se dan en casos aislados y en zonas de clima húmedo. Algunos de los síntomas provocados por los anquilostomas son debilidad, anemia, diarrea y dermatitis.

Lamentablemente los síntomas provocados por las triquinas son menos perceptibles pero incluyen diarrea y sangre en la orina. El veterinario indicará el tratamiento, pero la única medida preventiva es mantener al gato adentro.

Toxoplasmosis Es un parásito intestinal que la mayoría de los gatos se contagian en determinada etapa de su vida. Pero los gatos no tienen síntomas ya que desarrollan una inmunidad natural y no corren ningún riesgo. De manera similar, casi todos los seres humanos tuvimos toxoplasmosis alguna vez y el único síntoma perceptible fue una leve indisposición estomacal. Nosotros también hemos desarrollado inmunidad.

La toxoplasmosis es peligrosa para las

mujeres embarazadas ya que puede provocar abortos y defectos congénitos, pero no hay peligro si se toman unas simples precauciones. Para que una mujer embarazada se contagie, tendría que tocar las heces del gato y luego llevarse los dedos sucios a la boca o a la nariz. Para evitar todo peligro, conviene que utilice guantes protectores al cambiar la bandeja sanitaria del gato. Esta enfermedad también puede contagiarse al tocar carne cruda y luego comer sin lavarse las manos, o al comer carne que no esté del todo cocida.

Coccidiosis El coccidiosis es un parásito que se encuentra en las heces. El gato lo contrae al comer ratones, aves o conejos infectados, o al tomar contacto con heces infectadas. Si es un gato de interior, puede haberlo contraído de pequeño en su primer hogar. El amontonamiento de las colonias de gatos o de las casas de cría, sumado a malas condiciones sanitarias, contribuye a la diseminación de la enfermedad.

AMAMANTAR
Una gata infectada puede contagiarles ascárides a sus crías cuando las amamanta, aun cuando los parásitos estén en su cuerpo en estado latente.

Si el gato no quiere comer y tiene diarrea, habrá que controlar si tiene coccidiosis. Además de estos síntomas, las heces tendrán un olor fuerte y agrio, y serán de color grisáceo. También puede sufrir de apatía, falta de energía y pérdida de peso.

En un gato de interior, el problema puede erradicarse mediante estrictas condiciones de higiene y los medicamentos que le recete el veterinario. En un gato de exterior se aplicará el mismo tratamiento, pero la erradicación es casi imposible porque volverá a contagiarse debido a su estilo de vida.

La combinación de coccidiosis y ascárides puede ser fatal en los gatitos, por lo que hay que hacerlos atender en cuanto se detecten los síntomas.

La salud de su gato

PULGAS, GARRAPATAS Y ÁCAROS

Los parásitos externos viven en la piel de los gatos y se alimentan tanto de su piel como de su sangre, provocándoles incomodidades y, en algunos casos, enfermedades leves. Son un problema común, en especial en los que viven afuera, pero son fáciles de tratar y el gato se recupera rápidamente.

ácaro de la sarna

garrapata

pulga

Pulgas Hay gatos que tienen sensibilidad extrema a las pulgas. Algunos reaccionan a la presencia de una única pulga no sólo rascándose desesperadamente sino perdiendo parches de pelo. Las pulgas tienden a reunirse alrededor de los ojos, orejas y ano, y el gato se rasca mucho, pierde el pelo y luce desastroso.

Para combatir las pulgas –es, en efecto, un verdadero combate– tendrá que darle al gato baños con pulguicidas, además de eliminar las pulgas del lugar donde el gato pasa más tiempo, y prácticamente de toda la casa. Tendrá que volver a fumigar a los 10 o 14 días después del primer tratamiento, cuando un nuevo ejército de pulgas sale del cascarón.

Una de las formas más avanzadas de atacar las pulgas es una píldora mensual que sólo puede ser recetada por el veterinario. Otros métodos son los collares, talcos, aerosoles y líquidos antipulgas. No hay que combinar un baño contra pulgas con cualquiera de los otros métodos de eliminación, porque el gato puede resultar envenenado.

Si usted tiene un gato de interior pero un perro que sale de la casa a un patio limitado, puede contratar a un fumigador profesional para que fumigue el patio una vez por mes, o puede comprar el equipamiento adecuado y hacerlo por su cuenta. Si en el patio no hay pulgas, el perro no podrá llevarlas al interior de la casa.

Si bien no resulta difícil eliminar las pulgas de una mascota de interior, es

PICAZÓN

No saque conclusiones apresuradas al ver que el gato se rasca. Todos los gatos se rascan, lo que no significa necesariamente que tengan parásitos.

La salud de su gato

PULGAS, GARRAPATAS Y ÁCAROS (continuación)

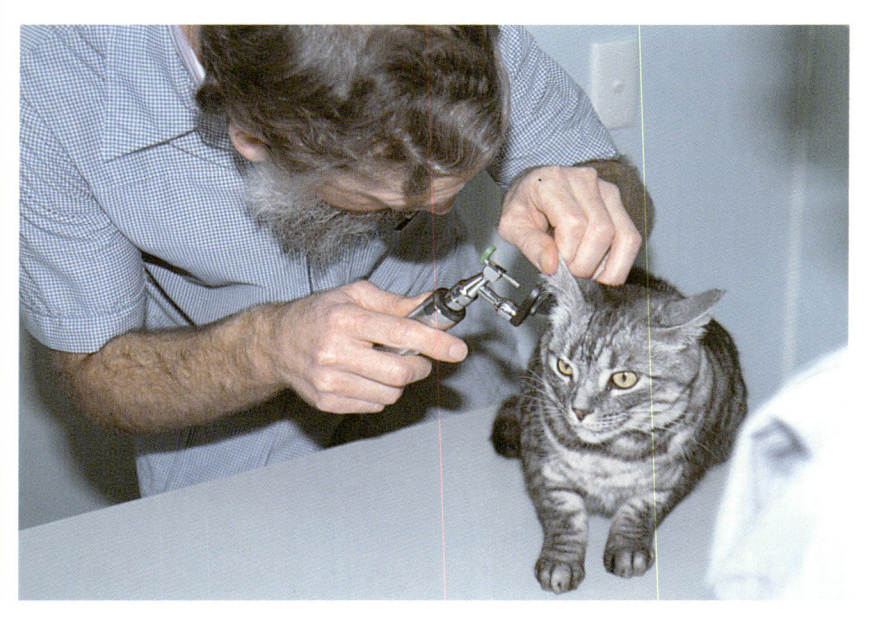

La salud de su gato

EXAMINAR LOS OÍDOS
Lleve el gato al veterinario si cree que tiene ácaros de los oídos. Éste lo examinará e indicará el tratamiento adecuado.

imposible eliminarlas de un gato de exterior. Lo mejor que se puede hacer es seguir el consejo del veterinario y someterlo al tratamiento que éste nos indique.

Las pulgas no sólo contagian parásitos sino que pueden transmitirle al gato la anemia infecciosa felina *(feline infectious anemia - FIA)*, una enfermedad que disminuye los glóbulos rojos y deja al gato en muy mal estado. Entre los síntomas figuran las encías pálidas y fiebre alta, pero el veterinario le tomará una muestra de sangre para hacer un diagnóstico seguro, y luego indicará el tratamiento adecuado.

Ácaros de los oídos Para los gatos que frecuentan la compañía de otros, los ácaros de los oídos son un riesgo. Si se ve una sustancia cerosa color marrón oscuro en los oídos del gato, o si él se atormenta rascándose las orejas sin cesar, probablemente tenga ácaros en las orejas. Son parásitos microscópicos que viven en el canal auditivo y se alimentan de la piel y la suciedad que allí se junta.

Para tener certeza absoluta de que éste es el problema, lleve a su gato al veterinario, que lo examinará e indicará un tratamiento. En general, se recomienda la aplicación de un líquido oleoso. Tal vez tenga que repetir el tratamiento varias veces dado que estos ácaros son persistentes. En una casa donde haya muchos gatos, los ácaros se dispersarán rápidamente entre ellos.

Un tratamiento casero alternativo consiste en humedecer un hisopo de algodón en un polvo de ácido bórico, y limpiar suavemente la parte visible del interior de la oreja. La ventaja del polvo seco es que ahoga a los ácaros y los mata, y hasta puede desalentar la llegada de otros parásitos.

Garrapatas, ácaros de la cabeza y sarna Las garrapatas y los ácaros no suelen presentarse en los gatos de interior. Si estos gatos tienen síntomas que indiquen la presencia de algunos de estos parásitos, probablemente hayan sido introducidos en la casa por algún perro o en la ropa de alguna persona. Los gatos de exterior y los gatos enfermos son muy susceptibles porque es más probable que estén en contacto con gatos infectados. Si detecta una garrapata en cualquier lugar del cuerpo de su gato, no intente quemarla o arrancarla. La solución más fácil es cubrirla con un compuesto específico y dejarla ahí. La garrapata morirá y se caerá en uno o dos días.

Los ácaros de la cabeza son parásitos que no suelen ser visibles a simple vista, así que si el gato está inquieto, se rasca mucho o pierde el apetito, llévelo al veterinario. Los ácaros también pueden producir sarna, lo que genera picazón, caspa y parches sin pelos en todo el cuerpo. Estos síntomas también pueden indicar una reacción alérgica o un cambio hormonal.

Ante el menor síntoma que genere preocupación, hay que acudir al veterinario, que tal vez realice un cultivo para recetar el medicamento adecuado. Para tratar los ácaros y la sarna se suelen recomendar baños en casa. Aunque este problema no sea común para los gatos de interior, los gatos de exterior que se infecten seguirán reinfectándose siempre.

PROBLEMAS COMUNES

Es casi inevitable que su gato, en algún momento, contraiga alguna enfermedad. Aunque la mayoría de las dolencias son de tratamiento fácil, algunas pueden ser fatales. Por eso es importante estar alerta a los síntomas.

Piómetra Es una infección del útero que afecta a las gatas no esterilizadas. Algunos síntomas son apatía, falta de apetito, mucha sed y orina frecuente, además de secreciones vaginales espesas y olorosas. Sin embargo, algunas hembras no exhiben ningún síntoma: pueden tener el pelo brillante, ojos claros y apetito y conducta normal. Las gatas son tan limpias que hay que observarlas detenidamente para detectar las secreciones vaginales antes de que se las limpien.

De todas maneras, hay síntomas que alertan sobre la posibilidad de una piómetra. Si la gata tiene celos frecuentes, o si tiene celos escasos y

PROBLEMAS DE ALIMENTACIÓN
Hay que estar muy atento a los cambios en la conducta de su gato. Si parece tener el apetito de siempre pero come poca cantidad, puede tener la boca ulcerada o un absceso en un diente. Si la dificultad persiste, consulte a su veterinario.

muy alejados, será más susceptible a padecer piómetra. O si ha sido apareada, puede llegarse a pensar que está embarazada cuando en realidad es la infección uterina lo que le provoca hinchazón de abdomen.

Llévala al veterinario en cuanto detecte las secreciones vaginales. Puede morir si no recibe tratamiento inmediato, ya que la infección puede hacer que el útero estalle. El tratamiento más eficaz es una histerectomía.

Síndrome Urológico Felino

(Feline Urological Syndrome - FUS) Si el gato tiene problemas para orinar, si hace fuerza acuclillado o si hay rastros de sangre en la orina, hay que llevarlo al veterinario de inmediato ya que puede sufrir del síndrome urológico felino, una enfermedad del tracto urinario inferior. Es una afección obstructiva potencialmente fatal que afecta a uno de cada cinco gatos, por lo general maduros y excedidos de peso. Otros síntomas son: falta de uso de la bandeja sanitaria, incontinencia, lamerse con frecuencia la zona urinaria, y mucha sed. Si no se lo trata en 24 horas, el gato puede morir.

Además de la desobstrucción de la uretra y la administración de antibióticos por parte del veterinario, hay un procedimiento quirúrgico para los gatos que sufren repeticiones de esta enfermedad. No se sabe cuál es la causa de este síndrome, pero parece ser hereditario. Aunque no hay formas comprobadas de evitarlo, parece conveniente reducir la ingestión de alimentos sólidos.

Afecciones respiratorias

Los gatos son más propensos a tener más problemas respiratorios que cualquier otra afección. Aunque el gato ya haya sido vacunado contra la grave "gripe gatuna" (ver p. 126), todavía es susceptible a contraer otras cien variedades de resfrío.

La vacuna contra la clamidia lo protege solamente de ocho o nueve variedades del resfrío común.

Los primeros síntomas de afecciones respiratorias son ojos llorosos, estornudos y tos. Hay que llevarlo al veterinario en cuanto estos síntomas aparezcan, para no llegar a la etapa de congestión nasal y pectoral. El veterinario indicará gotas nasales o píldoras (adminístrele toda la dosis recetada aunque los síntomas parezcan haber terminado).

Aunque el veterinario indicará el mejor medicamento, al dueño le corresponde brindarle el cariño y las atenciones adecuadas. Siga las recomendaciones generales para cuidarlo (ver pp. 122-125), tales como calentarle las patas a la temperatura corporal o tentarlo a comer.

Alergias

Los gatos son tan propensos a las alergias que hasta pueden ser alérgicos unos a otros. Cualquier cosa que a nosotros nos provoque

PROBLEMAS COMUNES (continuación)

estornudos, tos, dificultad para respirar o picazón, tendrá el mismo efecto en el gato. Además de los estímulos externos, exhiben reacciones alérgicas a vacunas, medicamentos y hasta a ciertos cambios hormonales.

Un gatito pequeño todavía tendrá el sistema inmunológico en desarrollo, por lo que es probable que tenga reacciones alérgicas menores. Puede venir de una casa donde no había alfombras o muebles tapizados, y al olfatear la alfombra y hasta los muebles de la nueva casa puede ponerse a toser hasta que desarrolle inmunidad contra las "pelusas" de los muebles o la "lanilla" de las alfombras.

Puede ser alérgico al maquillaje o al perfume. Y algunos productos de limpieza, como la lavandina y el amoníaco, no podrán usarse cuando él esté cerca a menos que se los diluya, e inclusive así únicamente en un lugar bien ventilado que luego tendrá que ser bien secado. Si no tiene otros problemas de salud, el gatito se recuperará de las reacciones alérgicas en uno o dos días.

Muchos gatos son alérgicos a los pulguicidas. Y cuando se acicala a un gato de pelo largo con productos en polvo, tal vez estornude y le lloren los ojos tal como al dueño.

Junto a la alergia, existe la posibilidad de que el gato tenga asma. Hace falta que el veterinario controle esta afección, para que la mascota viva una vida normal.

Tiña Si un gato se rasca, se muerde o se limpia compulsivamente, puede tener distintos problemas de piel, entre ellos la persistente afección de la tiña, causada por un hongo parásito.

Se transmite por contacto con animales, tierra y hasta seres humanos infectados. Los gatitos pequeños, las gatas embarazadas y los gatos frágiles o mayores, son los más susceptibles a contraer esta enfermedad.

Algunos de los síntomas de la tiña son pelos cortados alrededor del hocico o de las orejas, así como también parches pelados casi perfectamente redondos donde luego aparece una corteza dura.

Aunque casi todos los síntomas aparecen en la cabeza, los ojos, las patas y la cola, pueden presentarse en cualquier lugar del cuerpo. En un gato de interior y exterior, o que conviva con otros gatos, se podrían confundir los primeros signos de la tiña con una lastimadura o una mordedura que pudiera haberle ocasionado otro gato.

Hay que llevarlo al veterinario ante la primera sospecha. La enfermedad se cura fácilmente con píldoras o inyecciones. Si se trata de un gato de interior, también habría que limpiar a fondo el lugar donde duerme y lavar con fungicida su cama, juguetes y todo lo que pueda albergar el hongo.

Dado que es imposible tomar todas estas precauciones con un gato de interior y exterior, o con colonias de gatos que vivan al aire libre, no hay ningún tipo de prevención posible para ellos.

Aunque muchos gatos son portadores de la tiña, algunos desarrollan inmunidad a la enfermedad. Como los portadores no demuestran síntomas, en el caso de tener varios gatos es muy difícil distinguir la tiña y atacar la causa de su recurrencia.

Los gatos transmiten la tiña a las personas y a los perros, y las personas y los perros pueden transmitir la enfermedad a los gatos. Si su gato tiene tiña, deberá tratarlo con mucho cuidado. Si fuera posible, aíslelo hasta que se le caigan las cáscaras de las zonas afectadas, arrastrando los pelos que contienen las esporas.

GÉRMENES RESIDENTES

Cuando lleve un nuevo gatito o gato a una casa donde ya hay uno o más gatos, tenga en cuenta que el recién llegado no tendrá inmunidad contra los gérmenes residentes de los moradores antiguos.

Aunque los otros gatos hayan recibido las vacunas correspondientes y estén sanos, se han acostumbrado a los gérmenes de la casa contra los cuales desarrollaron inmunidad.

Al venir de otro ambiente, lo más probable es que el gato nuevo se vea atacado por una infección respiratoria o alguna otra afección dentro de la primera o segunda semana de su llegada a la casa.

Los otros gatos, a su vez, no tienen inmunidad contra los gérmenes residentes del nuevo gato, por lo que es muy posible que ellos también sufran algún tipo de enfermedad leve.

PROBLEMAS COMUNES (continuación)

Filaria La filaria es poco frecuente en los gatos, pero puede implicar riesgo de vida. Es causada por los parásitos que ingresan al torrente sanguíneo a través de la mordedura de un mosquito infectado, y que luego migran hasta el corazón y las arterias pulmonares. Allí maduran y provocan los problemas.

Todos los gatos están bajo riesgo de contraer esta enfermedad, pero los de mayor exposición a los mosquitos corren más riesgo todavía. Los climas cálidos y húmedos son ideal para la transmisión de la filaria. Y no crea que hace falta que su gato salga al aire libre para que lo pique un mosquito. En realidad, hay estudios que indican que los gatos de interior pueden ser hipersensitivos a esta enfermedad. Lamentablemente, los síntomas en los gatos son vagos y muy diferentes de la versión canina de esta afección. Los investigadores creen que los gatos afectados pueden recibir el diagnóstico erróneo de asma felina, o pueden desarrollar asma como consecuencia de esta enfermedad parasitaria.

En la actualidad no hay un examen definitivo para detectar esta afección. Además de asma, otros síntomas son pérdida de peso, debilidad y desmayos. Aunque existen varios medicamentos que se usan para tratar a los perros afectados de filaria, todavía el mercado farmacéutico no ofrece nada para los gatos. Hay una vacuna pendiente de aprobación por parte de la Dirección de Alimentos y Drogas de los Estados Unidos que puede llegar a estar disponible en el futuro cercano.

Acné Aunque parezca sorprendente, los gatos sufren de acné. En general aparece bajo la barbilla y alrededor de la boca. Originariamente, esta afección se llamó "Barbilla de Abisinio", porque fue diagnosticada por primera vez en gatos Abisinios, en los que el acné se notaba claramente sobre sus barbillas blancas. Más tarde se supo que cualquier gato puede padecerlo.

Conviene examinar la zona de la barbilla de los gatos de colores oscuros para ver si se observan o se perciben al tacto leves montículos con cascarita. Estas protuberancias que parecen granos de café resultan fáciles de ver en gatos blancos o de pelaje claro. Lave la zona afectada con un jabón suave, enjuáguela bien con agua tibia y séquela suavemente. Como el acné prospera en los lugares húmedos, el proceso de secado puede intensificarse con la aplicación de almidón de maíz (maicena).

Abscesos Los abscesos son peligros ocultos. En general, no podemos verlos, pero sí tocarlos. Si el gato no tiene signos externos de estar herido, pero se muestra apático, no respeta los horarios de comida, tiene el pelo seco y abierto o no actúa con normalidad, existe la posibilidad de que sufra de una infección causada por un absceso.

Ésta es una situación engañosa que a veces resulta fatal, porque la piel se cierra sobre una herida abierta y no deja signos visibles. Si al tacto se detecta una protuberancia en cualquier lugar del cuerpo del gato, podría tratarse de un absceso. Para tratarlo, humedezca un paño en agua caliente (no tan caliente como para quemarle la piel) y luego moje la zona infectada. El agua caliente sirve para extraer el pus del absceso, que manará por cualquier abertura mínima de la piel al aplicarle una compresión suave.

Después de haberle sacado todo el pus posible, lave la zona con agua caliente y apliquele agua oxigenada con un trocito de algodón. El absceso tiene que drenar, por lo que no hay que vendarlo. Si este proceso no alivia al gato en tres o cuatro días, llévelo al veterinario.

Un absceso no tratado puede desembocar en el envenenamiento de la sangre.

Cola de semental Se denomina así porque generalmente se produce en los gatos machos no castrados, aunque también puede afectar a las hembras. Es la acumulación de una secreción amarronada provocada por la descarga de aceite de la glándula que está en la parte de arriba de la cola del gato, cerca de la base. La zona también se notará hinchada, ampollada y con pérdida de pelos.

Esta afección puede controlarse fácilmente mediante el lavado y secado profundo de la zona afectada con regularidad.

Si la piel está roja y lastimada, el veterinario podrá indicar la aplicación de un bálsamo.

Mientras el gato no esté castrado, seguirá excretando aceite en exceso por las glándulas que tiene en la base de la cola, por lo que es necesario vigilarlo para que esté cómodo.

Caspa Tal como nos ocurre a nosotros, el gato puede tener caspa, y casi por los mismos motivos. Si es de color claro, la caspa puede no notarse, pero si es de pelo oscuro se notará claramente. En cualquier caso, la frotación con las manos y el cepillado harán salir la caspa a la superficie.

No hay que preocuparse por los montículos de caspa que puedan hallarse en el suelo. Es algo normal porque el pelo cambia y se cae periódicamente. Sin embargo, si la afección es grave, tendrá que verlo el veterinario. Los motivos pueden ser alimenticios, por falta de aceite o por una afección de piel o parasitaria.

Los gatos castrados y los gatos mayores tienen más caspa que los no castrados y los más jóvenes. En la castración, el gato pierde las hormonas que lo ayudan a mantener la salud de la piel y el pelo. El veterinario puede recetarle medicamentos o suplementos alimenticios para compensar esta falta. El proceso natural del envejecimiento puede hacer que el pelaje del gato se

PROBLEMAS COMUNES (continuación)

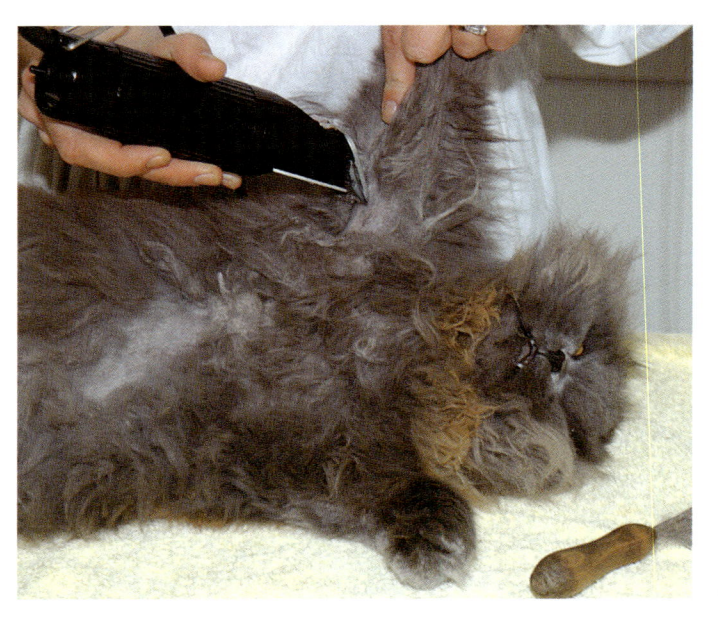

torne más grueso y la piel más escamosa, lo que a su vez puede generar caspa. Para estos casos también son muy buenos los suplementos alimenticios, y los baños ocasionales. Tal vez la caspa no pueda eliminarse por completo, pero se la puede controlar.

Masticar lana A algunos gatos les gusta masticar lana. Se trata de una descripción somera que abarca no sólo a los gatos que mastican lana sino también toallas, medias y mantas. La mayoría de los masticadores son Siameses, en parte Siameses o Burmeses, y empiezan a masticar en

PELO ENMARAÑADO
Si el pelaje largo del gato se enmaraña excesivamente, habrá que recurrir a la ayuda del veterinario. Es probable que el gato tenga que ser sedado por el veterinario para poder recortarle las marañas. Con un acicalado frecuente esto no tendría que suceder.

cuanto les nacen los dientes. La solución más fácil es eliminarles la tentación colocando estos elementos fuera de su alcance o no permitiéndoles entrar en los lugares donde estén guardados. Es casi imposible impedir que un masticador de lana mastique.

Y hasta llega a masticarse a sí mismo. Algunos gatos, y no sólo los Siameses, se chupan la cola tal como un bebé se chupa el pulgar. También se amamanta de su propio cuerpo y de otros gatos adultos. Se les puede interrumpir el hábito colocándoles un líquido amargo en la cola y en las otras zonas que se muerden. Si se los deja morder la cola sin controlarlos, pueden llegar a provocarse tal mutilación que parte de la cola finalmente se caerá.

Rociar con orina La rociadura es un instinto natural mediante el cual los gatos lanzan chorros de orina de olor fuerte sobre superficies verticales, por lo general para demarcar su territorio. Es algo que los gatos machos no castrados hacen con frecuencia, para atraer a las hembras y alejar a otros machos. Las hembras no esterilizadas rocían menos, en general para atraer a los machos. Realmente no se puede hacer nada para que un gato no castrado deje de rociar.

Un macho castrado o una hembra esterilizada pueden llegar a rociar en ocasiones, pero no por los mismos motivos que los gatos no castrados. En caso de mudanzas, de cambios en la rutina o de viajes, la mascota demostrará su petulancia rociando los muebles. Otras razones que pueden inducirlo a rociar son las épocas de apareamiento –primavera y otoño–, cuando escucha y huele a los gatos y hembras intactos que se aparean.

Otra causa frecuente del rociado es la llegada de otro gato a la casa, o si hay una gata que ha tenido cría. El gato rocía para indicar que está enojado. Se trata de una respuesta instintiva, por la que no hay que castigarlo. Dejará de rociar cuando los gatitos se vayan a sus nuevos hogares o cuando, en su momento, decida aceptar al nuevo gato.

Muda de pelo Si bien los gatos de exterior cambian de pelo dos veces por año, los de interior pueden cambiar de pelo durante todo el año. Esto se debe a la constancia de temperatura y luz que hay dentro de la casa. Los gatos entrados en años tienden a mudar el pelo más que los jóvenes porque normalmente tienen el pelaje más seco.

Ante la sospecha de que el gato hace mudas excesivas de pelo, hay que llevarlo al veterinario. Si no se le diagnostica ninguna enfermedad, la muda puede deberse a un desequilibrio hormonal o a la falta de algunos nutrientes en su dieta. Aunque lo más probable es que sea causa de una enfermedad, alergia cutánea o parásitos. El peinado y cepillado diario, junto con el acicalado manual y un baño ocasional, son de ayuda para controlar el problema.

Bolas de pelo Si el gato perdió el apetito y tiene constipación y problemas intestinales, podría sufrir de

PROBLEMAS COMUNES (continuación)

bolas de pelo. Es el pelo que el gato traga cuando se lame para limpiarse. El pelo se acumula en formaciones cilíndricas en el intestino que suelen ser eliminadas mediante vómitos.

La mayoría de los gatos elegirá la mejor silla de la casa, la cama del dueño o la alfombra del recibidor para eliminar una bola de pelo, habiéndose refrenado de hacerlo cuando cruzaba por un simple piso embaldosado. No se sabe por qué los gatos no vomitan sobre pisos de baldosas. Una teoría sugiere que el gato no quiere que la bola de pelo le salpique la cara o se destaque demasiado en el entorno. Los gatos, inclusive los de interior, tienen un fuerte instinto que los lleva a "esconder" sus deposiciones de la vista de los depredadores.

El gato de interior utiliza los alimentos deshidratados como eméticos. Puede comer hasta el último bocado de un plato de alimentos deshidratados y, al minuto siguiente, vomitar una bola de forma perfecta que también contiene pelo. El gato de exterior y el de interior/exterior vomitan la bola tras comer pasto.

El peinado diario combinado con un baño ocasional ayuda a controlar las bolas de pelo. También hay medicamentos para tratar las bolas de pelo, que se administran semanalmente. Estos medicamentos ayudan al gato a eliminarlas lubricándoles los intestinos, y por lo tanto permitiendo su deposición.

Sin embargo, si la bola de pelo queda alojada en los intestinos, tal vez haya que llevar el gato al veterinario para que se la quite mediante cirugía.

Problemas con los bigotes Los bigotes son muy importantes para el gato. Le sirven como extremidades sensoriales para no chocarse contra las cosas en la oscuridad, para medir el ancho de un espacio y saber si puede pasar, y para cuando sale a cazar.

Los bigotes también pueden convertirse en un problema, en especial cuando el gato trata de comer de un tazón profundo. Los extremos de los bigotes que tocan los costados del tazón envían al cerebro sensaciones de molestia, por lo que le resulta difícil seguir comiendo.

Los bigotes son tan sensibles porque tienen una conexión directa con el sistema nervioso. Cualquier cosa que les ocurra le provocará molestias al gato, que hasta puede sentirse confundido o desorientado. No hay que recortarle los bigotes, ni lavárselos: él sabe cómo mantenerlos bien limpios.

En los gatitos recién nacidos, la madre puede arrancarles uno o varios bigotes al limpiarle la comida adherida. Esto no tiene que ser motivo de preocupación; es absolutamente normal y pronto volverán a crecerle.

COLLAR ISABELINO

Para que un gato que se esté recuperando de una operación no se saque los puntos o las vendas que cubren una herida, habrá que ponerle un collar isabelino (llamado así porque parece los cuellos redondos que usaban las mujeres en la época isabelina en Inglaterra). De otra manera el gato se contorsionará hasta extremos increíbles para llegar a cada rincón de su cuerpo y no cejará hasta no quitarse esos ultrajantes puntos o vendas.

Si el veterinario no proporciona uno de estos collares, usted puede hacerlo en casa. Elija un material resistente pero flexible como cartón, y recorte un círculo. En el centro recorte un círculo menor, apenas más grande que el tamaño del cuello del gato (ver ilustración). El collar no tiene que quedar demasiado flojo, para que el gato no pueda deslizar hacia atrás la cabeza y quitárselo. Recorte aproximadamente un cuarto del círculo hasta la apertura central. Haga una fila doble de orificios coincidentes a cada lado del corte. Haga cortes pequeños alrededor del círculo interno, con una separación aproximada de 1,25 cm entre cada uno, y pliéguelos hacia adentro. Esto hace que el borde calce ceñido. Coloque el collar en el cuello del gato y ciérrele la parte abierta pasando una cinta por los orificios.

molde de un collar isabelino

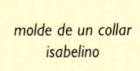

atar el collar

La salud de su gato

La salud de su gato

ADMINISTRAR MEDICAMENTOS

Los dientes y las uñas afiladas convierten la administración de medicamentos a un gato en una operación riesgosa. Si fuera posible, consiga que alguien lo ayude sujetando al animal con firmeza. Algunos profesionales sugieren envolver al gato en una toalla gruesa para impedir que mueva las patas.

PONERLE GOTAS NASALES
Sujete al gato con suavidad y firmeza mientras le coloca las gotas nasales. Luego siga sosteniéndole la cabeza en posición inclinada hasta asegurarse de que las gotas penetraron en los conductos nasales. Por lo general, luego el gato estornudará.

PONERLE GOTAS EN LOS OÍDOS
El gato puede tener una infección en los oídos causada por distintos hongos y bacterias. Aplíquele las gotas siguiendo las instrucciones del veterinario, y luego masajéele suavemente la base de la oreja durante algunos segundos.

146

BIEN ABIERTA
Ábrale la boca al gato colocando una mano en los pómulos en la mandíbula superior, y llevando hacia abajo la mandíbula inferior con la otra mano.

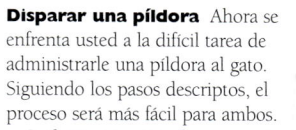

INSERTARLE UNA PÍLDORA
Con un disparador de píldoras o con los dedos de la mano de abajo, insértele la píldora bien adentro de la boca. Ciérrele la boca y masajéele la garganta para que trague.

Disparar una píldora Ahora se enfrenta usted a la difícil tarea de administrarle una píldora al gato. Siguiendo los pasos descriptos, el proceso será más fácil para ambos.

Si el gato se resiste, haga que otra persona lo sostenga mientras le inserta la píldora. Como último recurso, pruebe envolviéndolo en una manta, pero tenga cuidado porque el gato puede aumentar la resistencia. Si su gato aún se niega, deshaga la píldora con una cuchara y luego mézclela con agua, caldo (consomé) o comida.

Si no traga la píldora, pellízquele suavemente la piel de la garganta y tírela hacia afuera. Con esto se abre el canal y la píldora se desliza con más facilidad.

MASAJEAR LA GARGANTA
Los masajes suaves en la garganta lo estimularán a tragar. Cuando vea que se lame el hocico, casi se puede tener la certeza de que ha tragado.

La salud de su gato

ADMINISTRAR MEDICAMENTOS (continuación)

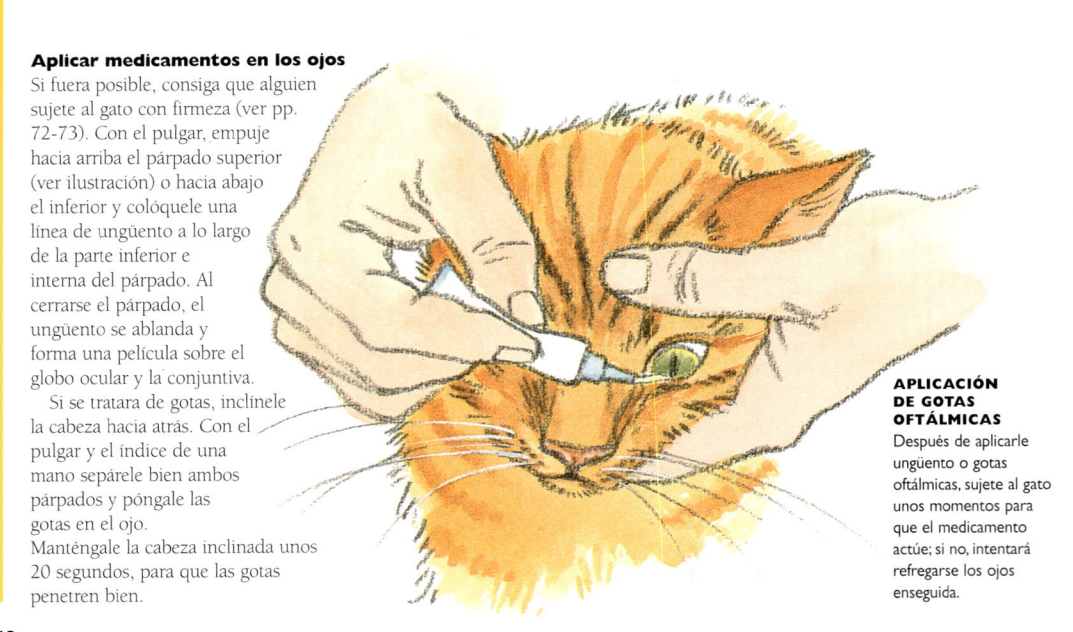

Aplicar medicamentos en los ojos

Si fuera posible, consiga que alguien sujete al gato con firmeza (ver pp. 72-73). Con el pulgar, empuje hacia arriba el párpado superior (ver ilustración) o hacia abajo el inferior y colóquele una línea de ungüento a lo largo de la parte inferior e interna del párpado. Al cerrarse el párpado, el ungüento se ablanda y forma una película sobre el globo ocular y la conjuntiva.

Si se tratara de gotas, inclínele la cabeza hacia atrás. Con el pulgar y el índice de una mano sepárele bien ambos párpados y póngale las gotas en el ojo. Manténgale la cabeza inclinada unos 20 segundos, para que las gotas penetren bien.

APLICACIÓN DE GOTAS OFTÁLMICAS

Después de aplicarle ungüento o gotas oftálmicas, sujete al gato unos momentos para que el medicamento actúe; si no, intentará refregarse los ojos enseguida.

BOTIQUÍN DE PRIMEROS AUXILIOS

EN CASO DE ACCIDENTES

En toda casa con mascotas tendría que haber un botiquín de primeros auxilios para casos de emergencia que contenga todos los elementos que aparecen a la derecha. Al salir de casa con el gato, también hará falta llevar lo siguiente: caja o jaula transportadora; bozal, collar y correa, recipiente para lavar heridas, toalla, torniquete y gasa para cerrar heridas.

- Hay que aproximarse con cautela a un gato herido; él se sentirá muy asustado y es probable que muerda y arañe.
- Trate de calmarlo hablándole en voz baja y, si no hubiera signos de agresión, masajéele la zona herida, pero sin tocarla directamente.
- Si el gato parece tener frío, o si está tan asustado que empieza a arañar antes de que nadie se le acerque, tápelo con una manta o una toalla.
- Si el gato sale corriendo de dolor, trate de limitarlo a un espacio pequeño. Si no se mueve, verifique que esté en una posición cómoda.

En las páginas siguientes se indica cómo manejarse en emergencias específicas.

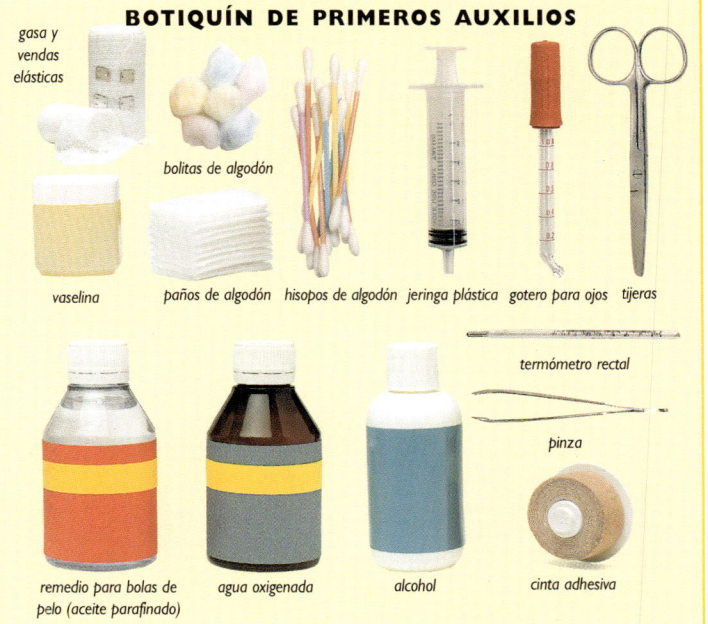

gasa y vendas elásticas

bolitas de algodón

vaselina

paños de algodón

hisopos de algodón

jeringa plástica

gotero para ojos

tijeras

remedio para bolas de pelo (aceite parafinado)

agua oxigenada

alcohol

termómetro rectal

pinza

cinta adhesiva

La salud de su gato

CURANDO HERIDAS Y ENFERMEDADES

La salud de su gato

Es fácil decir que si ocurre un accidente hay que llevar el gato al veterinario. ¿Pero qué ocurre si el consultorio del veterinario está cerrado o si uno vive demasiado lejos? Éstos son algunos consejos para tener en cuenta.

Los accidentes ocurren, y la mejor manera de lidiar con ellos consiste en estar preparados. Tenga un botiquín de primeros auxilios bien provisto (ver página anterior); considere qué tipos de herida puede sufrir su gato, y aprenda cómo tratarlas.

Algunos tratamientos son simples: si el gato está sofocado, hay que quitarle la obstrucción de la garganta con la pinza. Pero hay otros accidentes que necesitan un tratamiento más complejo, por eso en esta sección de referencia fácil se explica la mejor forma de atender al gato en una emergencia.

VENDAJE APRETADO
Si el gato pierde sangre, colóquele un vendaje apretado sobre la herida. Si la pérdida continúa, tal vez haya que aplicarle un torniquete entre la herida y el corazón y llevarlo de inmediato al veterinario.

Hemorragias El punto principal de la pérdida es el lugar que el gato se lame. Aunque en la mayoría de los casos las hemorragias remiten espontáneamente, si está perdiendo mucha sangre habrá que aplicarle un vendaje bien apretado o un torniquete.

El vendaje apretado, que impide que la sangre siga saliendo por la herida, se aplica cuando la pérdida de sangre no es demasiado grave. Hay que aplicar una compresa de agua fría sobre la herida y luego colocar el vendaje apretado y sujetarlo con cinta adhesiva o con tiritas de gasa. Para aplicarlo, cubra la herida presionándola con un pedazo de paño y quítelo a los pocos minutos, para permitir que la sangre siga saliendo uno o dos segundos más. Luego vuelva a cubrirla aplicando mucha presión y repita el proceso hasta que la sangre deje de salir o hasta llegar al veterinario.

Si la pérdida mana de la nariz o de otro lugar inaccesible, aplíquele una compresa de hielo y manténgalo muy quieto. Si le sangra la cola, cúbrale la herida con un vendaje apretado. Utilice sólo cinta adhesiva o tiras de gasa para ajustar los vendajes en un gato; nunca use alfileres.

Fracturas Si el gato se ha caído desde cierta altura o si fue atropellado por un automóvil y a simple vista se nota que tiene una pata fracturada, lo más importante es evitar que entre en estado de conmoción, o minimizar los efectos de la conmoción. Cúbralo con algo liviano, manténgalo caliente, háblele despacio y con un tono calmo, y no se apure. Levántelo con el mayor cuidado

FRACTURAS SIN SALTOS

El gato no siempre aterriza de pie, y en un mal aterrizaje puede sufrir una fractura. Nunca trate de entablillarle la pata por su cuenta porque es una tarea para profesionales. Llévelo al veterinario.

La salud de su gato

CURANDO HERIDAS Y ENFERMEDADES (continuación)

posible, para no empeorar las cosas, colóquelo en un receptáculo pequeño y llévelo de inmediato al veterinario. Únicamente un veterinario puede entablillar un miembro fracturado y, en la mayoría de los casos, sólo bajo anestesia. Aunque uno mismo quiera entablillarle la pata, hay que tener en cuenta que la mayoría de los gatos no tolera que se los manipule cuando no se sienten bien, y a pesar de los esfuerzos que hagamos, nos mostrará los dientes y las garras. Inclusive podemos perjudicarlo más.

Quemaduras El gato puede sufrir heridas graves si se trepa a una hornalla caliente o mete la patita en una cacerola con agua hirviendo. Si es una quemadura o una escaldadura superficial, la zona afectada se torna roja y pueden salirle algunas ampollas. Si la quemadura es más grave, la piel se

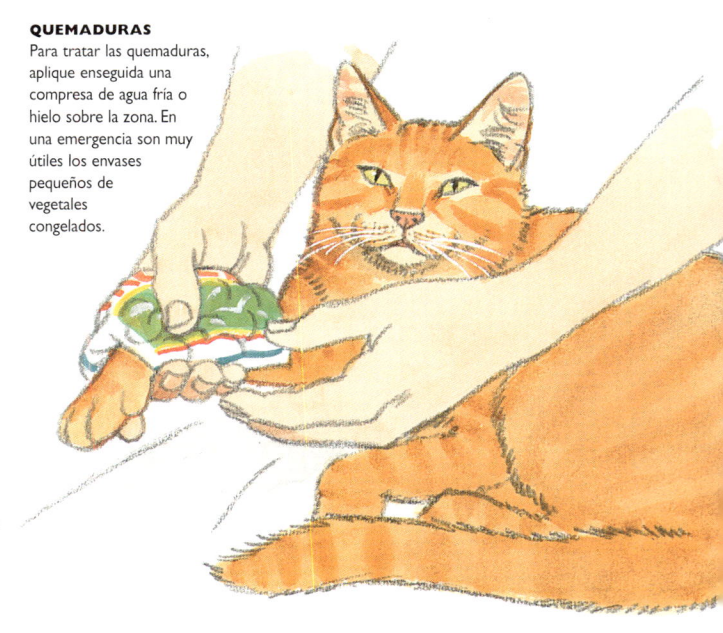

QUEMADURAS
Para tratar las quemaduras, aplique enseguida una compresa de agua fría o hielo sobre la zona. En una emergencia son muy útiles los envases pequeños de vegetales congelados.

tornará blanca y los pelos se desprenderán con facilidad. Para tratarla, de inmediato aplique agua fría o hielo sobre la zona afectada durante unos 20 minutos. Si la quemadura es grave, tendrá que llevar el gato al veterinario. Si no, habrá que permitir que la naturaleza siga su curso.

Estos accidentes pueden evitarse cocinando en las hornallas traseras o colocando una pantalla ignífuga. Si se les permite entrar en la cocina, hay que tomar las precauciones necesarias.

Electrocución A muchos gatos, en especial a los más pequeños, les gusta morder los cables. Hay muchos a los que les gusta morder también las perchas de alambre. Con todos los artefactos eléctricos de que disponemos hoy en día, es casi imposible que en la casa no haya cables sueltos.

Si el gato se electrocutó, no hay que tocarlo hasta haber desconectado el interruptor principal de electricidad y haber desenchufado el cable. Contrólele el corazón en la parte inferior del pecho, justo atrás de la pata delantera izquierda. Si el gato está inconsciente, tendrá que llevarlo corriendo al veterinario. Nunca intente resucitarlo por sus medios.

Aunque el shock no haya sido tan fuerte como para dejarlo sin conocimiento, puede haberle provocado una quemadura grave en la lengua o en la boca. Llévelo al veterinario en cuanto pueda, para impedir que se le forme gangrena.

Para proteger al gato de cualquier tipo de electrocución, haga el esfuerzo de desenchufar todos los artefactos eléctricos que no estén en uso.

Ahogo Aunque pueden ser muy buenos nadadores, los gatos, igual que las personas, pueden ahogarse, en especial si se caen en una piscina. Hasta la pileta del baño puede ser peligrosa para un gatito. Los gatos no pueden treparse hasta el borde para salir del agua; entonces, si alguien no acude en su ayuda, el accidente puede ser fatal.

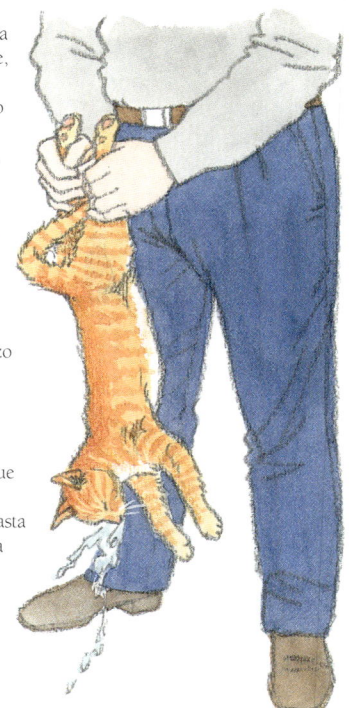

CURANDO HERIDAS Y ENFERMEDADES (continuación)

Si el gato se está ahogando, sáquelo del agua lo más rápido posible. Luego, sosteniéndolo de las patas traseras, balancéelo suavemente entre sus piernas hasta que expulse toda el agua.

Fiebre Cuando el gato está apático y no come ni bebe, puede tener fiebre. Pellízquele suavemente la piel sobre los hombros; si no vuelve de inmediato a su posición original probablemente el gato esté deshidratándose.

Para tomarle la temperatura, unte un termómetro rectal con vaselina. Suavemente, con un movimiento giratorio lento, insértelo unos 2,5 cm en el recto y déjelo un minuto, siempre sosteniéndole con firmeza la base de la cola.

La temperatura normal de un gato es de 38°C. Si el gato tiene fiebre, llévelo de inmediato al veterinario. No le dé nunca una aspirina ni cualquier otro medicamento de uso humano, ya que pueden resultar mortales para el animal.

Vómitos No es extraño que los gatos vomiten, y puede que no sea nada más que la eliminación de una bola de pelos (ver p. 143) o porque han comido de más. Si este es el caso, intente servirle una porción menor o, si en su casa viven varios gatos, asegúrese de que éste tenga su propio recipiente o déle de comer por separado. Puede ocurrir que los gatos compitan por la comida y por lo tanto coman con demasiada rapidez.

Si los vómitos continúan, puede suceder que el gato sea alérgico a determinados alimentos. No le dé de comer durante 12 horas pero incítelo a que tome mucha agua, para que no se deshidrate. Luego déle solamente alimentos blandos (se los consigue en la veterinaria) durante las siguientes 24 horas. Si todo parece estar bien, vuelva a variarle la dieta de a poco y así, con el tiempo, descubrirá cuál era el alimento que le producía alergia.

Si el vómito del gato se combina con falta de apetito, de sed o con modificaciones de conducta, o si contiene rastros de sangre, hay que llevarlo enseguida al veterinario. Son síntomas que podrían indicar la presencia de enfermedades más graves, como envenenamiento, gastritis, úlceras, reacciones alérgicas a la picadura de insectos, e inclusive de enteritis infecciosa felina (ver p. 126).

Arriba de un árbol Algún día puede ocurrir que su gato quede atrapado en un árbol, y ninguno de los dos sabrá qué hacer. En la mayoría de los casos, si el animal tiene hambre se las ingeniará para bajar. Pero algunas veces, si está enfermo o con un ataque de pánico, tendrá demasiado miedo, así que habrá que acudir en su ayuda.

Intente llamarlo y persuadirlo, o atráigalo desde más cerca ofreciéndole su comida preferida.

Si estos métodos fracasan, es tiempo de tomar medidas más drásticas. Llame al departamento de bomberos más cercano y solicite ayuda. Si ellos no pueden ir, póngase una camisa de mangas largas y guantes gruesos (el gato probablemente lo arañe y hasta intente morderlo). Lleve consigo una toalla pequeña; si logra arrojársela encima tendrá más probabilidades de atraparlo.

Tome una escalera y permanezca en calma, porque si el gato se asusta más, seguirá trepando hacia lo alto. Si estos intentos de rescate fracasan, lo mejor que se puede hacer es dejarle comida en el punto más cercano posible.

TREPAR A LOS ÁRBOLES
Los gatos adoran treparse a los árboles, pero a veces quedan atrapados y les cuesta bajar. Tentarlos con comida puede ser un incentivo para que lo sigan intentando.

ENVENENAMIENTOS

Un gato curioso querrá investigar cada rincón de su territorio. La puerta abierta de un armario le resulta irresistible: tome las mismas precauciones que para con un niño, y mantenga los productos de limpieza y de jardinería guardados bajo llave.

Envenenamiento Los productos de limpieza que son venenosos para los seres humanos también lo son para el gato. Guarde todos estos productos y otras sustancias tóxicas bien fuera de alcance. Hasta el anticongelante del automóvil puede resultar fatal para un gato de exterior en caso de que chupe las gotitas que caen abajo del auto.

Si cree que el gato está envenenado, trate de saber qué veneno consumió. Si no es una sustancia corrosiva, como medida de primeros auxilios para inducir el vómito déle un poco de agua mezclada con bicarbonato de sodio. Si la sustancia es corrosiva, no le induzca el vómito y llévelo de inmediato al veterinario.

LA HIERBA GATUNA

La hierba gatuna *(Nepeta cataria)* produce un efecto extraño en los gatos, y ellos adoran rodar sobre la planta o frotarse contra ella. Es inofensiva.

PLANTAS VENENOSAS

El gato de interior está expuesto a la misma cantidad de sustancias tóxicas que el de exterior. Normalmente no se tiene en cuenta que el opulento filodendro o la floreciente glicina pueden ser tóxicas para la mascota, por lo tanto aquí ofrecemos un listado de algunas de las plantas de interior y exterior más comunes que pueden ser peligrosas para los gatos.

- Acebo
- Acónito
- Adelfa
- Alverjilla
- Anémona
- Arisema
- Azalea
- Belladona
- Botón de oro
- Caladium
- Castaño de Indias
- Cerezo de Jerusalém
- Cerezo negro
- Cícada
- Cicuta
- Clematites
- Consuelda
- Crocus
- Dafne
- Delphinium
- Dicentra
- Diffenbachia
- Digital
- Dondiego de día
- Dondiego de noche
- Eléboro
- Espino
- Estramonio
- Filodendro
- Glicina
- Hiedra Inglesa
- Hiedra venenosa
- Hierba carmín
- Hortensia
- Jacinto
- Lantana
- Laurel Rosa
- Leche de gallina
- Liburnum
- Lirio del valle
- Lupino
- Muérdago
- Oreja de Elefante
- Poinciana
- Poinsettia
- Ricino
- Rododendro
- Sanguinaria
- Solanum
- Tejo

LOS GATOS ENTRADOS EN AÑOS

La salud de su gato

Su gato ha compartido muchos años con usted, y ya han aprendido a conocerse. No lo deje solo ahora. A medida que el gato envejezca, habrá que atender aún más sus necesidades y brindarle mayores cuidados con amor y ternura.

CUIDAR A LOS MAYORES
Cepille a su gato con delicadeza todos los días, aunque tenga pelo corto. Mientras lo cepilla, pásele los dedos suavemente por el cuerpo para ver si le han crecido tumores. Los tumores de los gatos ancianos suelen ser benignos, pero conviene que el veterinario lo determine.

Expectativa de vida Gracias a los alimentos de mejor calidad y a los avances de la medicina, ahora los gatos viven más años, igual que los seres humanos. Sin embargo, la ancianidad puede ser muy distinta según cada gato. Un gato que nunca sale fuera de la casa, que consume una dieta adecuada y recibe las vacunas necesarias, probablemente viva más que un gato de exterior, más que un gato de interior/exterior y más que un gato vagabundo.

Es bastante normal que los gatos vivan hasta 18 años, o más. Los gatos de exterior, por otra parte, suelen vivir hasta alrededor de los 15 años, aunque muchos mueren más jóvenes y otros superan los 20 años de edad.

Signos de envejecimiento Se nota que el gato ha envejecido cuando ya no le resulta fácil saltar o cuando directamente deja de saltar. Duerme más y, cuando está despierto, se mueve con lentitud y con una leve rigidez. Sin embargo, no sufre de artritis ni dolor de columna como los perros, y tendría que conservar la agilidad durante bastante tiempo.

Aunque tal vez no se note porque continúa con su rutina con normalidad, puede empezar a perder audición y vista. Antes de levantarlo conviene ponerle una mano frente a los ojos para que la vea, y empezar a llamarlo por su nombre antes de acercársele.

El gato también puede empezar a

DETERIORO GENERAL
A medida que envejece, el gato duerme más y presta menos atención a su cuidadosa rutina de aseo. Ahora necesita ser tratado con más afecto y gentileza.

LOS GATOS ENTRADOS EN AÑOS (continuación)

desarrollar problemas de incontinencia, diarrea y constipación, que a veces son causados por problemas de riñones o por diabetes, pero que en general forman parte del proceso de envejecimiento.

Para la incontinencia y la diarrea, habrá que llevarlo al veterinario para que determine la causa y luego seguir el tratamiento indicado. Si se trata de constipación, recomendará un suplemento, como un laxante, y tal vez sugiera incluir más aceites en la dieta. Pero no lo haga por su cuenta hasta que el veterinario le indique el tipo y la cantidad ya que muchos de los aceites comunes sólo agotan la reserva natural de las vitaminas esenciales del gato.

Ante el babeo y el mal aliento hay también que llevar el gato anciano al veterinario. Puede tratarse apenas de una

FINAL EN PAZ
A veces, lo mejor que puede hacerse por un gato viejo y enfermo, es pedirle al veterinario que lo someta a una eutanasia compasiva.

infección en las encías o de un diente flojo que hay que extraerle, o ser indicios de algo más grave. No se preocupe si hay que extraerle los dientes. Muchos gatos continúan comiendo sus alimentos normales —y hasta mastican alimentos deshidratados— incluso sin ningún diente. Las encías endurecidas se encargan del trabajo sin dificultades.

Los gatos de exterior o ancianos pueden sufrir de irritación cutánea, por lo que hay que observarlos con detenimiento y ayudarlos a mantener el pelo limpio. Hasta pueden llegar a albergar gusanos que se alimentan con la piel húmeda y sucia, resultado del pegoteo de excrementos.

Peso y alimentación Preste especial atención al peso de su gato anciano. A medida que envejece, la obesidad exacerba cualquier dificultad respiratoria o de movilidad que el gato pueda tener.

Se puede llegar a pensar erróneamente que el gato está demasiado flaco porque la piel empieza a hundírsele en la espina y las vértebras parecen más prominentes. Esto es normal y no significa que el gato necesite engordar.

Como regla general, hay que darle menos cantidad de comida a medida que envejece o suministrarle una dieta reducida en grasas y proteínas.

Eutanasia Cuando el gato ya no puede comer ni beber por su cuenta, y ha perdido la voluntad para realizar sus actividades normales, habrá llegado el momento de pensar en hacer por él lo mejor, que en este caso es la eutanasia.

Los gatos que viven siempre afuera y los vagabundos, se alejan de donde viven y se arrastran hasta un lugar donde morir. Pero el gato de interior no tiene esta opción.

Resulta difícil decidirse a someterlo a una eutanasia compasiva. Además de la tristeza que se siente ante la pérdida de un amigo querido, también se pueden tener sentimientos de culpa. Recuerde que verdaderamente estará haciendo lo correcto al ponerle fin a la desdicha y al sufrimiento de su gato de la manera más benévola posible.

LA EDAD DEL GATO EN AÑOS HUMANOS

Cuando el gato cumple un año de vida, tiene una edad similar a una persona de 20 años. Por cada año siguiente, hay que sumar cuatro años humanos por cada uno del gato. Por ejemplo, si el gato tiene 15 años, tendrá 76 en años humanos, con todos los achaques, dolores y rigideces de articulaciones que se producen a esa edad. El gráfico le ayudará a calcular la edad de su gato.:

GATO	HUMANO
1 AÑO	20 AÑOS
2 AÑOS	24 AÑOS
3 AÑOS	28 AÑOS
4 AÑOS	32 AÑOS
5 AÑOS	36 AÑOS
6 AÑOS	40 AÑOS
7 AÑOS	44 AÑOS
8 AÑOS	48 AÑOS
9 AÑOS	52 AÑOS
10 AÑOS	56 AÑOS

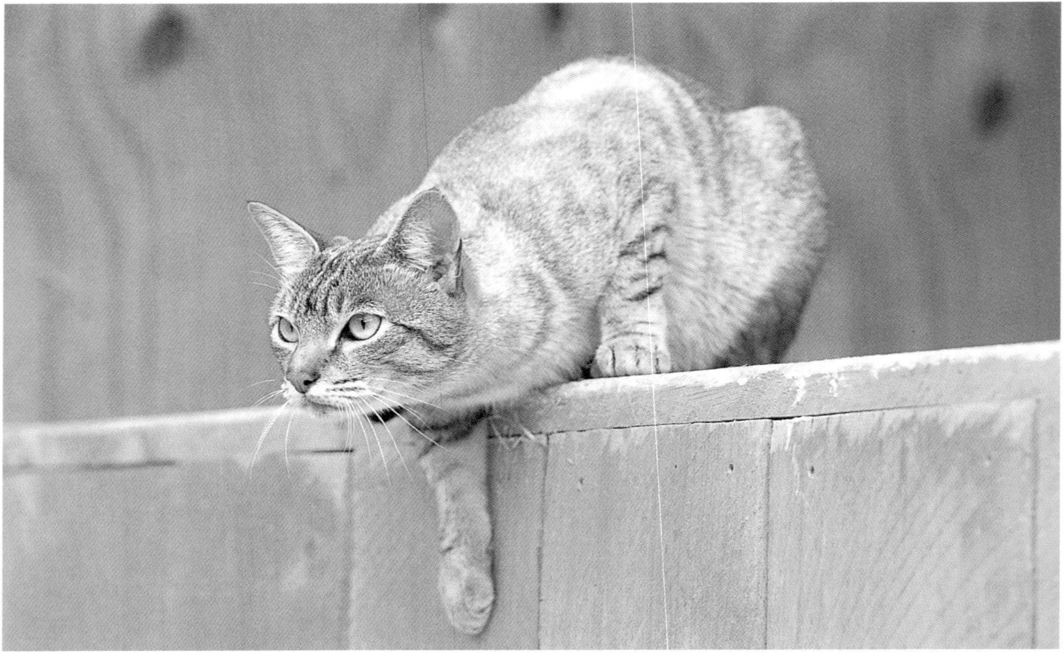

Gatos como mascotas
El comportamiento felino

Los gatos se comunican entre ellos mediante expresiones faciales, posturas corporales y vocalizaciones. Los seres humanos aprendemos a comprender algunos de estos intercambios, pero hay muchos que son demasiado sutiles. No todos los comportamientos son puramente instintivos. Por ejemplo, los gatos aprenden a cazar observando a la madre y practicando las distintas habilidades con sus hermanos. Su gato también puede aprender otras habilidades sin dificultad, siempre que tenga la disposición. Si quiere entrenarlo, ofrézcale alimentos como recompensa, pero reduzca las porciones diarias de comida para que no engorde demasiado. Necesitará muchísima paciencia, porque los gatos sólo cooperan cuando tienen ganas.

LENGUAJE CORPORAL

El comportamiento felino

A medida que uno conoce a su gato, enseguida entiende lo que quiere decir con su voz y con su cuerpo. A diferencia de los seres humanos, los gatos no ocultan sus sentimientos sino que son siempre honestos y abiertos. Pero hay que recordar que el objetivo principal de su lenguaje corporal es comunicarse con otros gatos, no con su dueño.

SISEO
Cuando enfrenta una amenaza, la primera reacción del gato consiste en tirarse hacia atrás y sisear. Si la amenaza persiste, él decidirá si se aleja del lugar o si presenta pelea, erizando los pelos y la cola, y refunfuñando con voz grave.

Enarbolar una bandera La cola del gato es un buen indicio de su humor. Un gato enojado menea la cola de un lado al otro y aumenta su agresividad mientras decide qué va a hacer. Por otra parte, la cola levantada bien recta indica que está contento y tranquilo. Si la posición de la cola desciende, lo mismo ocurre con su estado de ánimo. La cola horizontal puede indicar que está estresado o inseguro de sí mismo, y si la arrastra por el suelo puede ser que esté triste y hasta enfermo.

Vocalización A medida que uno se familiariza con el gato entiende mejor los mensajes que emite mediante una gran variedad de maullidos. Algunas razas son más vocales que otras. Los Siameses se destacan por sus penetrantes gemidos nocturnos, que pueden confundirse con los de un bebé angustiado, pero que son normales en esa raza.

Los gatos enseguida aprenden que sus dueños responden bien a sus maullidos y ronroneos, ya que además de prestarles atención también les ofrecen comida. Mientras las interacciones vocales continúen, el lazo entre dueño y gato estará establecido.

Ronroneos No se sabe con certeza por qué los gatos ronronean, pero parece que es para mantener abiertas las bolsas de aire mientras respiran con poca profundidad, y que también les sirve para expresar placer, además de que les produce un efecto de calma. Los gatitos ronronean en respuesta a las atenciones de la madre y cuando maman, pero la madre también puede ronronear durante el parto y algunos gatos hasta ronronean frente al dolor y la agresión. Las personas responden de manera muy positiva al ronroneo de un gato, por lo que es una buena manera de atraer la atención.

Amasar Cuando un gatito amasa los pezones de la madre para liberar la leche, está plenamente satisfecho, dado que recibe todo lo que necesita. Un gato adulto que mantenga este comportamiento cuando está sentado en la seguridad que le ofrece la falda del dueño, puede estar rememorando la felicidad de aquel momento.

Recibimientos y saludos Cuando se encuentran dos gatos que se aprecian, se frotan los hocicos y se huelen el cuerpo mutuamente, desde la cabeza hasta el ano. Así es como se enteran de las novedades. Si su gato la recibe oliéndole la nariz y la cara de manera similar, tómelo como un cumplido, pero no hace falta que se lo devuelva de la misma manera.

Durante el saludo y la posterior inspección, ambos tienen el cuello estirado y el cuerpo un poco agazapado. El encuentro parece muy cauteloso y tentativo, y si un gato es más dominante que el otro se agazapará en forma bastante sumisa y parecerá retirar el cuerpo.

La historia es diferente cuando el encuentro es entre dos gatos que no se aprecian. Se sisearán y se mirarán fijo. Pueden llegar a erizar los pelos, y uno hasta puede ponerse de costado al otro para parecer más grande.

Sumisión Cuando dos gatos se enfrentan, uno de ellos finalmente retrocede agazapándose en el suelo y aplanando las orejas que, vistas de frente, quedan casi invisibles. Al gato sometido se le dilatan las pupilas y hasta puede escabullirse o rodar sobre la espalda. Con esto evita que el enfrentamiento se convierta en pelea y entonces escapa sin ser herido.

LENGUAJE CORPORAL (continuación)

La reacción Flehmen Se cree que esta peculiar mueca le permite al gato detectar olores sutiles. Lleva los labios hacia atrás, frunce la nariz y abre la boca como si inspirara, y prueba y huele el aire con la ayuda de un órgano especial que tiene en el paladar, llamado órgano de Jacobson. En el gato doméstico, esta expresión facial suele observarse en el macho que verifica la disposición de una hembra para el apareamiento. La reacción Flehmen es más fácil de observar en miembros más grandes de la familia gatuna, como los que están en los zoológicos.

Orejas El gato mueve las orejas para escuchar sonidos interesantes, pero con la posición en que las ubica también envía mensajes a otros gatos. Si se siente amenazado o está enojado, el gato aplanará las orejas, que caerán hacia los costados. Para transmitir una invitación a jugar, las tirará hacia abajo y atrás.

Ojos Cuando el gato está enojado, entusiasmado o asustado, se le dilatan las pupilas. A medida que se tranquiliza, las pupilas se contraen hasta quedar del tamaño de una ranura. Cuando está alerta o ansioso, parpadea rápidamente. Cuando está en paz con el mundo, parpadea con más lentitud.

En un enfrentamiento con otro gato, o cuando se prepara para atacar a una presa, parece que el gato no parpadeara. Observa con mirada fija e inquebrantable. Cuando dos gatos se hacen esto mutuamente, uno termina retrocediendo y abandonando el escenario en silencio.

MIRADA FIJA
Con los ojos fijos, las pupilas achicadas en forma de ranuras y las orejas hacia adelante para captar todos los sonidos, este gato está tratando de ver qué es lo que se mueve entre las hojas del jardín.

El comportamiento felino

LENGUAJE CORPORAL (continuación)

El comportamiento felino

Postura corporal La cola erizada y la espalda arqueada son signos claros de que el gato se siente amenazado y tiene miedo. Si el agresor es un perro, el gato tendrá la cola erizada en posición vertical mientras sisea, refunfuña y escupe, y decide qué hacer. Si el agresor duda, el gato puede atacarlo, sin importar el tamaño del perro. Si el perro permanece firme, el gato puede optar por irse.

En la postura de acecho, el gato pega el cuerpo al suelo y se arrastra hacia adelante con la cola baja. Si el gato está enojado con el dueño, puede llegar a darle la espalda e ignorarlo como forma de demostrar su desagrado.

Postura de lordosis Las gatas hembras en celo suelen adoptar una postura inconfundible: la parte delantera hacia abajo, la parte trasera con las patas dobladas y las rodillas cerca del suelo. Menean la cola de un lado al otro y patean furiosamente con las patas traseras. Los dueños primerizos piensan que la mascota ha

PARADO
Este gato quiere alcanzar un juguete o un objeto que el dueño está sosteniendo para atraer su atención. Nunca se cansa de jugar a este juego, que le permite mantener sus instintos de caza en funcionamiento.

DEMANDA ATENCIÓN
Esta pose se repite a diario a la hora de comer. Maullando para atraer la atención, el gato camina alrededor de los pies del dueño, le frota el cuerpo contra las piernas hasta que se le da lo que pide: comida.

sufrido un accidente y llaman desesperados al veterinario. Tras algunas preguntas específicas, el veterinario podrá explicar lo que ocurre y tranquilizar al dueño.

Señalamiento con heces Cuando el gato defeca en su propio territorio, en general tapa las heces, o por lo menos lo intenta. Lejos de casa, sin embargo, puede dejarlas descubiertas como señal de que ha estado allí. Esto puede ser lo que ocurre cuando defeca en un lugar inadecuado de la casa. Nos recuerda que él está allí.

Frotación contra las piernas No caben dudas de que el gato está contento de ver a su dueño cuando se frota contra sus piernas, con la cola bien parada.

MÁS QUE UNA BIENVENIDA
Este gato está muy contento de ver a su dueño y se lo está demostrando. Pero también está afirmando la relación con ese ser humano tan importante, marcando el pantalón con el olor de sus glándulas sebáceas.

El comportamiento felino

AGRESIONES Y PELEAS

El comportamiento felino

Si bien los gatos evitan pelearse siempre que sea posible, hay casos en los que es la única forma de conservar sus derechos y su lugar en la jerarquía gatuna. El perdedor corre el riesgo de resultar mordido, por lo general en la cola, cuando se bate en una retirada veloz.

UN EMPATE
Los encuentros inesperados resultan en pelos del cuello erizados y muchas miradas fijas y siseos, con ambos gatos tratando de retener su territorio. Finalmente, uno retrocederá y se irá, tal vez fingiendo que de todos modos no quería estar ahí.

Señales corporales Los gatos combinan distintas expresiones faciales, posturas corporales y vocalizaciones para comunicarse entre ellos. La mejor demostración de que esto es así se da en los intercambios agresivos. Entre las distintas expresiones faciales figuran la alteración del tamaño de las pupilas y, lo más importante, el cambio en la posición de las orejas.

Cuando un gato está amodorrado, observando un pájaro o examinando su territorio, tiene las orejas erguidas y apuntadas hacia adelante, y las pupilas encogidas. En cambio, un gato agresivo que asume una posición ofensiva, girará las orejas todavía erguidas hasta que la parte posterior de las mismas quede de frente al objeto de la amenaza. Algunos investigadores creen que cuanto mayor sea la parte de atrás de las orejas que quede hacia adelante, mayor es la gravedad de la amenaza. También puede ocurrir que el gato esté realizando una

DISPUTAS DE TERRITORIO

La jerarquía social es bien comprendida por los felinos del lugar y los altercados por cuestiones territoriales suelen no acabar en heridas graves. En cambio, en peleas por cuestiones más importantes los gatos terminan en un estado lamentable.

supervisión auditiva para evitar algún ataque desde atrás.

El gato demuestra su agresividad parándose con la espalda paralela al suelo o transfiriendo el peso a las patas delanteras. Menea la cola de un lado al otro y se escucha un gruñido grave.

Peleas Cuando se llega al contacto físico, suele tratarse de dos gatos machos que pelean por el liderazgo o por los favores de una hembra en celo. En general, las peleas se producen de noche cuando los machos salen a merodear para atraer a las hembras con sus gemidos, a los que ellas responden con la misma intensidad.

Los gatitos pelean con sus hermanitos como forma de aprender la habilidad que necesitarán de adultos. Si bien lo hacen con mucha agresión y gruñidos fingidos, tienen los dientes tan pequeños que no implican un peligro real.

La jerarquía gatuna Primeras en el orden figuran las hembras no esterilizadas y la mayoría de los gatitos. Luego vienen los gatos machos, entre los que el mejor peleador ocupa el lugar principal. Para suplantar a un gato de mayor jerarquía, el contendiente tiene que pelear con él y ganarle. Los machos castrados, con un nivel inferior de testosterona y falta de agresividad, están siempre en el nivel inferior. La jerarquía es rígida y reconocida por todos los gatos de un vecindario específico.

JUGAR A PELEARSE

Durante las sesiones de juego con sus hermanitos los gatitos aprenden y practican las habilidades necesarias para la caza y la defensa propia.

El comportamiento felino

LA CAZA

El comportamiento felino

Se dice del gato que es una máquina de matar perfecta. El método es casi universal entre los gatos grandes y pequeños. Aunque quizás nunca lleguemos a presenciar esto en estado salvaje, se puede observar la representación del mismo procedimiento de caza en un jardín.

LISTO PARA SALTAR
A medida que se acerca a la presa, el cazador puede dar unos pasos hacia adelante totalmente agazapado. Cuando se acerca lo suficiente, corre a toda velocidad y ataca. Alcanzar o no su objetivo depende de su habilidad.

La caza empieza cuando el gato acecha a su presa con gran precaución. La postura se reconoce de inmediato: el gato se agazapa y tensa todos los músculos; baja las orejas y las aplana a los costados, y tiene los ojos, que parecen no pestañear, fijos en la presa.

Con infinita paciencia, el gato se acerca cada vez más, congelándose cuando la presa muestra cualquier signo de alarma. Contrae la cola ante la expectativa y transfiere el peso de una cadera a la otra, mientras se afirma bien sobre las patas traseras.

De repente el gato sale disparado, cubriendo la distancia a gran velocidad. Ataca, atrapa a la víctima de un zarpazo y le da un mordiscón mortal insertándole los largos dientes caninos entre los huesos del cuello. Le estira y le rompe la médula espinal.

Los gatos grandes que cazan presas más grandes apuntan a la garganta. El animal se sofoca cuando el gato le presiona o le perfora la tráquea.

EL SONIDO DE LA SELVA
Aunque su mascota esté bien alimentada, tiene un fuerte instinto cazador. Puede llevarle las presas a usted, a modo de trofeo, como muestra de afecto o para demostrarle que es muy inteligente.

Algo natural Resulta paradójico que los seres humanos valoren tanto a los gatos por su capacidad para disminuir la cantidad de roedores y sin embargo se ofusquen cuando atrapan pájaros. Nos olvidamos de que el gato está haciendo algo natural para él y que no tiene manera de notar la diferencia. Muchos dueños se molestan por lo que parece ser una crueldad en el comportamiento del gato, pero cuando juega con su víctima lo único que hace es tratar de aturdirla para que no se escape. En cuanto se queda quieta, el gato pierde su interés.

Si usted ha rescatado un pajarito u otra presa inadecuada, trate de distraer la atención del gato mediante un movimiento más interesante en una zona de arbustos. Lamentablemente, los pajaritos mueren por las heridas recibidas en un encuentro tan violento. Hay dueños que colocan una campanita en el collar del gato para advertir a los pájaros de su presencia, pero es un método que no siempre resulta eficaz. Tal vez convenga no atraer pájaros al jardín, porque la tentación para el gato puede llegar a ser irresistible.

¿QUÉ ES ESO?
El gato notará cualquier cosa fuera de lo común que ocurra en su territorio. Aunque parezca estar tomando sol, se pondrá alerta ante el menor movimiento.

El comportamiento felino

PROBLEMAS DE CONDUCTA

Si quiere enseñarle a su gato a no hacer ciertas cosas, tal vez primero tenga que entender *por qué* las hace. Algunos problemas de conducta son de simple solución, mientras que para otros hace falta mucha perseverancia.

Arañazos Como los arañazos son una conducta natural de demarcación de territorio, la mejor solución consiste en darle al gato un poste para rascar. Enséñele a usar el poste frotándole hierba gatuna seca, para darle un aroma atractivo, y ubicándolo en el lugar donde el gato más araña. Tape con plástico o papel de aluminio el mueble que el gato ha estado utilizando para tal fin, hasta que se acostumbre al poste.

Caricias y mordiscones Los gatos que no tuvieron una socialización suficiente con seres humanos al nacer, desarrollan un comportamiento desconcertante. Al acariciarlos, y mientras parecen disfrutarlo, de repente pasan a morder y arañar la mano del dueño, hundiéndole los dientes en la carne con total determinación. Puede ser que repentinamente se sientan atrapados, por lo que no conviene hacerles mimos a este tipo de gatos ni tenerlos en brazos. Deje que el gato inicie el contacto y déle la libertad de subir y bajar de su falda hasta que tenga la confianza como para quedarse.

Aseo compulsivo Cuando un gato está sumamente estresado, puede tratar de calmarse aseándose repetidas veces hasta el punto de dejarse parches pelados y llagados en las patas, flancos, estómago y en la base de la cola. Distráigalo con juegos y trate de reducirle el estrés haciéndolo sentir más seguro. Si este comportamiento continúa, tendrá que pedirle al veterinario que le recete un calmante suave para ayudarlo a afrontar lo que le esté provocando el estrés.

Celos Si está pensando en llevar una nueva mascota a su casa, asegúrese de que su gato original no sienta celos. El recién llegado puede parecerle un rival al que tratará como a un intruso, gruñiéndole, siseándole y haciéndolo sentir incómodo. La mayoría de las mascotas terminan por aceptar a las otras, pero mientras tanto hay que encontrar la forma de limitar el contacto mutuo y darles mucha privacidad y atención a cada una. Ponga al recién llegado en una jaula y alimente a los animales en el mismo lugar pero con tazones separados. Teniendo comida para distraerse, es menos probable que se demuestren hostilidad. Si el recién llegado es un gatito, al gato antiguo le resultará menos molesto a medida que crezca.

Robar comida La mejor manera de impedir este comportamiento es no dejar comida sin vigilancia. Pero para ser realistas, siempre habrá momentos de descuido. Cuando lo pesque haciendo esto trate de hacer un ruido fuerte, como golpear la mesa con un diario enrollado. También puede arrojarle algo blando o un chorro de agua. Con la voz de enojo y el lenguaje corporal, el gato entenderá el mensaje.

ROCIADURA Y DEPOSICIONES

Aunque se trata de comportamientos naturales, simples maneras de enviar mensajes, la rociadura y las deposiciones fuera de la bandeja pueden significar problemas para los dueños. Trate de comprender cómo es su visión del mundo. A la larga usted y su gato tendrán que llegar a un acuerdo.

DEMARCAR EL TERRITORIO
Este gato macho color jengibre deja el olor de las secreciones de su piel en la pared para alejar a los gatos vecinos. Los gatos tienen sus lugares preferidos para los distintos momentos del día, y se toman muy en serio los desafíos de ocupación por parte de otros gatos.

Derechos territoriales Los gatos son muy conscientes de sus derechos sobre determinado territorio, y tienen cuatro formas de enviar mensajes a los invasores para que no se sobrepasen. La rociadura con orina de los límites es una señal inequívoca para los felinos vecinos. Las marcas de arañazos tienen el mismo efecto. La tercera forma consiste en frotar el costado de la cabeza contra las paredes y los rincones, para dejar impregnado el olor de las secreciones de las glándulas sebáceas de la piel. Dejar las heces sin enterrar también es otra señal de su presencia. El territorio no siempre es grande, pero tiene que quedar claro que es propio.

Los dueños no llegan a distinguir plenamente el olor ácido de la orina en las macetas o en el vano de las puertas, pero sí perciben el que dejan algunos gatos al rociar el interior de las casas, marcando muebles y tapizados, en especial cuando conviven con otros gatos. Ambos sexos rocían, pero la

¿QUIÉN ANDA AHÍ?
Si su gato descubre que otro gato ha dejado una tarjeta de presentación en su territorio, la cubrirá inmediatamente con su propio olor.

orina de los machos, en especial la de los gatos en celo, es más fuerte. Tienen que renovar constantemente las marcas de orina, porque es una forma de darles distintas informaciones a los demás gatos, como por ejemplo, cuánto hace que "el dueño" ha inspeccionado su propiedad.

Las deposiciones pueden ser el primer indicio de que el gato está enfermo, o de que está constipado y ha abandonado su bandeja porque la relaciona con el dolor. O tal vez no le guste el tipo de material sanitario que le compramos.

Las deposiciones también indican estrés. ¿Hubo invitados u otras personas, que hayan hecho modificaciones en la casa? ¿O tal vez llegó un nuevo bebé u otro gatito?

Si puede, identifique y elimine el motivo del estrés. Si no, limpie a fondo el lugar para eliminar el olor, así el gato no repite la actitud. No utilice desinfectantes fuertes que contengan lavandina o amoníaco, y no olvide comprobar la resistencia del color de las alfombras antes de aplicarles productos de limpieza.

Los gatos que se quedan solos por períodos prolongados pueden buscar formas desconcertantes de hacernos saber que ellos estuvieron ahí, como dejarnos un regalito en el medio de la cama. Para desalentar esta mala conducta, ponga un

ROCIANDO
Con la cola en ángulo recto, este gato está expulsando un pequeño chorro de orina sobre los objetos que desea marcar. Por el efecto ácido del líquido, algunas de las plantas regadas morirán.

plástico sobre la cama para que resulte un lugar frío y poco atractivo.

Desalentarlo Una vez eliminado el olor, cubra con láminas de plástico o de papel aluminio los lugares frecuentados por el gato para hacer sus deposiciones. O, si fuera posible, alimente al gato en ese lugar durante un par de semanas. Ningún gato hará sus necesidades cerca del lugar donde come.

El comportamiento felino

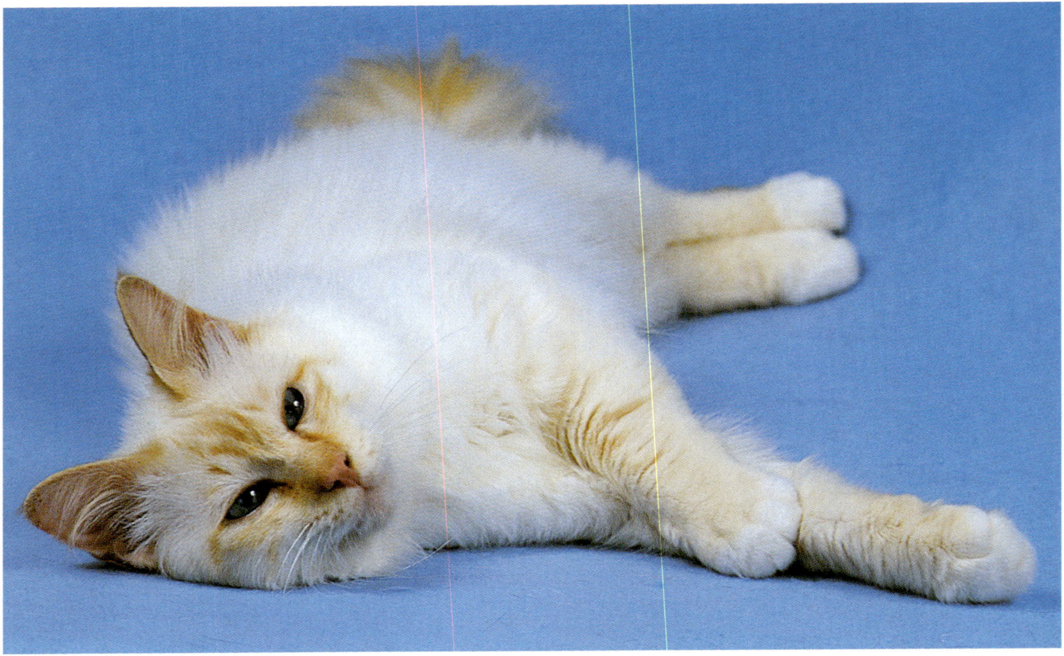

GATOS COMO MASCOTAS
Sobre la cría

Excepto en lo que se refiere a la cría de gatos de raza con propósitos específicos, no se recomienda que un dueño se dedique a la cría. No hará más que aumentar la población de gatitos no queridos y tendrá la difícil tarea de encontrarles buenos hogares. Por otra parte, los criadores serios se dedican de lleno al desafío de producir características particulares en los gatitos, y lo hacen con tanto entusiasmo que pasan noches enteras atendiendo a las gatas que están por parir; duermen con frecuentes interrupciones y tienen muchísimos gastos. Las recompensas, sin embargo, no tienen que ver con el dinero sino con la belleza y el encanto del gato.

EL CICLO FEMENINO

Sobre la cría

La emoción de criar un gato para que cumpla con el estándar resulta adictiva y puede durar toda la vida. Pero hay que saber que son muy pocos los criadores que obtienen ganancias.

ENTREACTO
Después de aparearse, la gata rueda por el suelo y se asea. Luego, tras un breve lapso de tiempo, vuelve a estar lista para aparearse.

Cuando una gata está lista para aparearse, se dice que está en celo. Cuando esto ocurre, la gata emite gritos fuertes, o llamados, para atraer a un gato macho. También se arrastra por el suelo con las patas levemente torcidas, y hasta puede llegar a rociar.

A medida que el celo se desarrolla, la gata se frota contra su dueño o un mueble, levanta la parte trasera de su cuerpo y hace ruidos seductores. También se le nota la vulva hinchada y hasta pueden notarse secreciones de color.

Frecuencia del celo La gata de exterior entra en celo en primavera y a comienzos del otoño. Expuesta a la cantidad adecuada de luz artificial, la gata de interior puede entrar y salir del celo cada pocas semanas durante todo el año hasta aparearse.

Los celos frecuentes son problemáticos para la gata, ya que tiene más posibilidades de contraer infecciones uterinas. Si tiene gatitos pequeños, otra preñez le agotará las reservas de vitaminas, minerales y calcio y la dejará sumamente decaída. Hay hembras que no comen cuando están en celo, y pueden llegar a enfermarse gravemente.

Si usted no quiere que su gata quede preñada en determinado momento, pero piensa hacerle tener cría, tendrá que encerrarla, o encerrar al gato macho.

El ritual del apareamiento
Cuando la hembra está en celo y lista para aceptar al macho, coqueteará con él, frotará la mejilla contra el suelo y luego le ofrecerá la parte posterior de su cuerpo, con la cola corrida hacia un costado. El gato saltará sobre ella y la

agarrará con los dientes por el cuello. Con esto, por lo general, él la domina y ella se somete. Luego la monta a horcajadas y la penetra desde atrás. La sirve rápidamente y, cuando la penetración se ha llevado a cabo, ella emite un aullido espeluznante. El macho sabio se apresura a alejarse de la gata antes de que ella se dé vuelta y lo ataque con sus garras. Luego la gata rueda por el suelo varios minutos, emitiendo ruidos, tras lo cual se sienta y se asea cuidadosamente, preparándose para repetir la actuación.

A los diez minutos ella vuelve a buscar al gato con sus ruiditos tímidos, frotación de cabeza y coqueteos. Él responde como antes y el proceso se repite.

Apareamiento para preñez Para conseguir la preñez, conviene dejar que los gatos se apareen varias veces durante uno o dos días. Hay machos y hembras a los que se puede dejar solos, pero hay otros que tienen que ser separados para evitar que se peleen.

LA CAMADA PROMEDIO ES DE TRES O CUATRO GATITOS
No es cierto que si la gata se preña en los primeros o los últimos días del celo tendrá menos gatitos. Tampoco lo es que se pueda decir cuántos establecer chos y hembras tendrá si se la aparea determinado día del celo. El macho determina el sexo y la hembra, la cantidad de la camada.

Sobre la cría

ELECCIÓN DEL MACHO

Antes de decidirse a criar gatos, pregúntese si quiere pasar la noche en vela junto a una gata a punto de parir, o renunciar a sus vacaciones anuales porque no puede dejar la casa llena de gatitos.

Qué buscar Cuando seleccione al compañero ideal para su gata, pida ver el pedigrí, o el árbol familiar. Además de fijarse en los colores de los antepasados que aparezcan en el gráfico, pregúntele al dueño si sabe de qué color fueron los hermanos de camada del gato. Estos gatos no aparecen en el pedigrí pero pueden indicar el color de los gatitos que tendrá su gata. Por ejemplo, el pedigrí puede mostrar puntos foca, pero dos puntos foca pueden producir un punto azul si los hermanos de camada de sus antepasados o sus propios hermanos de camada son punto azul.

Hay criadores que eligen al macho basándose en la cantidad de campeones y grandes campeones incluidos en su pedigrí. Es probable que haya gatos que, por distintos motivos, no hayan sido presentados en exhibiciones pero que puedan tener ascendencia idéntica a otros que sí han participado. Lo que importa es la ascendencia; por eso hay que buscar los rasgos y la información sanitaria indicada en la ascendencia.

Seleccione a un macho que se complemente con la hembra. Si ella tiene cola larga y su estándar exige cola corta, elija un gato de cola corta. La hembra puede tener algunos gatitos de cola larga y otros de cola corta.

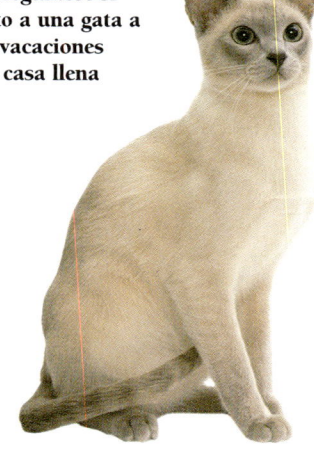

Limpio y sano Es importante encontrar un gato macho que provenga de un linaje saludable y que tenga buena salud. Tanto él como la hembra deben estar al día con las vacunaciones.

Tendrá que llevar la hembra al lugar donde vive el macho. Él no irá a su casa.

EL GATO MACHO
El dueño del gato macho tendrá que darle a usted un pedigrí de cinco generaciones, aunque se puede aceptar un mínimo de tres generaciones si no se piensa presentar los gatitos en exhibiciones.

Visite el lugar donde está alojado el gato. En muchos casos se tratará de una jaula grande en alguna casa o en un cobertizo o cochera. Controle la limpieza del lecho, la bandeja sanitaria y las inmediaciones. Es probable que el lugar esté impregnado de un olor penetrante. La orina del macho, tanto en la bandeja sanitaria como allí donde haya rociado, es muy fuerte. Esto no significa que el gato esté sucio: por más que se limpie a fondo, no hay forma de eliminar ese olor.

Verifique que en el lugar no haya corrientes de aire. Pregúntele al dueño del gato si estará presente durante el apareamiento para asegurarse de que el macho no dañe a la hembra, o viceversa. Todo criador con sentido de la ética presenciará el apareamiento y podrá confirmar que se haya llevado a cabo.

SIN SORPRESAS
Antes de enviar su gata a la casa del gato macho para el apareamiento, fije el costo del servicio y averigüe si le ofrecen la repetición del apareamiento en caso de que la gata no quede preñada o tenga un solo gatito.

Adaptación Aunque su gata esté en celo y aúlle para atraer a un gato, no se sorprenda si pierde el celo a causa del estrés provocado por el viaje hasta la casa del macho. No hay que poner a la gata con el macho de inmediato, esté o no en celo. Hay que ubicarla en una jaula cerca de la del gato. En general, ella se tranquilizará y empezará a frotarse contra los barrotes del lado de la jaula más cercano al gato. En ese momento el dueño del gato puede ponerla en la jaula del macho. Si ella no hace más que enroscarse, sisear y maullar, usted podrá pedir llevársela a casa e intentarlo en otra ocasión.

Si su gata pierde el celo a causa del estrés del viaje, el dueño del gato puede quedársela algunos días hasta que pueda aparearse.

EMBARAZO

Reconozca las necesidades de su gata y trate de ayudarla a sobrellevar la preñez de la mejor manera posible. Aunque su comportamiento puede cambiar bastante durante esta etapa, es algo natural que no debe ser motivo de preocupación.

Las náuseas matinales, uno de los primeros síntomas de preñez en la gata, aparecen durante los primeros diez días y suelen durar apenas unas 48 horas, durante las cuales la gata vomitará varias veces por día. Cuídela muy bien, porque es muy vulnerable y corre el riesgo de abortar.

En ese momento, evite sacar a la gata preñada de su casa, porque hasta los gérmenes del consultorio veterinario son peligrosos. Trátela con cuidado, en especial durante las primeras semanas, y no permita que nadie la toque con rudeza.

Alrededor de la tercera semana, acuéstela boca arriba y obsérvele los pezones. Tendrían que estar tomando una coloración rosada y empezando a agrandarse. También notará que la zona que rodea la vulva está hinchada; esto se ve mejor en gatas de pelo corto o de pelaje claro.

Cambios de temperamento El temperamento de la gata preñada puede cambiar, para mejor o para peor. Ella nada puede hacer frente a los cambios hormonales que sufre su cuerpo y tal vez no quiera tener otros gatos a su alrededor. Hasta puede atacar a sus compañeros preferidos. Este es un comportamiento natural; no la castigue. Tal vez convenga confinarla a una habitación o confinar a las otras mascotas hasta que ella supere esta fase.

EL ASEO DIARIO

Durante las últimas semanas de preñez, es probable que usted tenga que limpiarle a su gata la zona del ano con un paño suave humedecido en agua. Tal como ocurre con las Siamesas, puede suceder que el tamaño que adquieren les impida asearse a sí mismas adecuadamente.

A media que la preñez avanza, probablemente vuelva a sufrir cambios de temperamento y hasta puede anhelar la compañía de otros gatos. Querrá abrazarse a ellos y hasta querrá amamantarlos: es una plena manifestación de su instinto maternal. No se sorprenda si recoge un juguete con la boca y lo transporta por toda la casa, maullando suavemente. Se trata de su gatito de fantasía, con el que practica cómo ser mamá.

Cambios de apetito Aunque se supone que la gata comerá más durante la preñez, algunas no experimentan aumento de apetito. Si es un animal sano, no se preocupe. Pídale al veterinario suplementos de vitamina o calcio para incluir en la dieta. Puede ser que a ella le baste con la dieta normal.

Vigile de cerca Observe si hay síntomas de enfermedad o apatía en su gata durante toda la preñez. En caso de que se manifieste alguno, llévela al veterinario dado que puede tener una infección uterina o una preñez falsa, o puede haber sufrido un aborto.

No olvide registrar la fecha exacta del apareamiento ya que resultará vital para que el veterinario determine las posibles causas del problema. También es importante que usted lo sepa para estar disponible y poder prepararse para el alumbramiento.

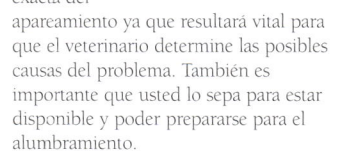

El período de gestación de la gata es de unos 63 días, aunque puede parir a los 58 o 59 días, y hasta los 67 o 68 días sin efectos perjudiciales. Todo período de tiempo más corto o más largo que lo indicado, suele ser indicio de problemas, por lo que habrá que consultar con el veterinario.

Sala de partos Cuando la gata está preñada, prepare un lugar donde pueda

CAMBIO DE TEMPERAMENTO
Durante la preñez puede ocurrir que su gata, como esta Siamesa chocolate punto lince, sea más afectuosa y necesite más atención. Puede quedarse dormida ronroneando mientras usted le acaricia la panza suavemente.

alumbrar a sus gatitos. Si es una gata de criadero, con su jaula bastará, pero si es la mascota de la casa, convendrá proporcionarle un cajón abierto a medias, forrado con un paño suave. Una caja en el piso de un armario con la puerta entornada también es un buen lugar. Pero es probable que ella prefiera elegir el sitio por su cuenta.

ALUMBRAMIENTO

Presenciar el alumbramiento de su gata es una de las partes más asombrosa y satisfactoria de la cría. Aunque generalmente ella no necesitará asistencia, seguro que apreciará su presencia, en especial por si algo sale mal.

Cuando la gata se acerca al día 59 de la preñez, hay que encerrarla en la jaula o habitación donde dará a luz. Ella puede inducirnos a pensar erróneamente que el parto es inminente arañando o rompiendo el papel o las toallas de la caja de alumbramiento, poniéndose muy intranquila y negándose a comer. Estos síntomas pueden prolongarse de una a dos semanas y no son indicios confiables de parto. En algunos casos, estos síntomas pueden empezar de inmediato tras el apareamiento.

La temperatura corporal descenderá a menos de 38,4°C en el periodo de 24 horas previo al alumbramiento, pero no le tome la temperatura en ese momento a menos que la gata esté acostumbrada, porque podría molestarla. Otros signos claros son la tensión de la piel del abdomen y el movimiento. En ese momento la gata maullará lastimeramente.

Trabajo de parto Preste atención a los signos que indiquen el comienzo del trabajo de parto. Notará que la gata se acuclilla y hace fuerza y, si es de pelo corto, también podrá notar las contracciones. Si es de pelo largo, habrá que recortarle el pelo alrededor de la vagina para que no se pegue al cordón umbilical durante el alumbramiento. Además, ya tendrá que haberle recortado el pelo alrededor de los pezones para que los gatitos puedan succionar sin problemas. En las gatas de pelo corto, estos preparativos no son necesarios.

El alumbramiento Cuando el alumbramiento es inminente, por lo general se verá surgir una secreción de mucosidad verdosa de la cavidad vaginal. Usted tendrá que estar cerca para calmar a la gata, pero no se apresure a ayudarla, porque su intervención puede ser más perjudicial que positiva.

La gata tendrá que parir el primer gatito a los 15 minutos de haber empezado a acuclillarse, hacer fuerza y aullar, y ronroneará durante todo el alumbramiento. El resto de los gatitos nacerán a intervalos de entre 5 y 30 minutos.

Si el gatito sale de cabeza, la gata no precisará ayuda. Si salen primero las

Sobre la cría

PARTO
La gata da a luz al primer gatito alrededor de 15 minutos después de iniciado el trabajo de parto. Según la cantidad de la camada, el parto durará de dos a tres horas.

ASEO
Tras dar a luz, la gata se cortará el cordón umbilical masticándolo y se comerá la placenta, que le proporciona muchos nutrientes. En estado salvaje, esto constituye una protección vital porque el olor atrae a los depredadores. Luego la mamá asea a los gatitos.

ALIMENTACIÓN
Enseguida después de nacer, los gatitos se las arreglarán para llegar hasta los pezones de su madre y empezarán a mamar.

CUIDADOS
La gata amamantará y aseará a los gatitos, y comerá su orina y sus excrementos para mantener limpio el nido hasta que los pequeños aprendan a usar la bandeja sanitaria, lo que ocurre aproximadamente a las tres semanas de vida.

ALUMBRAMIENTO (continuación)

A COMER
La gata amamanta a sus gatitos hasta alrededor de las tres semanas de vida, cuando ellos empiezan a ingerir alimentos sólidos y semisólidos.

patas, y la cabeza no aparece a los cinco minutos, habrá que ayudarla. Con las manos limpias, envuelva el cuerpo del gatito en una toalla y manipúlelo con suavidad, tratando de hacer movimientos coordinados con las contracciones de la madre, si fuera posible. No lo tire de la cola ni de las patas, porque se quedará con estas partes del cuerpo en las manos. Tampoco le presione la panza a la gata.

Si el trabajo de parto continúa y no aparecen más gatitos tras media hora, o si nacieron uno o dos gatitos y el trabajo de parto continúa una hora más sin que aparezca otro, llame al veterinario. Si se permite la continuación del trabajo de parto por demasiado tiempo, no sólo se corre el riesgo de que los gatitos mueran sino de que también muera la madre.

La primera respiración Después de dar a luz, la mayoría de las gatas no demoran en abrir la bolsa que los gatitos tienen en la cara para que puedan respirar por primera vez. Si se trata de la primera camada de la gata y ella está sufriendo, o si no les quita las bolsas enseguida, usted tendrá que abrirlas con las uñas. Luego coloque cada gatito cerca de la boca de la madre para que ella los estimule a respirar lamiéndolos.

Si alguno de los gatitos parece tener problemas, séquelo y abríguelo. Luego dejará que la naturaleza siga su curso.

Casi todas las hembras se cortan el cordón umbilical masticándolo y se comen la placenta. Déle unos 15 minutos para que lo haga. Si hasta entonces no corta el cordón, hágalo usted atando el cordón umbilical con un hilo a unos 2,5 cm del estómago del gatito. Con tijeras esterilizadas, corte el cordón por encima del hilo, en el punto más alejado del estómago del gatito. O ayudándose con las uñas, presione el cordón y sepárelo con movimientos hacia atrás y adelante. Luego, con las tijeras esterilizadas, córtelo a unos 2,5 cm del abdomen del gatito.

Normalmente la gata se come también el cordón umbilical sobrante, no sólo para incorporar los nutrientes esenciales sino también por el temor instintivo a que estos restos atraigan la atención de algún depredador. Luego la gata lavará a los gatitos, y es entonces cuando podremos cargar a los recién nacidos.

Después del parto El veterinario puede sugerir darle a la gata una inyección de oxitocina a las 12 horas del alumbramiento. En algunos países esta inyección puede ser administrada en casa, mientras que en otros hay que llevar a la gata al veterinario. La oxitocina sirve para asegurar que en el útero no queden restos de placenta que puedan causar infecciones. También ayuda a inducir la producción de leche. El veterinario también puede recomendar la administración de un antibiótico durante siete a diez días, para evitar la aparición de infecciones menores que puedan contraer los gatitos al amamantarse.

Ofrézcale a la mamá un lecho limpio, en un lugar con luz tenue, lejos de las corrientes de aire y del bullicio de la casa. La temperatura ideal es de 21°C. Si esto no fuera posible y la habitación estuviera fría, se recomienda colocar una luz infrarroja o una almohadilla térmica bajo las mantas. Si, por otra parte, en la habitación hiciera demasiado calor, la hembra se separará de los gatitos para bajarles la temperatura.

Déjele la comida, el agua y la bandeja sanitaria a mano, ya que la gata no querrá alejarse de los gatitos ni por un momento.

DETERMINAR EL SEXO
Para determinar el sexo de un gatito, levántele la cola suavemente y coteje lo que ve con las ilustraciones de esta página. Note que entre el ano y el orificio urogenital del macho hay una distancia mayor.

hembra — ano, vulva
macho — ano, testículos, pene

EL CUIDADO DE LOS RECIÉN NACIDOS

Sobre la cría

Confíe en su gata. Ella sabe lo que es mejor para sus gatitos y los amamantará cuando le parezca indicado. Cuando los pequeños empiecen a probar comida de adultos, aproximadamente a las tres semanas, coloque una bandeja sanitaria en sus cercanías, para que ellos aprendan a usarla imitando a la madre.

GATITOS HUÉRFANOS
Si ocurre lo peor y la mamá muere durante el parto, o si hay que practicarle una cesárea para ayudarla a parir, el dueño se convertirá en la mamá de las crías. Trate de alimentarlas con mamaderas para gatitos (se consiguen en la veterinaria), o use una jeringa o un gotero.

Cuando los gatitos tienen entre siete y diez días de vida empiezan a abrir los ojos. Si así no fuera, tendrá que masajearlos muy suavemente con pedacitos de algodón humedecidos en agua tibia hasta que lo logren. Suele ocurrir que cuando abren los ojos les sale un chorro de una sustancia cremosa que parece pus, que habrá que quitarles con suavidad. Si no, esa sustancia puede producirles trastornos oculares, incluyendo heridas y ceguera.

Realice controles frecuentes de los ojos y colóqueles el ungüento oftálmico recetado por el veterinario. Repita el proceso de bañado regularmente para que los ojos de los gatitos queden abiertos y limpios.

Además de cambiar el lecho de la madre, alimentarla y asegurarse de que los gatitos tengan los ojos limpios, no se puede hacer mucho más durante las dos o tres semanas siguientes. Conviene levantar a los gatitos todos los días, acostarlos de espaldas y acariciarles el estómago. Así se acostumbran a ser tocados y se tiene la oportunidad de controlarles el estado de salud. Para saber si tienen olor, hay que acercarlos a la cara. Los gatitos sanos no tienen nada de olor, mientras que lo contrario ocurre con los que están enfermos.

Aseo y alimentación La mamá aseará a los gatitos y consumirá la orina y los excrementos producidos por ellos hasta que empiecen a usar la bandeja sanitaria. Esto suele ocurrir cuando los pequeños empiezan a comer alimentos semisólidos, a las tres o cuatro semanas de vida, aunque esto varía según la salud y el tamaño del gatito, y la producción de leche de la madre. La leche de cabra, la leche evaporada, los cereales para bebés y la yema de huevo constituyen buenos alimentos para iniciar a los gatitos en el consumo de semisólidos.

Gatitos huérfanos Hay que colocar una fuente de calor, como una almohadilla térmica o una lámpara infrarroja, y mantener a los gatitos protegidos de las corrientes de aire. Se puede comprar leche formulada en la veterinaria o en un negocio de mascotas, pero no contienen todos los nutrientes y los anticuerpos de la leche materna. Déles apenas unas gotas de leche formulada a temperatura ambiente por vez, ya que tienen estómagos pequeños. En la primera semana, aliméntelos cada dos horas. Cuando terminan de comer, limpieles los genitales y el recto con un paño suave para estimular la excreción. Luego limpieles la cara y la cola con otro paño. A medida que los gatitos coman más, aumente el lapso entre cada comida.

Gatitos en crecimiento Cuando los gatitos empiecen a andar, comience a jugar suavemente con ellos arrastrando una cinta por el suelo para que la persigan. Todavía no enfocan bien la vista, y tienen poca coordinación, por lo que no se puede esperar mucho. No los ponga en lugares altos hasta que crezcan y reconozcan los peligros.

BIEN CALENTITOS
Los gatitos se mantendrán abrigados acurrucándose todos juntos contra la madre. En climas fríos, se les puede proporcionar calor con un lecho calefaccionado.

Sobre la cría

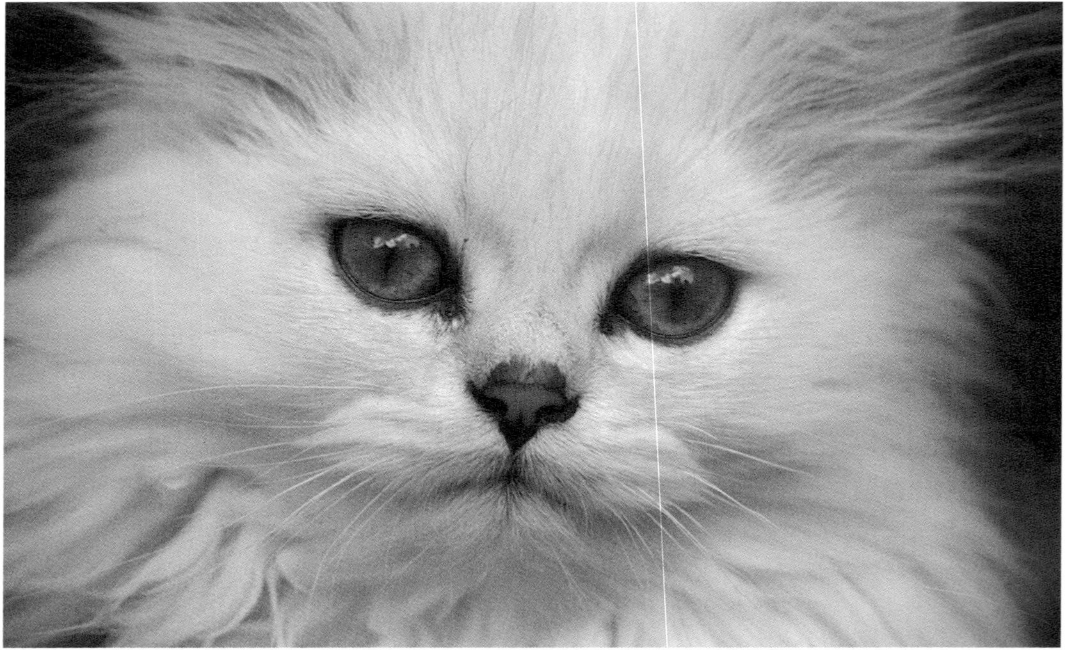

Gatos como mascotas
EXHIBICIONES DE GATOS

Si bien no todos los criadores exhiben sus "mercancías", para muchos suponen acontecimientos que no se perderían por nada del mundo. Las exhibiciones son oportunidades para que tanto los criadores como los amantes de los gatos se encuentren y comparen notas, y para contemplar los ejemplos más perfectos de las distintas razas, así como de tantos gatos hermosos sin pedigrí. Las exhibiciones de gatos son además una excelente oportunidad para quienes quieren comprar un gato pero todavía no han decidido qué raza prefieren.

SOBRE PEDIGRÍS Y GENÉTICA

Exhibiciones de gatos

A medida que se dispone de más y más información sobre los genes y la herencia de rasgos, la cría de gatos va semejándose a una ciencia, con posibilidades casi ilimitadas. Sin embargo, las normas para las distintas razas son estrictas y sólo los animales que cumplen con ellas pueden llegar a ser campeones.

Complemento genético Todos los gatitos heredan la misma cantidad de genes de ambos padres, pero en una camada de, por ejemplo, seis, cada gatito puede diferenciarse de otro en mucho o en poco debido a la distinta disposición de los genes en la cadena de los cromosomas, que portan el patrón genético de la constitución total del individuo.

Manipulación genética El objetivo principal de un programa de crianza es producir gatitos con determinadas características, ya sea temperamento, forma del cuerpo, color de ojos o una nueva combinación de color para sumar a los incontables colores ya existentes.

El criador elige un linaje que posea las características deseadas y enriquece los rasgos apareando individuos de rasgos similares o complementarios a los deseados.

Para conseguir determinada combinación de color, con o sin sombreado o moteado, el criador tiene que entender cómo operan los genes dominantes y los recesivos, porque algunos colores son recesivos y dos genes recesivos no producen uno

HERMANITOS
Tratar de reproducir colores, como cualquier otro rasgo, depende del azar, pero una cuidadosa selección y un buen programa de apareamiento aumentarár las chances de lograr el objetivo.

dominante, por lo que el color puede perderse.

Genes vinculados Algunas características heredadas están vinculadas al género, lo que significa que sólo pueden aparecer en gatitos de determinado sexo. El color tortoiseshell, por ejemplo, aparece solamente en hembras. Otros vínculos dominan la combinación entre el color de ojos y el del pelo.

Genes dominantes y recesivos En la lucha por la supremacía dentro del óvulo fecundado, lo más probable es que el gatito reciba el rasgo de un gen dominante. Por ejemplo, es más probable heredar ciertos colores de ojos que otros, y los colores atigrados tienen precedencia sobre los uniformes. La mayoría de los gatos vagabundos son atigrados porque con varias generaciones en estado salvaje, el gen dominante cobró supremacía sobre el resto.

Rasgos no deseados Algunos genes transportan características no deseadas. Por ejemplo, hay muchos gatos blancos de ojos azules que son sordos, y un gato blanco de ojos impares puede ser sordo del lado del ojo azul. Algunos gatos Siameses tienen un gen por el cual desvían un ojo para modificar la visión doble, defecto que los criadores se esfuerzan mucho por eliminar.

Mutaciones De vez en cuando se producen mutaciones espontáneas que pueden resultar en la aparición de una raza nueva. En tales casos, las asociaciones oficiales de criadores de gatos demorarán la aprobación hasta asegurarse de que la reproducción de la cepa mutante no conlleva defectos genéticos relacionados. Un buen ejemplo de una raza nueva es el Americano de Pelo de Alambre (ver p. 216), con su pelaje encrespado, espiralado y elástico. En el Fold Escocés, las orejas plegadas son resultado de una anormalidad en el cartílago. Si se hiciera una cruza entre estos dos gatos, los gatitos serían lisiados.

Oriental de Pelo Corto rojizo punto lince

Exhibiciones de gatos

PREPARARSE PARA LA EXHIBICIÓN

Exhibiciones de gatos

Aunque cuesta mucho preparar al gato para una exhibición, también resulta muy divertido. La emoción de presentar al gato y de ganar una escarapela hace que el esfuerzo valga la pena.

PREPARÁNDOSE
Tras participar de algunas exhibiciones y haber aprendido los trucos para acicalar a su gato, podrá presentarlo tan atractivo como este Birmano punto foca.

Para una exhibición, los gatos tienen que estar sanos, libres de pulgas, garrapatas, ácaros y parásitos. Si su gato ha tenido contacto con una enfermedad contagiosa 21 días antes de la exhibición, no lo podrá presentar. También tendrá que asegurarse de tenerlo al día con las vacunaciones; a los gatos de exhibición conviene darles refuerzos con mayor frecuencia, aunque será una decisión del veterinario. En las exhibiciones que se realizan en los Estados Unidos ya no se exige el control veterinario de admisión del gato. En otros países un veterinario examina a los gatos y certifica que esten sanos.

Acicalarlo para la exhibición Antes de llevar al gato a la exhibición tendrá que bañarlo, recortarle las uñas y limpiarle bien las orejas. Un gato de pelo corto sólo necesita un peinado rápido y un alisado con la mano o con una gamuza; el de pelo largo exige más trabajo.

El gato de pelo largo no puede esperar a ser bañado en el momento de la exhibición. Si participa en muchas exhibiciones, tendrá que bañarlo una vez por semana y peinarlo dos veces por día para que el pelo no se le apelmace o se le enrede, para disminuir la muda de pelo y para que el pelaje luzca más sano. Con el tiempo se aprenden varios trucos del acicalado. Por ejemplo, para moderar el tamaño de las orejas se puede esponjar el pelo en lo alto de la cabeza. Para que la cola parezca más corta, se puede

LOS NUEVOS
La primera visita a una exhibición felina puede resultar agobiante tanto para usted como para su gato. Pero pronto descubrirá que es un acontecimiento que se puede disfrutar.

retorcer el exceso de pelo en la punta de la cola. Para que el cuello luzca más espeso y corto hay que peinarlo de modo que el pelo sobresalga, ocultando el cuello y enmarcando la cara. Algunos profesionales recortan el pelo sobre los ojos para hacerlos aparecer más redondos, y recortan el pelo alrededor de la cara para darle un aspecto redondeado. Consulte con los profesionales para preparar al gato para una exhibición.

Inscripción del gato Las distintas asociaciones de cada país tienen reglas diferentes para la exhibición de gatos. Pero en la selección para la exhibición, la mayoría de las asociaciones exigen que los ejemplares que superen los ocho meses de edad estén registrados. En general, tendrá que inscribir a su gato con por lo menos cuatro semanas de anticipación. Complete el formulario que le entreguen en la asociación y preséntelo junto con el monto de la tarifa. Hay clubes que aceptan inscripciones hasta la semana previa a la exhibición, pero la mayoría limita la cantidad de inscripciones.

Clases En los Estados Unidos, la clase "gatitos" es para individuos de cuatro a ocho meses de edad. Si su gato supera los ocho meses, competirá como adulto en la clase abierta. Si se le otorga determinada cantidad de escarapelas ganadoras, o puntos, gana el título de Campeón. Después de ser Campeón tiene que ganar cierta cantidad de puntos para llegar a Gran Campeón.

En América del Norte hay siete registros que tienen distintas exigencias de exhibición, por lo que tendrá que preguntar en el de su zona. Algunas asociaciones ofrecen títulos superiores, como el Gran Campeón Master y Gran Campeón Supremo. Las mascotas caseras también pueden ganar títulos con un sistema de puntuación similar.

Las exhibiciones cuentan con clases para gatos castrados o esterilizados. Los adultos castrados y esterilizados compiten en la clase castrados, mientras que los gatitos castrados o esterilizados de cuatro a ocho meses, compiten en la clase gatitos. Los títulos de la clase castrados son Campeón, Gran Campeón y Gran Campeón Master. No hay títulos para la clase de gatitos.

EN LA EXHIBICIÓN

Para los aficionados, las exhibiciones felinas son citas animadas y divertidas, que bien merecen el esfuerzo de preparar a los participantes. Suelen realizarse en invierno cuando el pelaje, en especial el pelo largo, luce abundante y lozano.

TOQUES FINALES
Antes de llevar a su gato al lugar de evaluación, no olvide darle los toques finales en el pelo para que luzca lo mejor posible.

Comienza la exhibición

Al llegar le darán una jaula con un número de presentación y el catálogo de la exhibición. En el catálogo figuran los nombres de los participantes y las estadísticas vitales, así como las clases en las que cada gato participa. Controle que las informaciones dadas para su gato sean correctas. Si encontrara un error, póngase de inmediato en contacto con la gerencia de la exhibición para que hagan la corrección. Si no lo hiciera, pueden llegar a anularle los puntos que gane el gato. El catálogo también contiene un programa detallado del orden en que se evaluarán las distintas clases.

Exhibiciones en los Estados Unidos

En los Estados Unidos, la evaluación es distinta de la que realizan otros países. El dueño lleva al gato al lugar de evaluación y lo coloca en una jaula. En el lugar hay sillas para que usted pueda sentarse y observe la evaluación de su gato. Trate de no hablar mucho porque los jueces pueden distraerse y el gato puede molestarse con tantas voces, además de que ya estará asustado de las manos extrañas que lo manipulan.

En algunas exhibiciones de los Estados Unidos hay de cuatro a doce lugares de evaluación al mismo tiempo, en los que cada gato es evaluado separadamente por cuatro a doce jueces. Cada juez realiza "su propia" exhibición. El primer juez saca al gato de la jaula, lo coloca sobre la mesa de evaluación y lo examina detalladamente. Le controla la tonicidad muscular, la obesidad, el desarrollo muscular, la textura del pelo, el sexo (si no está castrado), la forma de los ojos, la formación del cráneo bajo la piel, la ubicación de las orejas, los huesos de las patas, la longitud de la cola, la forma de los pies y la sanidad del pelaje. Luego vuelve a poner al gato en la jaula y se lava las manos y limpia la mesa de evaluación con un desinfectante. Anota todos los comentarios o premios a entregar en el libro de evaluación, y coloca la escarapela adecuada, si correspondiera, en la jaula del gato. Cada gato es evaluado de manera similar por todos los jueces que, a su turno, van colgando la escarapela indicada en la jaula.

Cada gato compite en la clase de su propio sexo y color, y luego compite por el Mejor de Todas las Razas. Finalmente, cada juez seleccionará 10 gatos (no castrados, castrados y gatitos) para entregarles los diez premios a los Mejores de la Exhibición.

Los números de los gatos así elegidos se colocan sobre las jaulas y los dueños ubican a los gatos en las jaulas correspondientes. Normalmente el juez saca a cada gato de la jaula y lo presenta ante el público, mientras enumera sus atributos. Luego vuelve ponerlo en la jaula y coloca la escarapela merecida, por ejemplo, Mejor Décimo Gato. Este procedimiento continúa hasta que se exhibe orgullosamente el Mejor Gato.

Después de que su gato haya sido evaluado y de que le hayan colocado una escarapela en la jaula, si la consiguió, un empleado le hará saber cuándo volver a poner al gato en la jaula. Preste atención a los altoparlantes porque puede ocurrir que vuelvan a llamar a su gato para un desempate o incluso para un premio final.

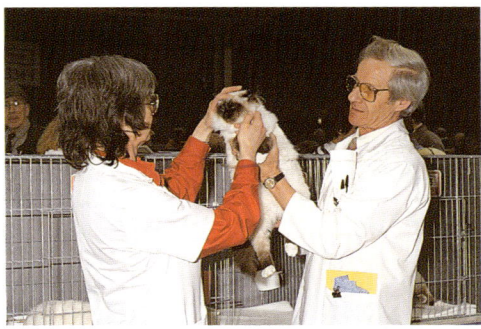

LA EVALUACIÓN
Un ayudante sostiene al gato para que la jueza lo evalúe.

Qué llevar Conviene llevar: una caja sanitaria pequeña; tazones para agua y alimento; hisopos de algodón; talco (almidón de maíz); toallitas de papel; juguetes del gato; cortinas para la jaula (para tapar la parte de atrás, los costados y la parte superior de la jaula); tapete o toalla para la base de la jaula; lecho; bolsas de basura (para los desperdicios), y comida y bebidas (para usted).

DISTINTOS ESTÁNDARES NACIONALES

Exhibiciones de gatos

La noción de criar selectivamente y producir gatos de pedigrí nació hace menos de dos siglos. El estímulo de las exhibiciones felinas ha llevado a conseguir el espectro de razas y colores que existen en la actualidad.

MÁS QUE ATRACTIVOS
Estos gatitos azules Persas serían inscriptos en una de las diversas categorías principales para gatitos de hasta ocho meses de edad.

Las distintas asociaciones, como la Asociación Felina Internacional *(The International Cat Association - TICA)*, la Asociación Felina Estadounidense *(American Cat Association - ACA)* y la Asociación de los Aficionados a los Gatos *(Cat Fanciers Association - CFA)* son los principales auspiciantes de las exhibiciones felinas, junto con algunas asociaciones de criadores e importantes fabricantes de productos para mascotas. El objetivo es presentar ejemplares destacados de distintas razas, para mantener la competencia entre los criadores en busca de la excelencia.

Estándares internacionales Las exigencias de exhibición y las especificaciones de cría varían de un país a otro. Por eso, para tener absoluta certeza de que su gato cumple con tales requisitos, tendrá que pedir una copia de los Estándares de Razas de la asociación que realice la exhibición. Las exhibiciones suelen durar un día entero, pero algunas de las que se realizan en los Estados Unidos pueden durar dos días.

Los jueces cuentan con mucha experiencia y pericia, y otorgan la puntuación según el gato cumpla más o menos con el estándar de la raza (ver Razas de Gatos, desde la p. 202).

Jueces En América del Norte, el juez puede hacer un comentario al pasar mientras realiza la evaluación, pero en Gran Bretaña y en Europa las exhibiciones son más conservadoras.

Un típico sistema de evaluación
Para hacerse una idea sobre los puntos que se consideran en una evaluación, éstos son los niveles de la TICA para las categorías de Campeón y Mascota Hogareña.

Campeones (gatos con pedigrí):
Gatito; Novato; Campeón; Gran Campeón; Doble Gran Campeón; Triple Gran Campeón; Cuádruple Gran Campeón; Campeón Supremo.

Mascotas:
Gatito; Senior; Master; Gran Master; Doble Gran Master; Triple Gran Master; Cuádruple Gran Master; Gran Master Supremo.

En base a las características de la raza los jueces otorgan 100 puntos para cabeza, orejas, ojos, cuerpo, osamenta y cola. Estos puntos se distribuyen de distintas maneras para cada raza (ver los Estándares de la TICA).

Hay varias clases y divisiones. El juez elige los tres mejores gatos de cada división; el mejor gana 25 puntos, el segundo, 20 puntos y el tercero, 15 puntos. De entre estos ganadores el juez elige a los primero, segundo y tercero Mejores de la Raza. Estas selecciones no conllevan puntos, pero los gatos representan el "ideal" de su raza.

Luego se entregan escarapelas según la elección que hayan hecho los jueces de los Diez Mejores Gatos dentro de cada categoría principal. Estos gatos se eligen fundamentalmente entre los ganadores de los Mejores de la Raza, aunque los jueces pueden elegir a cualquier gato que hayan evaluado durante la exhibición, siempre que se trate de un gato que haya sido derrotado en un nivel menor.

Llegar al nivel de la final significa que se considera que el gato está entre los mejores de la exhibición. Los premios finales conllevan puntos que se acumulan para obtener el nivel de Campeón.

Las principales categorías de gatos campeones, y la secuencia de presentación, son: Gatito; Campeones Adultos; Castrados; Gatitos Mascotas Hogareñas; Adultos Mascotas Hogareñas.

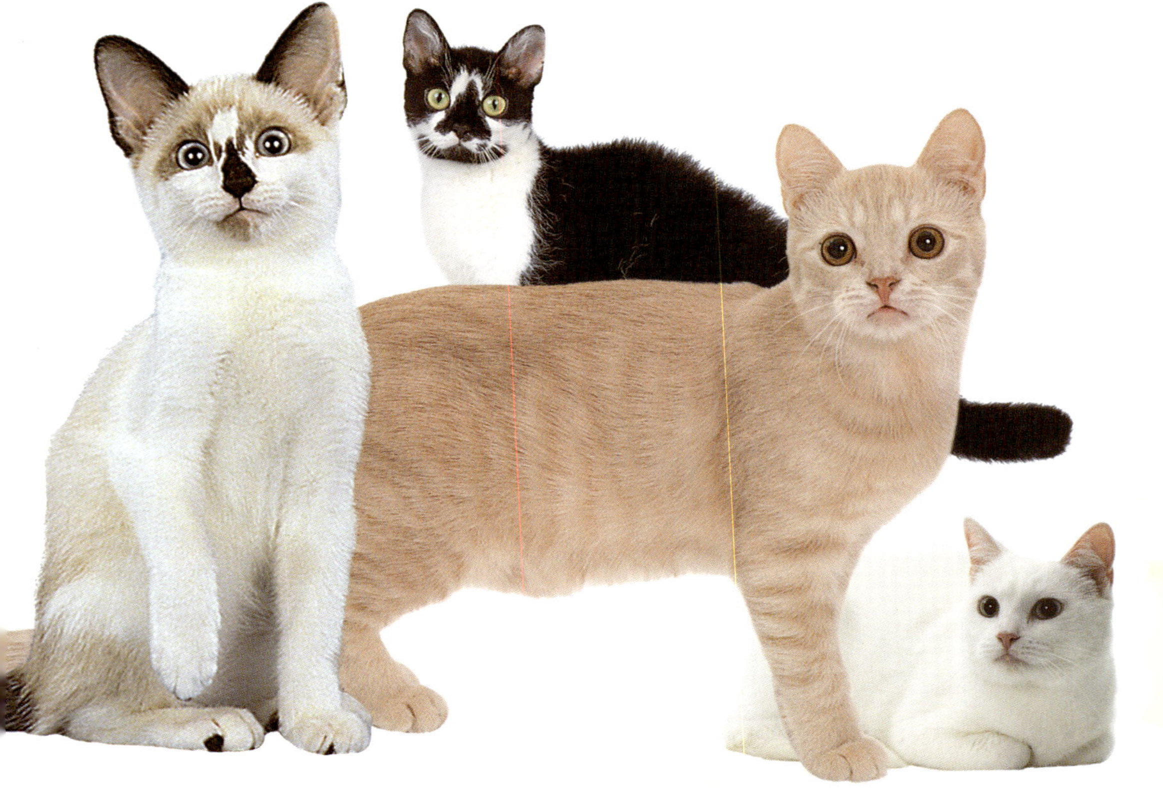

TERCERA PARTE
RAZAS DE GATOS

Razas de gatos

Cómo usar esta guía

Esta guía ofrece detalles de 38 de las razas felinas más conocidas, para que usted pueda encontrar el gato que más le convenga.

MASCOTAS

ACICALADO
Mejor forma y frecuencia de peinado
- Acicalado manual diario

CLIMA
Mejores condiciones climáticas
- Necesita clima cálido

AMBIENTE
Mejores condiciones de vida
- Interior

TEMPERAMENTO
Resumen del temperamento
- Afectuoso, juguetón y amigable

Razas de gatos

Gatos de pelo corto

NOMBRE DE LA RAZA
Se presentan en orden alfabético primero las razas de pelo corto y luego las de pelo largo.

INTRODUCCIÓN
Breve sumario de la raza y sus características.

MASCOTAS
Acicalado manual diario
Necesita clima cálido
Interior
Afectuoso, juguetón y amigable

REX DE CORNUALLES

Juguetón y afectuoso, el Rex de Cornualles se distingue por su atípico pelaje rizado similar al del conejo Rex, del cual toma su nombre. Acróbata nato, vivaz e inteligente, es una mascota fascinante.

Historia Estos gatos tan atípicos se originaron de manera casi espontánea, tal vez debido a un gen mutante, en Cornwall, Inglaterra, tal como lo indica su nombre. El primer Rex de Cornualles apareció en una camada nacida en 1950, momento desde el cual la raza ha fascinado a los especialistas en genética. Aunque varios ejemplares enviados a los Estados Unidos a fines de 1950 se reprodujeron con independencia de la variedad original, no hay diferencias notables entre ambas y, en realidad, la variedad original es la que predomina hoy en día en los Estados Unidos. En este país se aceptó la participación de la raza en campeonatos en 1979 y ahora se la acepta en competencias de todo el mundo.

calicó

atigrado mackerel azul

Descripción Esbelto y flexible, el Rex de Cornualles tiene el lomo arqueado y el estómago metido hacia adentro, parecido en parte a un perro lebrel. De cabeza ovalada, comparativamente pequeña, y orejas grandes ubicadas en lo alto de la cabeza. Los maxilares altos y la nariz romana de puente alto son marcas distintivas de la raza.

Los ojos ovalados medianos están bastante separados, pero el color es de importancia secundaria y no tiene que

---

OTRAS IMÁGENES
Se ilustran determinadas variedades de la raza en distintas posiciones, para una fácil identificación del gato.

TEXTO PRINCIPAL
Brinda una descripción detallada de la raza, incluyendo su historia, la descripción de los colores y los patrones del pelaje, y otras características sobresalientes, además de su temperamento. También se ofrecen detalles de las exigencias del peinado y el clima que favorece a la raza, y si resulta más apta para una vida en el interior o el exterior.

IMAGEN PRINCIPAL
Un buen representante de la raza.

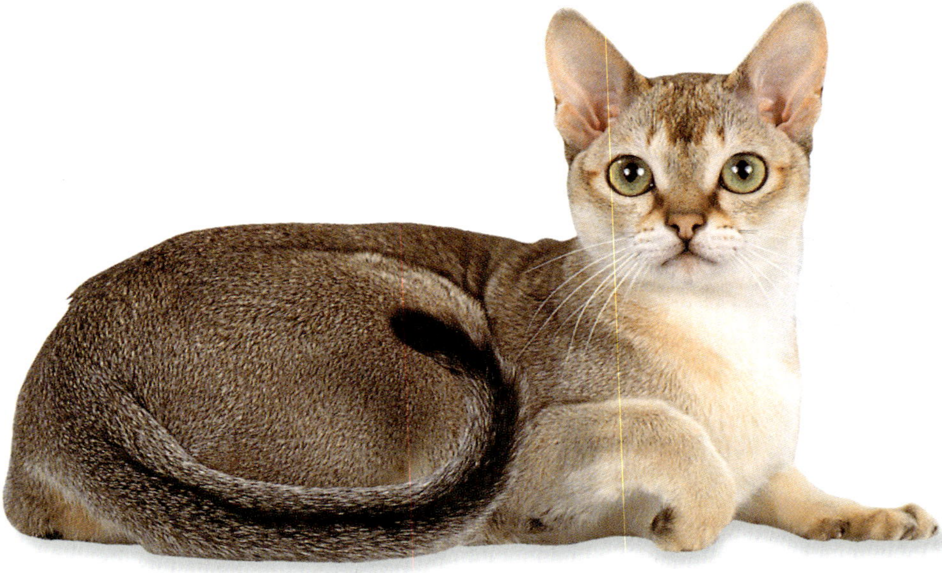

Razas felinas
Gatos de pelo corto

Como resultado del cruce de razas, en la actualidad hay una inmensa variedad de largos y tipos de pelo, desde el de la raza Esfinge, que casi no tiene pelo, hasta el pelo espeso, esponjoso y largo del Persa. Entre estos dos extremos están las razas de pelo corto y de longitud media. Hay gatos que tienen doble pelaje, mientras que otros son de pelo delicado, sedoso y ceñido al cuerpo. Hay cientos de combinaciones de colores. En algunos gatos, el pelo es en realidad la característica más sobresaliente. Así ocurre con los Rex de Devon, con sus ondas sueltas y suaves, y con el Rex de Cornualles con sus ondas cortas y apretadas. En las razas de pelo corto, la elegancia y las líneas del cuerpo son más fáciles de apreciar que en sus parientes menos compactos, los gatos de pelo largo.

Gatos de pelo corto

MASCOTAS

- Acicalado manual diario
- Clima templado
- Interior y exterior
- Activo y curioso

ABISINIO

Con su pelaje bruñido y marcado, el Abisinio se parece mucho a un gato salvaje pequeño. Es muy inteligente y sumamente activo, y aunque no es una mascota faldera, es leal y afectuoso y constituye una compañía maravillosa.

ruddy

Historia El Abisinio, una de las razas más antiguas del mundo, recuerda a los gatos que aparecen en las pinturas y las esculturas del antiguo Egipto, y todavía conserva el aspecto salvaje del *Felis lybica*, el gato salvaje antepasado de todos los gatos domésticos.

Aunque de origen incierto, los primeros especímenes de la raza fueron introducidos en Gran Bretaña por los soldados que regresaban de la Guerra Abisinia en 1868. El primer Abisinio que llegó a Gran Bretaña se llamaba Zulú. Su dueña era la esposa del capitán Barrett-Lennard y la fotografía del gato apareció en un libro publicado en 1874. Zulú se parece muy poco a los Abisinios actuales.

El reconocimiento de la raza como tal

en Gran Bretaña se produjo en 1882, y aunque se empezaron a exhibir ejemplares en los Estados Unidos en 1909, no fueron reconocidos allí como raza individual hasta 1986. Varios Abisinios de primera calidad que llegaron a América del Norte desde Inglaterra a fines de la década de 1930 forman la base de los actuales programas de cría estadounidenses.

Descripción El Abisinio ideal tiene cuerpo delgado, de tamaño y longitud medios. Los animales adultos son ágiles, fuertes y musculosos, con todos los elementos físicos proporcionados. La cabeza es una cuña modificada y la frente, las mejillas y el perfil muestran un contorno suave con una nariz levemente quebrada; las orejas son largas y alertas. Los ojos almendrados son grandes, brillantes y expresivos y pueden ser dorados, verdes o avellana con bordes negros.

Los Abisinios se mueven con gracia

rojo

Gatos de pelo corto

209

Gatos de pelo corto

sobre sus patas de huesos delgados y dan la impresión de estar parados en puntas de pie. La cola es de longitud media, ancha en la base y más estrecha hacia el final.

El pelaje lustroso resulta muy agradable de acariciar: es de textura suave, sedosa y delicada, pero también es denso y elástico. El pelo de este gato colorido tiene que ser lo suficientemente largo para dar cabida a las características bandas de marcas oscuras.

Variedades En los Estados Unidos el Abisinio puede ser de color ruddy, rojo, azul y gamuza. Todos los colores deben tener por lo menos dos bandas, preferiblemente tres, en cada pelo. Una banda de color pálido interrumpida alrededor del cuello es un defecto, y un collar de color sólido es causa de descalificación en una exhibición.

El Abisinio ruddy es de color siena tostado, con pintas negras o café oscuras. El pelaje inferior y el interior de las patas delanteras y la panza son de un café anaranjado más pálido y no debe tener marcas atigradas. Orejas y cola con pintas negras o café oscuro; almohadillas de las zarpas café oscuro; piel de la nariz rojo teja.

El Abisinio rojo (o alazán) es de un rojo cálido, oscuro, con distintivas pintas café rojizas. Se prefiere el sombreado de rojo profundo con un pelaje interior damasco (albaricoque). Orejas y cola con pintas café rojizas; almohadillas de las zarpas y piel de la nariz rosadas.

El Abisinio azul es de un azul claro y cálido, con pintas de varios tonos de azul pizarra. El pelaje interno y el interior de las patas delanteras y la panza son de un crema cálido a un beige. La cola y la punta exterior de cada pelo son de un azul acerado oscuro. Almohadillas de las zarpas malva; piel de la nariz rosado oscuro.

El Abisinio gamuza es de un beige cálido con pintas de gamuza intenso, con las puntas exteriores de los pelos más oscuras. El pelaje interno y el interior de

azul

las patas delanteras y la panza tienen que ser de un gamuza pálido sin marcas. Orejas y cola con pintas gamuza tostado o lila; almohadillas de las zarpas malva; piel de la nariz rosada.

Además de estos cuatro colores, la Asociación Felina Internacional *(The International Cat Association - TICA)* también reconoce los siguientes colores de Abisinios: alazán plateado, azul plateado y gamuza plateado.

El Abisinio alazán plateado es de color blanco mediano a alazán claro, con pintas chocolate.

El Abisinio azul plateado es de un plateado azul grisáceo, con pintas de un azul más oscuro. El pelaje interno es blanco a crema pálido.

El Abisinio gamuza plateado tiene un cuerpo plateado color buey rosado, con un sombreado más oscuro. La parte inferior es blanca a avena pálido.

gamuza

Temperamento El dulce Abisinio, muy inteligente, tiene un temperamento bien equilibrado; es impaciente, activo y muestra un agudo interés por lo que lo rodea. Es un gran compañero, que disfruta de la presencia de su dueño por cuyas actividades demuestra una gran curiosidad. Pero normalmente no se acomodará tranquilamente en su falda, ya que por lo general tiene demasiada energía para consumir. Confiable, de buenos modos y sensible, adora jugar y se las ingenia para armar juegos espontáneos con los que atraer la atención de su dueño. Tiene una voz aguda, como una campanita.

Gatos de pelo corto

MASCOTAS

- Peinado asiduo
- Tolera el clima frío
- Interior y exterior
- Amigable, inteligente e independiente

blanco

AMERICANO DE PELO CORTO

Un compañero bonito y tierno, el robusto Americano de Pelo Corto se ha ganado su lugar en el corazón de los hogares norteamericanos desde las primeras épocas de constitución del país. De larga vida y pocos problemas, se lleva bien con los demás miembros de la familia, incluidos los perros.

Historia Los antepasados de los actuales Americanos de Pelo Corto llegaron a América del Norte con los primeros pioneros europeos. Demostraron su utilidad a bordo de los barcos cazando las ratas que se comían las reservas de alimentos y que diseminaban enfermedades entre las personas. Al desembarcar, estos gatos laboriosos se reprodujeron en libertad y llegaron a establecerse como el gato de pelo corto propio de América del Norte. A través de los años fueron llamados tanto Doméstico de Pelo Corto como Americano de Pelo Corto, pero desde la década de 1950 ha prevalecido la última denominación. El primer gato de pelo corto inscripto en un registro oficial de los Estados Unidos en 1901 fue un macho importado Británico de Pelo Corto atigrado anaranjado. Aunque hay un importante componente genético de los Británicos de Pelo Corto en los Americanos de Pelo Corto, éstos son bastante más grandes que sus primos británicos, con caras menos redondeadas y patas y colas más largas.

Descripción El Americano de Pelo Corto, de tamaño mediano a grande, es un gato realmente trabajador. Su cuerpo debe ser fuerte, atlético y bien proporcionado. Estos gatos no se desarrollan por completo hasta los tres o cuatro años de edad, y los machos suelen ser bastante más grandes que las

gatitos atigrados plateados clásicos

hembras. Tienen cabeza grande; las mejillas bien llenas definen la cara, apenas más larga que ancha. La nariz de longitud media tiene una elevación cóncava vista de perfil. La piel de la nariz guarda armonía con el color del pelaje. El hocico de mandíbulas fuertes es cuadrado, y los machos maduros tienen una quijada definida. Los ojos brillantes y claros son grandes y anchos; el párpado superior tiene forma de media almendra y el inferior es una curva perfectamente redonda. Tienen que estar sesgados levemente hacia arriba en el extremo externo y el color debe adaptarse al color del pelaje. Las orejas de tamaño mediano están bien separadas y la expresión es confiable y amistosa.

Las patas de largo medio son robustas y musculosas, y las manos son espesas y redondeadas, con almohadillas que armonizan en color con el pelaje. La cola de largo medio se estrecha hasta llegar a un extremo despuntado, sin torsiones.

El pelaje, corto, grueso y duro al tacto, tiene la densidad suficiente para proteger al gato del frío, la humedad y las heridas superficiales en la piel. Durante el invierno el pelo gana mucho grosor pero no es tan afelpado como el del Británico de Pelo Corto. El acicalado demanda apenas un peinado asiduo para eliminar los pelos sueltos y un acabado con una gamuza humedecida para hacerlo brillar.

Variedades Hay más de 100 colores y patrones para elegir, y cada uno parece tener su preferido. Esta es apenas una muestra ínfima:

Atigrado plateado: base blanca con densas marcas atigradas negras, distribuidas en un patrón específico. El patrón clásico es el más conocido y

atigrado azul clásico

Gatos de pelo corto

Gatos de pelo corto

chinchilla chocolate

atigrado mackerel crema

atigrado parchado café

consiste en uno o más collares continuos en el pecho, tres líneas circulares anchas que forman un círculo a cada lado del cuerpo, anillos en la cola, brazaletes en las patas y una forma similar a una mariposa con las alas desplegadas en los hombros. Este patrón suele recibir el nombre de "joya". Con sus ojos esmeraldas, el atigrado plateado es uno de los preferidos en las exhibiciones.

Blanco: pelaje blanco puro resplandeciente. Piel de la nariz y almohadilla de las zarpas rosadas; ojos cobre brillante, azul intenso o impares (uno cobre y uno azul).

Negro humo: pelaje inferior blanco con la punta de cada pelo marcada de un negro intenso (hasta que se mueve, el gato parece totalmente negro). Puntos y sombreados negros con apenas una banda delgada de blanco en cada pelo cerca de la piel. Piel de la nariz y almohadillas de las zarpas negras; ojos cobrizos.

Atigrado azul: color base, incluyendo labios y barbilla, marfil azulado pálido; marcas azul intenso. Piel de la nariz rosado oscuro; almohadillas de las zarpas rosadas; ojos cobre brillante.

Azul y crema: azul con parches crema bien definidos y disgregados en todo el cuerpo, patas y cola. La piel de la nariz y las almohadillas de las zarpas son azules y/o rosadas, y los ojos son cobre brillante.

Plata sombreado: pelaje inferior blanco con puntos negros que forman un sombreado que baja desde la cara y abarca los flancos y la cola, desde negro en la espina hasta blanco en la barbilla y en la parte inferior del cuerpo y la cola; las patas tienen que tener el mismo sombreado que la cara (el gato tendrá que parecer de color más oscuro que un chinchilla). Los bordes de los ojos, labios y nariz están delineados en negro. La piel de la nariz es rojo ladrillo, las almohadillas de las zarpas son negras y los ojos son azules o verdiazules.

Atigrado café: color base café cobrizo con marcas negras densas en los patrones atigrados. Labios, barbilla y máscara facial con anillos más claros; parte de atrás de las patas, negra desde el pie hasta el talón. Piel de la nariz rojo ladrillo; almohadillas de las zarpas negras o café; ojos cobre brillante.

Var. bicolor: casi todo el cuerpo blanco, con parches sin pintas de cualquier color, que aparecen fundamentalmente en la cabeza. Piel de la nariz y almohadillas de las zarpas rosadas o en armonía con el color de los parches; ojos cobrizos.

Azul: azul claro (se prefieren los sombreados más pálidos) y un tono parejo desde la nariz hasta la punta de la cola. Un sombreado oscuro definido es más aceptable que un sombreado más claro que forme cierto patrón. Piel de la nariz y almohadillas de las zarpas azules; ojos cobrizos.

Temperamento Cualquiera sea la combinación de color y patrones, el Americano de Pelo Corto exhibe el mismo temperamento y cordialidad. Es un compañero perfecto, tanto en la casa como para compartir con él una caminata. Por su constitución robusta y musculosa y su pelaje protector, puede caminar bajo la lluvia o el frío. Es un cazador excelente de modos suaves, lo cual, en combinación con una naturaleza tierna y juguetona, lo convierte en la elección ideal para las familias.

crema azul

plata sombreado

Gatos de pelo corto

Gatos de pelo corto

MASCOTAS

- Peinado ocasional suave
- Tolera el clima frío
- Interior y exterior
- Amigable con las personas y otros animales

AMERICANO DE PELO DE ALAMBRE

Un animal que llama la atención por su extraordinario pelaje áspero y rizado, el Americano de Pelo de Alambre todavía es una raza poco común. Es una mascota inteligente y muy afectuosa, con un vasto rango de patrones y colores, pero en las exhibiciones lo más importante es el rizado del pelo.

Historia Todos los ejemplares de Americano de Pelo de Alambre descienden de Adam, el primer Pelo de Alambre conocido. Adam nació en una camada de seis gatos de granja en 1966 en Verona, Nueva York. Tenía poco pelo pero muy rizado, y cada pelo era un bucle enrulado y elástico, hasta en los bigotes. Anteriormente se habían detectado algunos gatos pelo de alambre en las colonias naturales, pero morían por selección natural. La raza, bastante poco conocida fuera de América del Norte, fue aceptada para competir en 1978 por la Asociación de los Aficionados a los Gatos *(Cat Fanciers Association - CFA)* de los Estados Unidos.

bicolor blanco y negro

Descripción Al acariciar el pelo de un Americano de Pelo de Alambre en una dirección, resulta suave y sedoso. Pero al acariciarlo en dirección opuesta parece una masa de lana de acero.

Un gato de huesos resistentes, de tamaño mediano a grande y músculos bien desarrollados, el Americano de Pelo de Alambre es muy similar en tipo al Americano de Pelo Corto. La cabeza redondeada tiene pómulos prominentes y hocico y barbilla bien desarrollados. Las orejas de tamaño medio están bastante apartadas. De perfil, la nariz muestra una suave curva cóncava y la piel de la nariz tiene que armonizar con el color del pelo. Los ojos grandes redondos son brillantes y claros, y el color no se corresponde necesariamente con el del pelaje.

Las patas robustas, en comparación con el cuerpo, terminan en zarpas compactas en las que el color de las almohadillas coincide con el del pelo. La cola ahusada de longitud media termina en un extremo redondeado.

Los gatitos pelo de alambre nacen con un pelaje de rulos apretados. En el animal maduro, el pelo duro, crespo, de longitud media, sigue siendo mullido, áspero y elástico. Los pelos individuales, hasta los del interior de las orejas, son rizados, torcidos o curvados. El aspecto general del rizado y la aspereza y elasticidad del pelo son más importantes que la ondulación de los pelos individuales. La densidad del pelaje rizado produce la formación de bucles más que ondas. También son deseables los bigotes enrulados. El acicalado es mínimo, ya que bastará darle un peinado ocasional con un cepillo suave para eliminar los pelos sueltos.

atigrado mackerel café

van calicó

Variedades El Americano de Pelo de Alambre se presenta en todos los colores y patrones, excepto los patrones de punto de color y chocolate o lavanda, porque estos casos evidencian una hibridación con Siameses o Himalayos. El rizado del pelaje es el único requisito para presentarlos en exhibiciones. Lamentablemente, muchos gatitos no tienen las características necesarias. Los criadores de Pelo de Alambre tienen que prepararse para encontrarles buenos hogares a los gatitos que nazcan con pelo liso, ya que no podrán participar en exhibiciones.

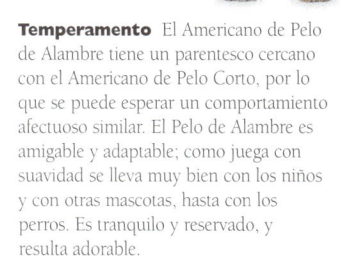

Temperamento El Americano de Pelo de Alambre tiene un parentesco cercano con el Americano de Pelo Corto, por lo que se puede esperar un comportamiento afectuoso similar. El Pelo de Alambre es amigable y adaptable; como juega con suavidad se lleva muy bien con los niños y con otras mascotas, hasta con los perros. Es tranquilo y reservado, y resulta adorable.

Gatos de pelo corto

BENGALA

Con el llamativo pelaje colmado de las rosetas de su exótico antepasado, el Gato Leopardo Asiático, el Bengala parece un leopardo en miniatura. Pueden ser muy briosos, por lo que hay que tratarlos con cuidado.

leopardo moteado negro

gatitos leopardo moteado negro

Historia El Bengala actual fue creado a fines de la década de 1970 por un criador californiano que quiso reproducir el patrón moteado, los colores y las cualidades faciales del Gato Leopardo Asiático.

La única asociación que acepta la participación del Bengala en los campeonatos es la Asociación Felina Internacional (*The International Cat Association - TICA*). Ninguna otra asociación permite la participación de esta raza, porque sus estatutos prohíben la exhibición de gatos de sangre salvaje, sin importar cuán atrás en el pedigrí aparezca el ingrediente salvaje.

Descripción De apariencia básicamente salvaje, el Bengala vadea por el agua sin dudarlo. Es un gato grande, de huesos fuertes y muy musculoso, en especial los machos. La cabeza es una cuña ancha modificada, más larga que ancha, de contornos redondeados, muy similar a la de sus antepasados, pero un poco más pequeña en proporción al cuerpo. El cuello es grueso, musculoso y largo en proporción a la cabeza. La nariz es larga y ancha con la piel de la punta levemente hinchada color rojo ladrillo delineada en negro. El hocico es ancho, con prominentes almohadillas de los bigotes. Los ojos grandes tienen forma de almendra. Son verdiazules en los atigrados foca sepia, atigrados foca visón y atigrados café, y azul en el punto lince foca. Tiene orejas cortas, similares a las de sus antepasados salvajes.

Las patas de largo medio tienen huesos grandes y zarpas grandes y redondeadas con almohadillas negras. La cola de largo medio es gruesa, con extremo redondeado negro. El pelaje suave, espeso, de largo medio, necesita apenas un peinado ocasional.

Variedades Los colores base del Bengala pueden ser marfil, crema, amarillo, ante, tostado claro u oscuro, dorado, naranja y caoba. Se presenta con patrones moteados y marmolados, que pueden ser negros, café intenso, café, tostado, chocolate o chocolate oscuro y canela, y en atigrado café, punto lince foca, atigrado foca sepia y atigrado foca visón.

marmolado café

atigrado moteado café

MASCOTAS

- Peinado ocasional
- Tolera el clima frío
- Interior y exterior
- Alerta y curioso

Gatos de pelo corto

Gatos de pelo corto

MASCOTAS
Peinado o cepillado diario
Clima cálido
Interior
Inteligente, activo y hablador

BOBTAIL JAPONÉS

Conocido por los viajeros como el gato de la zarpa levantada de las estatuillas chinas vendidas en Japón como símbolos de la suerte, el Bobtail Japonés se distingue por su atípica cola corta, que lleva casi siempre erguida, como un pompón.

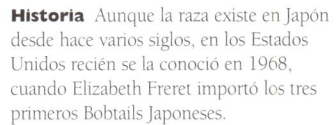

Historia Aunque la raza existe en Japón desde hace varios siglos, en los Estados Unidos recién se la conoció en 1968, cuando Elizabeth Freret importó los tres primeros Bobtails Japoneses.

Los estándares de la raza quedaron establecidos en la década de 1970 y el Bobtail pudo competir en campeonatos a partir de 1976. En ese momento, sólo se conocía la variedad de pelo corto, pero en 1993 se aceptó la exhibición de la versión de pelo largo.

Descripción El cuerpo mediano es largo, esbelto y elegante, pero no tubular como el de los Siameses. La cabeza es larga y finamente cincelada, y forma un triángulo equilátero perfecto con suaves líneas curvas, pómulos altos y un notable quiebre en los bigotes. La nariz es larga con una hendidura suave a nivel de los ojos, o justo por debajo. Los grandes ojos ovalados están bien separados y tienen actitud alerta, pero no hace falta que el color se adapte al de la piel. Tiene orejas grandes, erguidas y de puntas redondeadas, bien separadas como para continuar las líneas de la cabeza triangular.

Las patas son largas y esbeltas, con las patas traseras levemente flexionadas y más largas que las delanteras. Las patas traseras se flexionan naturalmente cuando

bicolor rojizo y blanco

blanco y negro

el gato está parado en posición relajada. Las zarpas son ovaladas con almohadillas de color concordante con el pelo. Cada ejemplar tiene una variante particular de cola corta, que lleva erguida o cercana al cuerpo plegada como un pompón. La cola puede ser flexible o rígida, en armonía con el resto del cuerpo. Debe ser claramente visible y puede tener una o más curvas, ángulos o torsiones, o cualquier combinación de estas características.

El Bobtail Japonés de Pelo Corto tiene pelaje de largo medio, suave y sedoso, sin una capa inferior visible, pegado al cuerpo, cuyas líneas sigue; muda mínimamente. Se prefiere que tenga un collarín marcado, así como también penachos en orejas y zarpas. Necesita solamente un cepillado con un cepillo de cerdas suaves o un peinado superficial.

Variedades El Bobtail Japonés se presenta en todos los colores, excepto lila sólido, chocolate y puntos de color. El color más popular se llama "Mi-ke" (mi-key), que es blanco con rojo y salpicones negros, idéntico a lo que en Occidente se denomina calicó. Otra combinación popular es el bicolor. Es un gato blanco con otro color, ya sea sólido o con patrones. Si no tiene más de dos motas de color en el cuerpo, se lo denomina patrón van. Si tiene más de dos motas, se llama bicolor.

Temperamento Activo, inteligente y hablador, el Bobtail Japonés es alegre y vivaz. Tiene voz suave y suele responder cuando se le habla. Es amistoso, muy adaptable, y adora a los niños.

Mi-ke de pelo largo

Gatos de pelo corto

Gatos de pelo corto

MASCOTAS
🪮 Acicalado manual diario
☁ Clima cálido
🏠 Interior
🐈 Activo, amigable y sensible

BOMBAY

El lustroso y atractivo gato Bombay es de naturaleza suave y afectuosa y, aunque es menos vocalizador que otras razas, casi nunca deja de ronronear. Lleva el nombre del leopardo negro de la India, pero la semejanza empieza y termina en el deslumbrante pelaje lustroso.

gatitos

Historia Resultado de cruzas entre Burmeses y Americanos de Pelo Corto negros, el Bombay fue creado a fines de la década de 1950 y comienzos de 1960. Nikki Shuttleworth Horner, un criador de Kentucky, Estados Unidos, entusiasta admiradora de la raza, logró el reconocimiento de la nueva raza y, gracias a su insistencia, consiguió que en 1976 la raza Bombay fuera declarada apta para competir en campeonatos de la Asociación de los Aficionados a los Gatos (*Cat Fanciers Association - CFA*), a la que pronto se sumaron otros registros norteamericanos. La raza es poco conocida fuera de los Estados Unidos y todavía espera el reconocimiento en otros países, como en Gran Bretaña.

Descripción Un gato de tamaño medio, el Bombay está bien proporcionado, es musculoso y llamativamente pesado para su tamaño; el macho es un poco más grande que la hembra. La cabeza es redondeada, sin ángulos rectos, de cara llena y ojos redondos bastante apartados, con hocico corto pero bien desarrollado que se estrecha ligeramente. De perfil, tiene un corte de nariz notable y la nariz no tiene que tener un aspecto "relleno". Las orejas de tamaño medio están bien espaciadas y tienen puntas redondeadas.

Aunque los ojos redondos, muy alejados uno de otro, pueden variar en color de un dorado a un cobre intenso, muchos aficionados consideran que los ojos de colores oscuros o cobrizos son superiores.

Las patas son de largo medio y guardan proporción con el cuerpo, y las zarpas son grandes y ovaladas. La cola es de largo medio, recta, sin torsiones. La piel de la nariz y las almohadillas de las zarpas son negras.

El pelo debe ser muy corto, fino y pegado al cuerpo, y tiene que ser reluciente. El Bombay es un buen ejemplo de un gato de color uniforme, o sólido, lo que significa que el pelo es de un solo color de raíz a puntas. El pelaje es sumamente fácil de acicalar, ya que sólo necesita un peinado regular con un peine de dientes finos para eliminar los pelos sueltos y tal vez un acabado con un paño de seda o una gamuza húmeda para darle el brillo del charol. Como mudan muy poco el pelo, estos gatos son ideales para el interior de la casa.

Variedades El pelo y el color se consideran tan excepcionales que en los estándares de algunas asociaciones estadounidenses, la mitad de los puntos (50) se otorgan a la calidad del pelo. El Bombay se presenta en un solo color: negro. Cada pelo debe ser completamente negro hasta la raíz. En una evaluación de dos Bombays con pelaje de igual mérito, el factor decisivo para elegir al ganador puede llegar a ser la profundidad del color de los ojos. Los gatitos Bombay pueden nacer con un pelaje café óxido, pero luego se convierte en negro puro.

Temperamento Sumamente inteligentes y ágiles, los Bombay adoran estar acompañados, disfrutan de jugar y atrapar cosas naturalmente, pero puede deprimirse o tornarse revoltosos si se los deja demasiado tiempo a solas. Como demuestran mucho afecto y el ronroneo constante es tan atractivo, son mascotas muy agradables. Además son enérgicos, vigorosos y saludables.

Gatos de pelo corto

Gatos de pelo corto

BRITÁNICO DE PELO CORTO

Un gato robusto y fuerte, de pelaje espeso, corto y fácil de cuidar, y de naturaleza calma, el Británico de Pelo Corto es el gato preferido en Gran Bretaña, de donde es oriundo, y en todo el mundo. Sus genes han aportado buenas características a muchas otras razas.

bicolor azul y blanco

atigrado mackerel rojizo

Historia Quizás la raza inglesa más antigua y una de las menos alteradas, el Británico de Pelo Corto desciende del gato doméstico de Roma, que llegó a Gran Bretaña durante el Imperio Romano. Esta raza fue en principio muy apreciada por su fortaleza física y su habilidad para la caza, pero pronto se la comenzó a valorar por su naturaleza suave, su resistencia y su lealtad. Sigue siendo una raza robusta y saludable sin los problemas que afectan a muchas de las razas modificadas. Como el color original era azul, primero se lo conoció como Británico Azul. Cuando aparecieron otros colores, como el crema y el crema azul, se los llamó simplemente Británicos de Pelo Corto.

Aunque fue una de las primeras razas de exhibición en Gran Bretaña a fines del siglo XIX, era poco común en los Estados Unidos hasta alrededor de 1964, cuando fue aceptada para competir en campeonatos. Una raza europea similar, descendiente de Chartreux y Británicos de Pelo Corto es la Europea de Pelo Corto, pero se la evalúa de acuerdo con los estándares del Británico de Pelo Corto.

La raza Europea de Pelo Corto tiene dos tipos bien diferenciados de cabeza, según la predominancia de Chartreaux o Británico de Pelo Corto en el pedigrí, lo que dificulta la evaluación.

Descripción El Británico de Pelo Corto es un gato mediano a grande de cuerpo compacto, bien desarrollado, y pecho lleno y amplio. El cuello grueso sostiene la cabeza maciza y redonda. La cara y la estructura ósea subyacente también son redondeadas, lo mismo que la frente, apenas aplanada en lo alto de la cabeza y sin declive. La nariz de tamaño medio es amplia y recta, con la piel de color coincidente con el del pelo. La barbilla es firme, alineada con la nariz y el labio superior, y el hocico está bien desarrollado y termina con buena definición tras las almohadillas de los bigotes, grandes y redondeadas. Los ojos grandes, redondos, están nivelados y muy separados; son cobrizos. Las orejas, medianas, son amplias en la base, con puntas redondas.

Las patas fuertes son cortas, bien proporcionadas y de huesos pesados, con zarpas grandes, firmes y redondas y almohadillas que armonizan con el color del pelo. La cola es de largo medio y espesa, y se estrecha hacia la punta redonda. El pelo corto y espeso pero simple, es denso y elástico. Para mantenerlo en buen estado sólo hace falta cepillarlo una vez por semana para eliminar los pelos sueltos, aunque muchos dueños conocen trucos para mejorar el aspecto del pelaje en ocasión de exhibir a sus gatos.

Variedades El Británico de Pelo corto se presenta en todos los colores y patrones, excepto chocolate sólido, lila sólido y puntos de color. El patrón atigrado suele verse en todos los colores, tanto en clásico como mackerel, manchado o moteado. El patrón atigrado clásico es el mismo que para el Americano de Pelo Corto (ver pp. 212-215). Los atigrados mackerel tienen un trazo delgado de sombreado más oscuro en todo el cuerpo, con anillos en el pecho y en la cola, y hasta barras en las

---

MASCOTAS

- Peinado semanal
- Tolera el clima fresco
- Interior y exterior
- Juguetón y compañero, pero algo reservado

azul

Gatos de pelo corto

atigrado moteado café

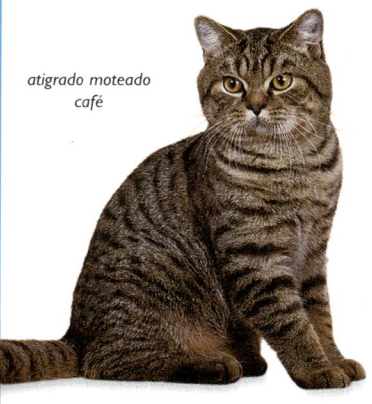

patas. En el atigrado manchado, cada pelo tiene bandas de sombras de colores base y contrastantes, y el gato tiene por lo menos un collar oscuro definido. El atigrado moteado tiene motas en lugar de bandas o trazos. Las motas no tienen que unirse, excepto en la banda dorsal que corre a lo largo del cuerpo y la cola. La cola y las patas son rayadas.

Éstas son algunas de las combinaciones de color y patrones más comunes en los Británicos de Pelo Corto:

Azul: azul claro (se prefieren los matices más claros) y un tono parejo desde la nariz hasta la punta de la cola. Piel de la nariz y almohadillas de las zarpas azules; ojos cobrizos.

Crema azul: ambos colores cubren todo el cuerpo en parches suavemente entremezclados (se prefiere una mancha blanca bajo la nariz y hasta la barbilla; el color uniforme en patas, cara o zarpas es un defecto). Piel de la nariz y almohadillas de las zarpas azules o rosadas, o una mezcla de ambos; ojos cobrizos.

La combinación de azul y crema aparece solamente en las hembras, y al nacer, los gatitos crema azul pueden parecer azules sólidos.

Bicolor azul y blanco: principalmente blancos, con cierto porcentaje de parches azules sin pintas, bien definidos, en todo el cuerpo; se prefiere una mancha blanca en la cara. Piel de la nariz y almohadillas de las zarpas azules o rosadas; ojos cobre brillantes.

Atigrado mackerel rojizo: color base rojo profundo con labios, barbilla y costados de las zarpas más oscuros; el patrón mackerel es de un rojo caoba intenso y vibrante. La frente tiene una clara marca en forma de "M". Piel de la nariz rojo ladrillo; almohadillas de las zarpas rojo oscuro; ojos cobrizos.

Atigrado moteado azul: color base, incluyendo labios y barbilla, un azul marfil claro con sobretonos gamuza, las marcas atigradas moteadas son de un azul oscuro. Frente con la marca característica en forma de "M". Piel de la nariz y almohadillas de las zarpas azules o rosadas; ojos cobrizos.

Atigrado moteado crema: color base, incluyendo labios y barbilla, crema pálido; marcas atigradas moteadas de un crema más oscuro, aunque no demasiado. Frente con la marca característica en forma de "M". Piel de la nariz y almohadillas de las zarpas rosadas; ojos cobrizos.

Atigrado moteado café: color base, incluyendo labios y barbilla, café cobrizo intenso; marcas atigradas moteadas de un negro denso. Frente con la marca característica en forma de "M". Patas traseras negras desde las zarpas hasta el talón. Piel de la nariz rojo ladrillo; almohadillas de las zarpas negras; ojos cobrizos.

Negro: negro azabache con cada pelo de un tono parejo desde la raíz hasta la punta (sin pelos blancos). Piel de la nariz y almohadillas de las zarpas negras; ojos cobre brillante.

Tortoiseshell y blanco (calicó): parches destacados de negro y rojo sobre el cuerpo blanco (los tres colores tienen que presentarse en cantidades parejas; se prefiere una mancha blanca bajo la nariz y la barbilla). Piel de la nariz negra o roja; almohadillas de las zarpas azules o rosas, o una combinación de ambos. La combinación tortoiseshell y blanco sólo aparece en las hembras.

Temperamento El Británico de Pelo Corto es de naturaleza calma y gentil, y es una mascota fiel. Aunque también puede ser distante, tiene devoción por sus dueños y constituye una compañía maravillosa, que no exige muchos cuidados y se adapta perfectamente a la vida familiar. La hembra es una madre excelente.

atigrado moteado crema

negro

crema azul

Gatos de pelo corto

Gatos de pelo corto

MASCOTAS
🪮 Peinado semanal
☁️ Necesita clima cálido
🏠 Interior únicamente
🐈 Afectuoso, divertido y compañero

BURMÉS

Un gato elegante de pelo corto lustroso, el Burmés es ágil y gracioso y tiene una personalidad encantadora, es bonito y posee mucho carisma. Fácil de cuidar, juguetón y tolerante con los niños, se podría decir que es el gato perfecto. Por haber perdido muchas de las habilidades necesarias para sobrevivir a la intemperie y por ser demasiado amigable y confiado, por su propio bien hay que mantenerlo siempre en la seguridad del interior de la casa.

platino

Historia Aunque se sabe que los Burmeses existen en su país de origen, Birmania, desde hace por lo menos 500 años, la raza actual se desarrolló en los Estados Unidos en 1930. Los animales originarios fueron una hembra tipo Oriental llamada Wong Mau, importada de Birmania, y un Siamés punto foca. Por entonces, los Siameses se parecían mucho a los Burmeses tradicionales, en la cabeza y las características del cuerpo. Es probable que ninguna otra raza haya originado tanta controversia como la Burmesa. La Asociación de los Aficionados a los Gatos (*Cat Fanciers Association - CFA*) le quitó el reconocimiento en 1941 porque había muy pocos ejemplares con tres generaciones de descendientes que conservaran el tipo verdadero, y la raza no recuperó su condición de tal hasta 1956.

Aunque el Burmés original era de color sable (o café), a comienzos de 1960 los criadores empezaron a producir otros colores, el más destacado de los cuales fue el champaña. Los nuevos colores desataron un escándalo, y la CFA optó por llamarlos Malayos en lugar de Burmeses, para calmar los ánimos de los puristas que sólo criaban Burmeses color sable.

228

azul

champaña

A mediados de la década de 1970 surgió una controversia más importante, cuando se exhibió un Burmés con características faciales marcadamente distintas del estándar y de cualquier otro Burmés. La nariz mucho más corta y el hocico mucho más ancho lo asemejaban más a un Exótico de Pelo Corto. Como era de prever, fueron muchos los jueces que se abalanzaron sobre este ejemplar, lo designaron de "tipo extremo" y le concedieron más puntos que a otros Burmeses. Lógicamente, los criadores salieron a comprar este Burmés "tipo extremo", pero pronto empezaron a nacer gatitos con tantos defectos que sobrevivieron sólo unos pocos, y los que lo lograron tuvieron que ser operados para corregir defectos de ojos y de paladar hendido. El problema se agudizó tanto que en 1979 la Universidad de Cornell llevó a cabo un estudio que después de cinco años reveló que el "tipo extremo" portaba defectos genéticos. Las opiniones siguen divididas en ese país, entre los que prefieren conservar el aspecto y la energía del Burmés tradicional, y los que los reproducen para lograr una apariencia nueva, que ahora se llama "Contemporánea".

Los criadores británicos importaron los primeros Burmeses de los Estados Unidos en 1947 y la raza obtuvo reconocimiento oficial en 1952. De las distintas líneas de cría británicas han surgido ejemplares de un amplio espectro de colores nuevos y un cuerpo más liviano y estilizado, más parecido al antepasado Siamés de la raza.

Descripción El Burmés estadounidense (imagen) es un animal mucho más

azul

Gatos de pelo corto

redondeado que sus equivalentes en otros países. Tiene un cuerpo compacto, denso y mediano, con una osamenta importante y buena musculatura. De pecho redondeado, la espalda es recta desde los hombros hasta las caderas, que tienen el mismo ancho que el pecho.

La cabeza es una cuña mediana redondeada, con cara llena y amplitud considerable entre los ojos. El hocico ancho, corto, bien desarrollado, mantiene el contorno redondeado de la cabeza. De perfil tiene un corte de nariz notable y la barbilla es redonda.

La piel de la nariz armoniza con el color del pelo. El cuello de largo medio está bien desarrollado. Los ojos grandes, brillantes y expresivos de color cobrizo son redondos, están bastante separados. Las orejas medianas, de puntas redondas, están bastante separadas.

Las patas son de largo medio, bien proporcionadas, con zarpas pequeñas y redondas en los Estados Unidos (ovales en Gran Bretaña) y el color de las almohadillas coincide con el del pelo. La cola ahusada, de longitud media, es recta y sin torsiones.

El pelo lustroso es corto, fino y satinado, y está pegado al cuerpo. Sólo hace falta cepillarlo una vez por semana para eliminar los pelos sueltos y pasarle una gamuza humedecida para realzar el brillo natural.

sable

sable

Variedades En los Estados Unidos, los Burmeses aparecen en cuatro colores: sable, champaña, azul y platino. En otros países también los hay café, azul, chocolate, lila, rojo, crema, tortie café, tortie azul, tortie chocolate y tortie lila.

Sable (también llamado café) es el color original y el más llamativo: pelo de un color negro cálido, hasta las raíces, con un sombreado más claro en la parte inferior del cuerpo. Piel de la nariz y almohadillas de las zarpas café; ojos amarillo brillante a dorado.

Champaña (también llamado chocolate): pelo de un beige miel cálido, con sombreados apenas más claros en la cara y las orejas. Piel de la nariz café cálido; almohadillas de las zarpas rosa tostado; ojos brillantes, de un amarillo dorado profundo.

Azul: pelo azul intenso, hasta las raíces, con un sombreado más claro en la parte inferior del cuerpo. Piel de la nariz y almohadillas de las zarpas gris pizarra con un toque rosado; ojos amarillo dorado brillante. Orejas, cara y zarpas de un plateado brillante.

Platino (también llamado lila): pelo gris pálido, suave; orejas y coronilla un poco más oscuras. Piel de la nariz y almohadillas de las zarpas lavanda rosadas; ojos brillantes, amarillo dorado oscuro.

Temperamento Los Burmeses son muy amigables tanto con los extraños como con los conocidos y se comunican con una voz dulce y suave. Necesitan atención y afecto, y hacen cualquier cosa para obtenerlos. Siguen siendo juguetones hasta bien entrados en la edad adulta, y no les gusta quedarse solos por mucho tiempo. Si vive en una casa donde no hay personas durante gran parte del día, habría que considerar comprar otro gato para que le haga compañía. Las hembras asumen un papel activo en correr por la casa, mientras que los machos se tienden y prefieren supervisar todo desde la falda de sus dueños.

champaña

platino

Gatos de pelo corto

CHARTREUX

El robusto Chartreux francés es muy admirado por sus proezas de caza y por su pelaje denso, resistente al agua. El atractivo pelo espeso gris azulado tiene puntos plateados y se ve realzado por los ojos color naranja intenso.

gatitos

Historia Registrados en documentos franceses ya en el siglo XVI, se cree que los primeros gatos Chartreux fueron criados por los monjes cartujos del monasterio de Grenoble, donde se preparaba el célebre licor Chartreuse. Es probable que los gatos se ganaran su lugar eliminando ratas y ratones, y tal vez aquel primer hogar haya dado origen al nombre de la raza, aunque existen otras posibilidades. Los Chartreux fueron exhibidos por primera vez en París en 1931 por una de las hermanas Leger, entusiastas criadoras bretonas. Tres de los primeros diez Chartreux que llegaron a los Estados Unidos en 1970 provenían del linaje de las Leger. En este país, la raza participa en una clase distinta del muy similar Británico de Pelo Corto, y recibió la aceptación para participar en campeonatos en 1983.

Descripción El cuerpo del Chartreux es mediano y musculoso, de espaldas anchas y pecho profundo; los machos son más grandes que las hembras. De osamenta fuerte y musculatura densa.

La cabeza es redonda con mandíbulas poderosas, mejillas llenas y frente de contornos suaves. La nariz recta, de largo medio y ancha, cesa al nivel de los ojos. El hocico es comparativamente pequeño, angosto y ahusado, por lo que parece sonriente. El cuello es corto y grueso. Los ojos redondos tienen una separación moderada y pueden ser dorados a cobrizos, aunque se prefiere el naranja brillante. Las orejas pequeñas, ubicadas bien altas en la cabeza, tienen puntas levemente redondeadas.

Las patas son comparativamente cortas y llaman la atención sus huesos finos en un cuerpo tan fornido. Las zarpas redondas son medianas, casi delicadas en comparación con el cuerpo. La cola de largo medio se estrecha hacia la punta ovalada.

El pelaje doble es suave y exuberante, muy espeso en el macho adulto, y hace que los ejemplares de ambos sexos parezcan más gordos. El pelo es de mediano a corto y de textura un poco lanuda (se abre como la lana de las ovejas en el cuello y los costados). El pelaje inferior es elástico y el exterior es largo y resistente al agua. Como el peinado puede arruinarle el pelaje inferior protector, conviene acicalarlo con un peine una vez por semana. Además de esto, se lo puede acariciar vigorosamente, abriendo el pelo con los dedos y frotándolo con una gamuza humedecida.

Variedades El Chartreux se presenta sólo en azul; las tonalidades grises azuladas más claras varían de ceniza a pizarra. Los pelos individuales están punteados de plata, lo que le da al pelaje un brillo iridiscente. Piel de la nariz gris pizarra; labios azules y almohadillas de las zarpas gris pardo rosado.

Temperamento Tierno y afectuoso, el ágil Chartreux es un compañero juguetón y adorable, pero sorprende la vocecita débil en un gato tan grande. Gracias a su fuerza, inteligencia y adaptabilidad ha logrado sobrevivir durante siglos; por eso los criadores deben conservar tales cualidades.

MASCOTAS

- Peinado semanal
- Tolera el clima frío
- Interior y exterior
- Juguetón y tierno

Gatos de pelo corto

Gatos de pelo corto

ESFINGE

Con este gato no parece haber términos medios: su aspecto hace que se lo ame o se lo deteste. Pero hay algo que no se discute: el Esfinge es el más atípico de los gatos. También es muy inteligente, de naturaleza juguetona y afectuosa.

gatitos blancos y negros

torbie mackerel café

Historia A comienzos del siglo XX, bajo el nombre de gato Pelado de Nuevo México se exhibió un gato que parecía una esfinge moderna. No se trató de obtener el reconocimiento de esta raza hasta que aparecieron otros gatos pelados en Ontario, Canadá, en la década de 1960. En 1970, la Asociación de los Aficionados a los Gatos (*Cat Fanciers Association - CFA*) le otorgó el reconocimiento provisorio, pero no fue más allá porque a su propio directorio le preocupaba que la raza pudiera tener problemas genéticos.

En la actualidad la raza es aceptada en los Estados Unidos solamente por dos asociaciones: la Asociación Felina Americana (*American Cat Association - ACA*) y la Asociación Felina Internacional (*The International Cat Association - TICA*). Los criadores de los Esfinge actuales sostienen que los gatos que ellos reproducen no tienen defectos genéticos, pero la raza no es muy conocida fuera de los Estados Unidos. Debido a la falta de pelaje aislante, tiene que comer un poco más que lo normal para mantener una temperatura corporal óptima.

Descripción El cuerpo de longitud media es muy robusto y redondeado, de abdomen abultado, que le da la apariencia de tener la panza llena, pero no gordo. El pecho es amplio, semejante a un barril. La cabeza es apenas más larga que ancha, con mejillas prominentes y un quiebre leve pero bien definido de los bigotes. De perfil tiene un corte definido en el puente nasal, y la nariz está recubierta con una piel aterciopelada. El cuello es largo y esbelto. Los ojos grandes están hundidos y se inclinan hacia el borde exterior de la oreja. Se acepta cualquier color de ojos, sin que tenga que coincidir con el color del pelo. Las orejas son muy grandes, anchas en la base y abiertas, sin pelo en el interior. No están ubicadas ni muy en lo bajo ni en lo alto de la cabeza, pero son erguidas.

Las patas largas y esbeltas parecen firmes y musculares, pero no tienen huesos finos. Las zarpas ovaladas delicadas tienen tobillos delgados y elegantes. El color de las almohadillas coincide con el de la piel. La cola es larga, dura y ahusada, sin torsión.

A pesar de su aspecto, el Esfinge no carece de pelo por completo. Tiene la piel cubierta por un vello suave muy corto que es casi imperceptible tanto para la vista como para el tacto. Se siente como una gamuza suave. En las puntas (orejas, hocico, cola y patas) tiene pelos cortos y suaves, muy apretados. La falta de pelaje aislante significa que el cuerpo se siente caliente al tocarlo. Puede tener bigotes y cejas, enteras o interrumpidas, o puede no tenerlas. La piel tiene apariencia arrugada, en especial en los gatitos. Como estos gatos transpiran, lo que es bastante atípico, diariamente hay que pasarles una esponja húmeda para eliminarles los aceites.

Variedades Los Esfinges deben cumplir con la descripción de piel antes descripta. Pueden ser de cualquier color y patrón, incluido el punto de color. Dada la invisibilidad del pelo, el patrón y el color casi parecen tatuados en la piel.

Temperamento El Esfinge transmite una serenidad sosegada. Ejerce un sorprendente efecto místico en quienes lo sostienen por primera vez, como si hechizara a las personas.

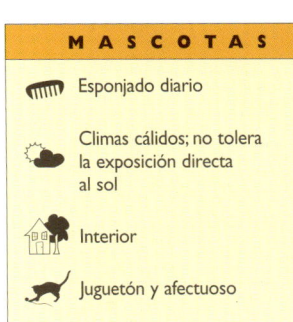

MASCOTAS

- 🪮 Esponjado diario
- ☀️ Climas cálidos; no tolera la exposición directa al sol
- 🏠 Interior
- 🐈 Juguetón y afectuoso

atigrado mackerel café

negro

Gatos de pelo corto

235

Gatos de pelo corto

EXÓTICO DE PELO CORTO

Bendecidos con un pelaje bellísimo, mucho más fácil de cuidar que el del Persa, el Exótico de Pelo Corto es el preferido de muchos. En su temperamento se reflejan las mejores cualidades de sus variados antepasados, y además es un gato saludable y de larga vida.

negro humo

azul

Historia Antes de que el Exótico fuera aceptado para participar en campeonatos en 1967, muchos criadores de los Americanos de Pelo Corto (llamados antes Domésticos de Pelo Corto) rompieron las reglas cruzándolos con Persas para mejorar el pelo. Con los resultados de estas cruzas tuvieron mucha más repercusión que con los Domésticos de Pelo Corto de pedigrí puro, pero la práctica llevó a la falsificación de pedigríes, que produjeron sorpresas en las camadas cuando la combinación de dos "pelos cortos" produjo gatitos de pelo largo.

Finalmente, en 1967 se logró convencer a la Asociación de los Aficionados a los Gatos (*Cat Fanciers Association - CFA*) para que estableciera una nueva raza llamada Exótica, que legitimara la combinación de razas tan diversas como Burmeses, Abisinios, Americanos de Pelo Corto y Persas. En estos últimos años, sin embargo, la única raza que legalmente puede utilizarse para producir Exóticos es la Persa, y la raza ahora se parece mucho a la Persa, excepto en el largo del pelo.

Descripción El Exótico es un gato de osamenta fuerte, bien equilibrado. De

atigrado café clásico y blanco

cuerpo fornido, corto de patas, pecho amplio y profundo, espaldas y cuartos traseros igualmente macizos, con una sección media redondeada y espalda llana. Aunque es un gato mediano a grande, la calidad de las características es una consideración más determinante que el tamaño.

La cabeza es redonda y maciza, con amplitud de cráneo. La cara es redonda con una estructura ósea subyacente redonda, y está sostenida por un cuello corto y grueso. La nariz es corta, chata y ancha, con un corte entre los ojos. La piel de la nariz guarda armonía con el color del pelo. Las mejillas son llenas y las mandíbulas amplias y poderosas.

Los ojos brillantes son grandes y bien redondos, nivelados pero bien separados. Las orejas son pequeñas con puntas redondas, inclinadas hacia adelante y no excesivamente abiertas en la base. Aparecen bajas en la cabeza y están separadas.

Las patas son cortas, gruesas y fuertes, y las delanteras son rectas. Las zarpas son grandes, redondas y firmes, con almohadillas que armonizan con el color del pelo. La cola es corta, tupida y proporcionada al cuerpo. Por lo general la lleva arrastrando.

El pelaje es denso, afelpado, suave y lleno de vida, y tiene una capa inferior abundante y espesa. El pelo se despega del cuerpo y, aunque es fácil de cuidar, necesita un peinado regular, en especial durante la muda de invierno para evitar la formación de bolas de pelo. Péinelo

MASCOTAS
Peinado asiduo
Tolera el clima frío
Interior y exterior
Compañero fiel, tranquilo y juguetón

blanco

Gatos de pelo corto

Gatos de pelo corto

tortie humo

crema azul

con un peine de dientes medianos para eliminar los pelos sueltos y cepíllelo con un cepillo de goma.

Variedades El Exótico de Pelo Corto se presenta en todos los colores y patrones, incluyendo puntos de color. Para exhibirlos, el color de los ojos tiene que coincidir con el del pelo. Estas son apenas algunas de las tantas combinaciones:

Azul: azul claro (se prefieren tonalidades más claras) y un tono parejo de la nariz a la punta de la cola (un sombreado uniforme oscuro es más aceptable que un sombreado apenas más claro formando patrones). Piel de la nariz y almohadillas de las zarpas azules; ojos cobre brillante.

Crema azul: azul con parches bien definidos de crema sólido, disgregados por todo el cuerpo, patas y cola. Piel de la nariz y almohadillas de las zarpas azules y/o rosadas; ojos cobre brillante.

Tortie humo: color base blanco con la punta de cada pelo marcada de negro y rojo en los parches bien definidos del patrón tortoiseshell (hasta que se mueve, el gato parece el caparazón de una tortuga de carey); se prefiere una mancha roja en la cara. Piel de la nariz y almohadillas de las zarpas rojo ladrillo y/o negras; ojos cobre brillante.

Negro humo: color base blanco con la punta de cada pelo marcada de negro

punto crema

(hasta que se mueve, el gato parece totalmente negro). Las puntas y el pelo de la máscara facial negros, con apenas una franja blanca delgada en cada pelo cerca de la piel. Piel de la nariz y almohadillas de las zarpas negras; ojos cobrizos.

Blanco: pelaje blanco puro sin sombreados ni marcas, y sin pelos negros. Piel de la nariz y almohadillas de las zarpas rosadas; ojos cobre brillante, azules o impares (uno azul y uno cobre).

Chocolate: pelaje chocolate cálido, mediano a oscuro, de color parejo sin sombreados, marcas ni pelos blancos. El borde de los ojos, la piel de la nariz y las almohadillas de las zarpas son chocolate; los ojos son cobre brillante.

Atigrado rojizo: color base rojo claro con marcas rojo caoba vibrantes y abundantes. Piel de la nariz y almohadillas de las zarpas rojas a rosado salmón; ojos cobre brillante.

Blanco y atigrado café: color base, incluyendo labios y barbilla, marrón tostado intenso. Marcas negras. Piel de la nariz rojo ladrillo delineado con chocolate. Almohadillas de las zarpas café oscuro a negras; ojos cobre brillante. Algunas asociaciones exigen que la porción blanca abarque por lo menos una tercera parte del gato e incluya una "V" invertida en la cara. Otras permiten cualquier proporción de atigrado café y blanco, sin preferencia por la cantidad de pelo blanco.

Tortie y blanco (calicó): pelo blanco con parches rojos y negros distribuidos en cualquier proporción. Ojos cobrizos. El rojo y negro también pueden aparecer en los patrones chinchilla, sombreado,

atigrado rojizo

humo o torbie. También hay calicós crema azul (llamados también calicó diluido), lila, crema o crema chocolate.

Punto de color: los puntos y la máscara facial son más oscuros que el color base, pero siempre en sombreados armoniosos. Piel de la nariz y almohadillas de las zarpas coincidentes con el punto de color; ojos azules.

Temperamento El Exótico es de naturaleza vivaz, amistosa y adorable, y casi nunca hace ruidos. Es un compañero dulce y fiel, de convivencia fácil y muy afectuoso.

Gatos de pelo corto

HABANA CAFÉ

El Habana Café, la imagen de la gracia felina, es una criatura suave, bastante tímida pero muy cariñosa con sus dueños. Los criadores trabajaron mucho para conseguir este gato totalmente café, pero en Gran Bretaña y los Estados Unidos el objetivo se logró de distintas maneras.

Historia Aunque los criadores venían intentando desarrollar un gato completamente café desde la década de 1890, recién a fines de la década de 1950 las cruzas realizadas en Gran Bretaña entre un Siamés punto foca y un gato negro de pelo corto con antepasados Siameses arrojaron el resultado esperado. Estos gatos, conocidos antes como Extranjero Marrón Avellana, son la base del linaje de los Habana Café, pero el desarrollo posterior tanto en Gran Bretaña como en los Estados Unidos tomó distintos caminos. Los primeros Extranjeros Marrón Avellana fueron obtenidos por los criadores americanos a mediados de la década de 1950, y los Habanas Café descendientes de esos animales son ahora gatos mucho más corpulentos que sus semejantes británicos. El Habana Marrón fue reconocido como raza apta para participar en campeonatos en 1958 en Gran Bretaña, y en 1959 en los Estados Unidos.

Descripción Estos gatos difieren bastante en cuanto a tipo de cuerpo en Estados Unidos, Gran Bretaña y otros países. En los Estados Unidos, el Habana (imagen) es de tamaño moderado, cuerpo musculoso, a medio camino entre la fortaleza del Exótico de Pelo Corto y la longitud esbelta del Siamés. La cabeza es angular, más larga que ancha y de perfil tiene un corte de nariz definido. La cabeza del Habana Inglés se parece más a la del Siamés: es más larga que ancha, angostándose hacia un hocico redondeado con un corte pronunciado a ambos lados tras las almohadillas de los bigotes. El hocico bastante angosto y el quiebre de los bigotes son características distintivas que deben aparecer en todos los especímenes exhibidos. El perfil, con un corte definido en los ojos y el extremo del hocico casi cuadrado, es inconfundible.

Los ojos ovalados están bien apartados y no tienen que aparecer bizcos. Son brillantes y expresivos, en una tonalidad intensa de verde mediano. El color de los ojos se desarrolla lentamente a medida que el animal madura, y se prefieren las tonalidades más oscuras. Las orejas son grandes con puntas redondeadas, e inclinadas hacia adelante.

Las patas son bastante largas en comparación con el cuerpo; las hembras tienen patas delgadas y delicadas; la esbeltez y longitud de las patas es menos evidente en el macho maduro, de musculatura bien desarrollada. Las zarpas ovaladas son compactas y tienen almohadillas café o rosadas.

El pelaje, de longitud corta a media, es suave y lustroso. Sólo hay que peinarlo dos veces por semana con un peine de dientes finos. Para darle brillo, frótelo con una gamuza húmeda.

Variedades El Habana Café se presenta en un solo color: café. Se lo describe como de una tonalidad profunda y pareja de caoba cálido; el color tiende a rojizo antes que a negro. El pelo no debe tener marcas atigradas y los bigotes también tienen que ser café. La piel de la nariz es café, con un toque rosado.

Temperamento De sus antepasados mixtos, estos gatos heredaron muchas características que encantarán a sus dueños. Son muy curiosos y suelen investigar con sus zarpas tocando todo lo que les cause intriga. Necesitan estar acompañados por personas.

MASCOTAS

- Dos veces por semana
- Clima cálido
- Interior
- Tranquilo y afectuoso

Gatos de pelo corto

Gatos de pelo corto

Korat

Con una combinación ganadora de pelaje azul plateado con puntos plateados y luminosos ojos verdes, ¿quién podría negar que el Korat es el gato de la suerte? Seguro que ningún habitante de Tailandia, país donde esta raza es muy apreciada desde hace siglos.

Historia Aunque habita en distintos lugares de Tailandia, el Korat toma su nombre de una provincia en particular. La imagen más antigua de este gato elegante, también conocido como Si-Sawat, apareció en un libro de arte de la Biblioteca Nacional de Bangkok. Se cree que la imagen fue pintada durante el período Ayudhya de la Historia de Siam (1350-1767).

Cuando la primera pareja, Nara y Darra, llegaron a los Estados Unidos en 1959, el pelaje azul del Korat tenía motas blancas y la cola plegada, rasgos considerados inaceptables en las exhibiciones. Estos defectos ya han sido eliminados y los Korats fueron aceptados para competir en campeonatos en 1966 en Estados Unidos y en 1975 en Gran Bretaña.

Descripción El cuerpo muscular y flexible del Korat es de fortaleza media, ni compacto ni esbelto, siendo los machos más pesados que las hembras. El pecho es amplio y la espalda, curva.

La cabeza tiene forma de corazón y es muy ancha a la altura de los ojos, a diferencia de otras razas. Los huesos de las cejas forman las curvas superiores del corazón y los costados de la cara forman una suave curva descendiente hasta la barbilla, que completa esta forma atractiva. Tiene barbilla y mandíbulas fuertes y bien desarrolladas. De perfil, la nariz traza una curva hacia abajo justo sobre la piel de la punta, que es azul o lavanda. Las orejas grandes, de puntas redondeadas, bastante curvadas en la base y colocadas en lo alto, dan la impresión de que el gato está siempre alerta.

Los ojos prominentes son largos y de color verde luminoso, de extraordinario brillo y profundidad. Pueden ser amarillos o ámbar con un tinte verde alrededor de la pupila en los animales jóvenes, pero el color cambia a medida que el gato madura. El verde puede tardar hasta cuatro años en desarrollarse. Los ojos son perfectamente redondos cuando están bien abiertos, y levemente sesgados cuando están cerrados o en parte cerrados.

Las patas esbeltas tienen que guardar buena proporción con el cuerpo, siendo las delanteras más cortas que las traseras. Las zarpas son ovaladas, con almohadillas lavanda rosado, y la cola de largo medio tiene punta redondeada. Algunas asociaciones permiten una torsión en la cola (que puede sentirse pero que no tiene que ser visible).

El pelaje corto y simple, es brillante y fino, pegado al cuerpo. El pelo tiende a abrirse, o "romperse" sobre la espina cuando el gato se mueve. Con el peinado asiduo se eliminan los pelos sueltos y se minimiza la posibilidad de que se formen bolas de pelo. Para obtener un brillo reluciente, hay que pasarle un paño de seda o una gamuza húmeda.

Variedades El Korat se presenta solamente en azul. El pelaje es de un azul plateado sólido, en el que cada pelo individual tiene la suficiente cantidad de punteado plata para producir un efecto de halo. El brillo plateado se intensifica donde el pelo es más corto. No debe tener marcas atigradas.

Temperamento Son gatos suaves que adoran retozar, pero no les gustan los ruidos fuertes y repentinos. Son calmos y de naturaleza dulce, disfrutan de la compañía de las personas, en especial de los niños, y adoran ser acariciados. Se cree que poseen gran agudeza visual, olfativa y auditiva, y son excelentes cazadores.

MASCOTAS

- Acicalado manual diario
- Clima cálido
- Interior y exterior
- Afectuoso y juguetón

Gatos de pelo corto

MASCOTAS

- Peinado diario, sobre todo en pelo largo
- Tolera el clima frío
- Interior y exterior
- Inteligente e intrépido

MANX

El longevo Manx es famoso por carecer de cola, aunque muchos tienen algún vestigio, y por ser el símbolo de la Isla de Man. Se presenta en casi todos los colores y los patrones imaginables, y son mascotas familiares encantadoras.

Historia El gato Manx es originario de la Isla de Man, en el Mar de Irlanda. La perpetuación del rasgo de carencia de cola de estos gatos puede haberse debido al aislamiento de la isla –donde todavía abundan– aunque corren leyendas que ofrecen explicaciones mucho más imaginativas. Si bien el Manx era una raza conocida y establecida en Gran Bretaña antes del despertar de la afición por los gatos alrededor de 1870, ya no se la acepta en las competiciones que se realizan en ese país. La objeción se funda en que la reproducción de este gato perpetúa un defecto espinal letal. Se la acepta para exhibiciones en los Estados Unidos, donde es conocida desde 1930.

gatito atigrado mackerel con manchas café

Descripción El Manx tiene el cuerpo más corto de todas las razas. El pecho es amplio y la espina corta es arqueada desde los hombros hasta la grupa redondeada. La cabeza es redonda pero apenas más larga que ancha y con mejillas prominentes. De perfil, tiene una hendidura suave en la nariz. La piel de la nariz debe armonizar con el pelaje. El hocico es apenas más largo que ancho, con un quiebre definido en los bigotes y almohadillas de los bigotes grandes y redondeadas. El cuello es corto y grueso. Los ojos grandes son redondos y llenos, colocados en ángulo hacia la nariz. No es necesario que los ojos se adapten al color del pelaje. Las orejas medianas son anchas en la base y van angostándose hasta las puntas redondeadas, y están bien separadas.

Las patas traseras son musculosas y de

atigrado mackerel rojizo de pelo largo

huesos fuertes, y más largas que las delanteras, que son cortas y están bastante separadas, lo que destaca el pecho ancho y profundo. La grupa es mucho más alta que los hombros. Las zarpas son redondas y el color de la almohadilla debe armonizar con el del pelo.

Los especímenes de exhibición no tienen cola, pero son excepcionales. Todo interesado en criar gatos Manx debe conocer los riesgos y la alta tasa de mortalidad de los gatitos. En realidad, les falta la última vértebra de la espina, lo que resulta en un hueco pronunciado en la base de la espina, donde tendría que estar esa vértebra. Hay que tratarlos con cuidado: no se les debe pegar en la grupa, ya que la mayoría tiene gran sensibilidad en esa zona. A pesar de la anormalidad vertebral, el Manx es un corredor veloz e incansable.

El pelaje doble es corto y espeso. En la versión de pelo largo, también llamada Cambriano, el pelaje doble es suave y sedoso, espeso y afelpado, y cae suavemente por todo el cuerpo. Acicale a ambos tipos cepillándolos o peinándolos suavemente con un peine de dientes finos, para eliminar los pelos sueltos y evitar que se enmarañen.

Variedades El Manx se presenta en cualquier color y patrón, incluyendo puntos de color, bicolores, sólidos y atigrados.

Temperamento El juguetón Manx adora treparse al punto más alto posible, inclusive dentro de la casa. Esconde y entierra los juguetes tal como lo hacen los perros.

bicolor negro y blanco

atigrado clásico rojizo

Gatos de pelo corto

MASCOTAS

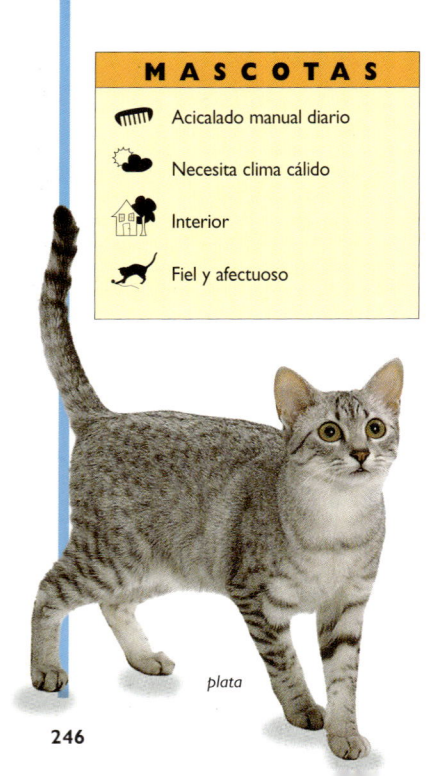

- 🪮 Acicalado manual diario
- ⛅ Necesita clima cálido
- 🏠 Interior
- 🐈 Fiel y afectuoso

plata

MAU EGIPCIO

Elegancia y gracia son los distintivos del Mau Egipcio. Por su hermoso pelaje marcado y su temperamento equilibrado se lo recomienda como mascota. Por ser la única variedad natural de gato moteado, también tiene el valor de ser una rareza.

Historia De probable origen en El Cairo, se cree que el Mau Egipcio (mau significa gato) puede ser descendiente del gato venerado en el Antiguo Egipto. La raza americana se desarrolló a partir de tres animales importados del linaje egipcio en 1956 por una princesa rusa exiliada, Nathalie Troubetskoy. Hasta hace poco, todos los Maus Egipcios de los Estados Unidos y Canadá descendían de dos de estos gatos originales, pero la reserva genética se ha ampliado en los últimos tiempos. La raza comenzó a participar en campeonatos en los Estados Unidos en 1977.

Descripción El grácil cuerpo musculoso del Mau Egipcio es de longitud y tamaño medio y muy fuerte. La cabeza es una cuña levemente redonda, de largo medio. No tiene mejillas llenas y el perfil muestra un contorno suave desde el puente nasal hasta la frente. Las orejas son medianas a grandes y a veces puntiagudas, continuando las líneas de la cabeza.

Los ojos redondos, en forma de almendra, son grandes y alertas, inclinados levemente hacia las orejas. El color aparece a medida que el gato madura, y en los adultos es un verde vivido.

Las patas esbeltas guardan proporción con el cuerpo, siendo las traseras más largas que las delanteras; las zarpas delicadas son pequeñas y levemente ovaladas. La cola de largo medio nace ancha en la base pero se adelgaza hacia la punta, aunque sin alcanzar forma de látigo.

El pelaje lustroso es de largo medio con

mucho brillo. No necesita mucho cuidado además del peinado regular o un masaje para eliminar los pelos sueltos.

Variedades El Mau se presenta en cuatro colores: plata, bronce, humo y negro. (El Mau Negro no puede participar en campeonatos, pero se lo puede utilizar en programas de reproducción.) En plata y bronce, el pelo es denso y debe dar cabida a dos o más bandas de punteado. En color humo, el pelo es fino y sedoso.

El color base del plata es un plateado claro, más pálido en la parte inferior del cuerpo. Las marcas son negras y contrastan mucho con el color base. Ojos verde vívido; almohadillas de las zarpas negras; piel de la nariz rojo ladrillo.

El color base del bronce es un bronce pálido cálido, con un beige más claro en la parte inferior del cuerpo. Las marcas son café oscuro y contrastan mucho con el color base. Ojos verde vívido; almohadillas de las zarpas café oscuro; piel de la nariz café rojizo.

El color base del humo es un blanco plata con motas negro azabache. Los pelos blanco plata tienen puntos negros en las zonas moteadas y puntos grises en el medio, por lo que parece que tuviera hollín. Zarpas y almohadillas negras; la piel de la nariz, los labios y los ojos verde vívido están bien delineados en negro.

Temperamento Muy fiel, el Mau Egipcio no es un gato fácil de entregar a un nuevo dueño. Es muy inteligente y leal y se cree que tiene buena memoria. Activo y juguetón, indica su bienestar "hablando" con una voz suave y melodiosa. Cuando está contento, menea la cola a gran velocidad.

humo

bronce

Gatos de pelo corto

247

Gatos de pelo corto

MASCOTAS
Peinado diario
Clima frío o cálido, según la longitud del pelo
Interior solamente
Varía según la herencia

MUNCHKIN

Para quienes quieren tener lo más novedoso no hay raza más reciente que la del Munchkin. Los admiradores de este fascinante gato de pelo corto, todavía no reconocido en todo el mundo, confían en que tiene un gran futuro.

Historia Los gatos de patas cortas no son nuevos para la ciencia, aunque los aficionados a los gatos los han descubierto hace no mucho tiempo. En una edición de 1944 de la revista *Veterinary Record*, el Dr. H. E. Williams-Jones describía cuatro generaciones de gatos con miembros cortos. Decía que los movimientos del gato eran como los del hurón. Lamentablemente, estos gatos casi llegaron a desaparecer durante la Segunda Guerra Mundial, tal como ocurrió con

tortie y blanco

los linajes puros de varios gatos de raza. El Munchkin apareció espontáneamente en Louisiana en la década de 1980. A partir de una gata negra preñada que en 1983 encontró Sandra Hochenedel, se desarrollaron varias colonias que ya abarcan múltiples generaciones.

Descripción En la actualidad, el Munchkin se presenta en todo tipo de cuerpo, cabeza y longitud de pelo. Lo único que estos gatos comparten son las patas extremadamente cortas. Como la reserva genética es ilimitada, no hay pautas claras sobre el tipo que el Munchkin llegará a adoptar. Algunos criadores los cruzan con Persas, otros con Siameses, y otros con Abisinios. Hoy no es posible presentar una imagen del último tipo conseguido, excepto en lo que se refiere a las patas cortas.

En los estudios realizados hasta ahora, no hubo cambios esqueléticos imprevistos que se relacionaran con el gen de las patas cortas, y no hay evidencias que sugieran que estos gatos sufran de los problemas de columna que afectan a los perros de patas cortas, como el Dachshund. Esto se debe sin duda a que la espina del gato difiere en mucho de la del perro, en cuanto a su estructura y flexibilidad, y a que los gatos no suelen tener problemas de columna. Lo que el Munchkin comparte con los perros de patas cortas es que tiene las patas delanteras combadas. Esto no parece afectar la habilidad para trepar, pero el gato tiene limitada la habilidad para saltar debido a la cortedad de las patas traseras, por lo que le resulta difícil escapar de cualquier peligro.

En la actualidad, la raza es aceptada para competir en campeonatos en sólo una de las asociaciones de los Estados Unidos, la Asociación Felina Internacional (*The International Cat Association - TICA*). Las otras asociaciones están en un compás de espera por dos motivos. Uno es eliminar la posibilidad de que las patas cortas provoquen problemas de salud en una etapa posterior de la vida de los gatos. El otro es que dada la gran disparidad de tipos como resultado de las múltiples cruzas con tantas razas, es difícil establecer un estándar. Los aficionados a los Munchkins confían en que el resultado final será positivo tanto para ellos como para la raza.

blanco de ojos impares, pelo largo

punto foca

Variedades En la actualidad, el Munchkin puede tener cualquier tipo de cabeza, cuerpo, pelaje y color. La única característica que lo identifica son las patas cortas.

Temperamento Teniendo en cuenta que el Munchkin tiene tantos antepasados distintos, su temperamento depende de los gatos que figuren en su pedigrí. Tal como ocurre con cualquier gato, las condiciones de crianza y la atención que reciban de recién nacidos también son factores que influirán en su temperamento.

Gatos de pelo corto

OCICAT

Una raza de aparición bastante reciente en las exhibiciones, el espectacular Ocicat moteado combina la belleza y la condición atlética del gato salvaje con la buena disposición del gato doméstico. Este atractivo animal es una elección perfecta para la familia.

chocolate

Historia El primer Ocicat apareció inesperadamente en una camada cruza de Abisinio ruddy con Siamés punto foca.

Este gatito llegó a ser un adulto marfil con brillantes motas doradas y ojos cobrizos. La criadora Virginia Daly, de Michigan, lo llamó Tonga, pero la hermana de Daly lo rebautizó Ocicat por su parecido con el ocelote. Tras el nacimiento de Tonga en 1964, otros criadores optaron por la misma cruza para seguir produciendo intrigantes Ocicats. Luego se agregó a la cruza el Americano de Pelo Corto, para ampliar la base genética. La participación de los Ocicats en campeonatos fue aceptada en 1986.

Descripción El Ocicat, de tamaño mediano a grande, tiene un cuerpo bastante largo, musculoso, sólido y fuerte. Luce atlético y esbelto, ni corpulento ni gordo.

La cabeza es una cuña modificada con una leve elevación, de perfil, desde el puente nasal hasta el ceño. El hocico ancho termina sugiriendo una forma cuadrada y la barbilla es fuerte. El cuerpo tiene un arco elegante. Los ojos largos tienen forma de almendra y se angulan un poco hacia las orejas. Las orejas moderadamente grandes están separadas y siguen las líneas externas de la cara; no son demasiado abiertas ni erguidas.

Las patas de largo medio son musculosas, con zarpas ovales. La cola es bastante larga, delgada y estrecha hacia la punta de color oscuro.

El pelaje es corto, de textura suave y satinada, con un brillo lustroso. Es apretado y ceñido al cuerpo, y sin aspecto lanudo. Todos los pelos están marcados con un patrón en bandas, excepto la punta de la cola, que es de

canela

color sólido. En la frente lleva una marca con una intrincada "M" atigrada, que se extiende sobre la cabeza y se disuelve en lunares pequeños en la parte baja del cuello y la espalda.

Tiene filas de lunares a lo largo de la espina, desde los omóplatos hasta la cola, y manchas esparcidas en los hombros y los cuartos traseros, que se extienden hasta las patas.

La panza también está llena de motas y los ojos están rodeados de marcas. El pelo necesita poco cuidado, a excepción del acicalado manual asiduo y del cepillado ocasional.

Variedades El Ocicat se presenta con motas en una gama de colores atractivos: tostado (atigrado moteado café), chocolate, canela, azul, lavanda, gamuza, plateado, plateado chocolate, plateado canela, plateado azul, plateado lavanda y plateado gamuza.

Los colores base varían del blanco al marfil y al bronce. Se acepta cualquier color de ojos, excepto azul, y no hay correlación entre el color de los ojos y el del pelo.

Temperamento Debido a sus antepasados Siameses, Abisinios y Americanos de Pelo Corto, exhibe cualidades de los tres. Se apega a sus dueños pero no demanda mucho cuidado.

Está a gusto en una casa con otros gatos o perros, y suele ser extrovertido y amistoso con los extraños, inteligente y fácil de entrenar.

Por ser tan sociable, no le gusta quedarse mucho tiempo a solas.

MASCOTAS

- Acicalado manual diario
- Sólo clima cálido
- Interior
- Fácil de entrenar y muy afectuoso

azul

Gatos de pelo corto

251

Gatos de pelo corto

MASCOTAS

- Peinado ocasional para los de pelo corto; más frecuente para los de pelo largo
- Clima cálido
- Interior
- Activo, juguetón y adorable

ORIENTAL DE PELO CORTO

De desarrollo comparativamente reciente, los Orientales de Pelo Corto ya se presentan en toda la gama de colores y patrones. Sus líneas esbeltas, su inteligencia y su personalidad extrovertida provienen en gran medida de la base Siamesa sobre la que se desarrollaron.

atigrado manchado ébano

blanco de pelo largo

Historia En la década de 1950, un británico aficionado a los gatos creó una variedad de pelo corto color café con ojos verdes y con cuerpo de Siamés. Las fotografías de dos de estos gatitos aparecieron en la edición de agosto de 1954 de la revista británica *Nuestros Gatos*. Al principio, según cuentan testimonios autorizados, a estos gatitos avellana se los denominó Habana, porque se parecían al conejo del mismo color. Otros dicen que se los llamó así por el tabaco de La Habana. Cuando las autoridades de la Asociación de Aficionados de Gran Bretaña habilitó la participación de gatos café para el campeonato de 1958, se decidió denominar a la raza Extranjero Marrón Avellana. En 1962, otro criador y especialista en genética británico empezó a trabajar para obtener un gato blanco de ojos azules con el mismo tipo extranjero. Estos gatos no resultaron sordos, como otros gatos de ojos azules, y se les otorgó la habilitación para participar en campeonatos bajo el nombre de Extranjero Blanco.

Peter y Vickie Markstein, dos de los más reconocidos criadores de Siameses de los Estados Unidos, quedaron tan impactados con los Extranjeros Blancos y gatos similares que en 1972 decidieron trabajar por la aceptación de todos los Extranjeros de Pelo Corto como una raza, que se llamaría Oriental de Pelo Corto. El linaje fundacional del Oriental de Pelo Corto era el Siamés, cuyo tipo de cuerpo heredó, más los Americanos de Pelo Corto y los Abisinios, de quienes heredó los colores y patrones. El Oriental de Pelo Corto fue autorizado a competir en campeonatos en los Estados Unidos en 1977, a lo que pronto se sumaron todos los registros de ese país. En otros países, estos gatos son apenas más pequeños y se los considera razas separadas llamadas Orientales o Extranjeros de distintos colores.

Descripción El cuerpo es parecido al del Siamés, brillante, delgado y refinado en todo aspecto. El torso de tamaño medio es grácil, largo y esbelto, una combinación de huesos delgados y músculos firmes. Los hombros y las caderas continúan las líneas tubulares y las caderas nunca son más anchas que los hombros. El abdomen es recto y firme. La cabeza es una cuña ahusada larga, empezando en la nariz y ensanchándose hacia las orejas hasta formar un triángulo, sin quiebre de los bigotes. El hocico es fino en forma de cuña. La punta de la barbilla está en línea con la punta de la nariz en el mismo plano vertical, ni retirada ni excesivamente maciza.

ébano

Los ojos almendrados son medianos y se inclinan hacia arriba desde la nariz, siguiendo la línea de la cabeza y las orejas. No tienen que estar bizcos y todo indicio de que así sea conduce a la descalificación durante la evaluación en la exhibición. Los ojos suelen ser verdes, pero los Orientales blancos pueden tener ojos azules, verdes o impares (uno azul y uno verde). Las orejas son llamativamente grandes y puntiagudas, y abiertas en la base. Las patas son largas y delgadas, con zarpas ovales delicadas y pequeñas, cuyas almohadillas tienen que armonizar con el color del pelo. La cola larga y angosta se estrecha hacia una punta fina, sin torsiones.

El Oriental tiene variedades de pelo corto y largo. El pelo corto es brillante y cae pegado al cuerpo. Un peinado ocasional para eliminar los pelos sueltos y un acabado con una gamuza húmeda para que el pelo brille más es el único acicalado que necesita. El pelo de largo medio del Oriental de Pelo Largo es fino y sedoso, sin capa inferior lanuda. Es pegado al cuerpo, excepto en la cola,

Gatos de pelo corto

atigrado manchado azul de pelo largo

donde es largo y plumoso. Para mantener este pelo en buen estado, hace falta peinarlo con más frecuencia.

Variedades Ambas variedades –pelo corto y largo– se presentan con distintos patrones y más de 300 colores, como los colores sólidos normales y también avellana, lavanda, canela y gamuza, más patrones atigrados y pelajes moteados. Con el agregado del gen plateado, también hay ejemplares humo de todos los colores. No sería posible dar una lista de todas las combinaciones de colores, pero éstas son algunas de las más comunes:

Blanco: blanco puro, con piel de la nariz rosa pálido, almohadillas de las zarpas rosa oscuro y ojos zafiro.

Azul: azul uniforme hasta la raíz de cada pelo, con piel de la nariz negro, almohadillas de las zarpas rosa oscuro y ojos zafiro.

Ébano: negro azabache puro hasta la raíz de cada pelo, con piel de la nariz negra, almohadillas de las zarpas negras o marrones y ojos esmeralda.

Atigrado plateado: base plateada con densas marcas negras, piel de la nariz negra o rojo ladrillo ribeteada en negro, almohadillas de las zarpas negras y ojos verdes.

Atigrado lavanda (lila en Gran Bretaña): base negra con marcas lavanda grisáceas, piel de la nariz lavanda diluido o rosada ribeteada de lavanda grisáceo, almohadillas de las zarpas lavanda diluido y ojos verdes.

Atigrado manchado rojizo: base albaricoque brillante con marcas rojas oscuras, cada pelo manchado con sombreado de albaricoque y rojo, piel de la nariz rosa o rosa ribeteada de rojo, y almohadillas de las zarpas azules. En los Estados Unidos se prefieren los ojos verdes, y en Gran Bretaña, de verdes a cobrizos. En cara, patas y cola debe verse un claro estampado atigrado y debe tener por lo menos un collar bien definido.

Atigrado manchado ébano (café en

atigrado manchado rojizo

atigrado lavanda

Gran Bretaña): base marrón cobriza cálida con densas marcas negras, cada pelo marcado con sombreado de café y negro, piel de la nariz negra o rosa ribeteada de negro, almohadillas de las zarpas café o negras; los ojos pueden estar ribeteados de negro y se prefiere el color verde. En cara, patas y cola debe verse un claro estampado atigrado y debe tener por lo menos un collar bien definido.

Manchado avellana: base marrón cobrizo cálido con sombreado de marfil crema hacia los costados, sin marcas muy definidas de marrón en el clásico patrón atigrado en la cabeza y numerosas manchas redondas u ovaladas en la parte de atrás de las patas, manchas o anillos interrumpidos en la cola, piel de la nariz rojo ladrillo, almohadillas de las zarpas negras o marrón oscuro y ojos verdes.

Humo: pelaje inferior blanco puro con la punta del pelo manchada de uno o más colores oscuros, piel de la nariz y almohadillas en combinación con el color contrastante, y ojos verdes. Cualquier color sirve como color contrastante.

Con tanta gama de posibilidades, no sorprende que estos gatos estén cobrando tanta popularidad en el mundo. El único limite parece ser la imaginación de los criadores.

Temperamento Los gatos Orientales son inteligentes, suaves y adoran estar acompañados. No les gusta quedarse solos y pueden resultar muy revoltosos si se aburren o se sienten solos. Harán cualquier cosa para llamar la atención y mantendrán el espíritu juguetón, afectuoso y el buen humor hasta bien entrados en la edad adulta. Las gatas tienen camadas numerosas y son madres activas y amorosas. Los gatitos no cambian de color a medida que crecen, como los Siameses.

blanco

Gatos de pelo corto

Gatos de pelo corto

MASCOTAS
- Acicalado manual diario
- Necesita clima cálido
- Interior
- Afectuoso, juguetón y amistoso

REX DE CORNUALLES

Juguetón y afectuoso, el Rex de Cornualles se distingue por su atípico pelaje rizado similar al del conejo Rex, del cual toma su nombre. Acróbata nato, vivaz e inteligente, es una mascota fascinante.

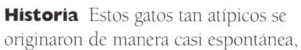

Historia Estos gatos tan atípicos se originaron de manera casi espontánea, tal vez debido a un gen mutante, en Cornwall, Inglaterra, tal como lo indica su nombre. El primer Rex de Cornualles apareció en una camada nacida en 1950, momento desde el cual la raza ha fascinado a los especialistas en genética. Aunque varios ejemplares enviados a los Estados Unidos a fines de 1950 se reprodujeron con independencia de la variedad original, no hay diferencias notables entre ambas y, en realidad, la variedad original es la que predomina hoy en día en los Estados Unidos. En este país se aceptó la participación de la raza en campeonatos en 1979 y ahora se la acepta en competencias de todo el mundo.

Descripción Esbelto y flexible, el Rex de Cornualles tiene el lomo arqueado y el estómago metido hacia adentro, parecido en parte a un perro lebrel. De cabeza ovalada, comparativamente pequeña, y orejas grandes ubicadas en lo alto de la cabeza. Los maxilares altos y la nariz romana de puente alto son marcas distintivas de la raza.

Los ojos ovalados medianos están bastante separados, pero el color es de importancia secundaria y no tiene que

calicó

atigrado mackerel azul

adaptarse a la tonalidad del pelo, siempre que sean claros e intensos.

Las patas son muy largas y delgadas y el gato se para apoyado en las zarpas, casi en puntas de pie. Las zarpas son delicadas, levemente ovaladas, con almohadillas que armonizan con el color del pelo. La cola es larga y flexible, con tan poco pelo visible que parece un látigo fino.

El pelaje es muy atípico: corto, muy suave, sedoso y sin pelos protectores. Lo ideal es que el pelo esté bien pegado al cuerpo, pero que caiga en ondas parejas como el vellón de un cordero. Los rulos se extienden desde lo alto de la cabeza, corren por la espalda, los costados y las caderas y llegan hasta la punta de la cola. El pelo en la parte inferior de la barbilla, y en pecho y abdomen, es corto y muy ondulado. El pelaje es sumamente suave y satinado al tacto. Para acicalarlo, no hace falta más que pasarle las manos por el pelo y frotarlo de vez en cuando con un paño de seda o una gamuza húmeda para eliminar los pelos sueltos. A pesar de que se crea lo contrario, el Rex de Cornualles no muda de pelo y por lo tanto no genera alergias en personas susceptibles, tal como ocurre con el pelo de otros gatos.

negro humo

Variedades El pelaje del Rex de Cornualles puede ser de cualquier color o patrón, incluyendo los puntos de color. Como esta raza se distingue de las demás por su pelaje, éste tiene importancia suprema en las exhibiciones y la mayoría de los estándares le atribuyen casi 50 puntos del total.

Temperamento Aunque parezca receloso y sofisticado, el Rex de Cornualles es muy afectuoso y necesita de las personas. Es un gato activo, que conserva su aspecto de gatito hasta bien entrado en la edad adulta, y puede ser muy ingenioso en sus juegos. Le gusta atrapar y cazar, y utiliza las zarpas para derribar y golpear objetos pequeños.

atigrado clásico rojizo

Gatos de pelo corto

Gatos de pelo corto

MASCOTAS
🪮 Acicalado manual diario
☁️ Necesita clima cálido
🏠 Interior
🐱 Amoroso y amistoso

REX DE DEVON

La apariencia intrigante y la personalidad encantadora del Rex de Devon atraen a los amantes de las razas atípicas y exóticas de todo el mundo. Aunque de aparición bastante reciente, ya se ha ganado muchísimos admiradores incondicionales.

Historia Igual que el Rex de Cornualles, el Rex Inglés de Devon se originó a partir de un único gatito en la década de 1960. Esta mutación espontánea luce un pelaje ondulado, pero lo más extraño es que, a pesar de la similitud en el pelaje de ambos gatos, el gen mutante no es el mismo. La raza fue aceptada para participar en campeonatos en 1982 y no ha sufrido variaciones respecto del original, en cuanto a tipo de cabeza, conformación, pelaje y disposición. Ahora se lo cría en todo el mundo.

azul

Descripción El cuerpo musculoso es entre mediano y pequeño, con buena masa muscular. Por ser tan pequeño, es muy pesado. La cabeza es comparativamente pequeña y tiene forma de cuña modificada, con hocico corto y pómulos prominentes. La cara de duende tiene

atigrado chocolate plateado

negro

mejillas llenas y de perfil la nariz tiene un final bien definido. Las almohadillas de los bigotes son prominentes. Las orejas muy grandes son anchas en la base y nacen bajas, a los costados de la cabeza; tienen puntas redondeadas y pueden tener penacho. Los ojos ovalados son grandes y están bastante separados, inclinados hacia los bordes exteriores de las orejas. No es preciso que el color de los ojos armonice con el pelo.

De patas muy largas y delgadas, el gato se apoya sobre las zarpas ovaladas pequeñas, como si estuviera en puntas de pie. Las almohadillas de las zarpas tienen que armonizar con el color del pelo. El Rex de Devon tiene la cola más gruesa que el Rex de Cornualles, y no tiene forma de látigo. La cola parece más gruesa porque las ondas del pelo son más sueltas y es roma en lugar de puntiaguda.

Como el Rex de Devon tiene menos pelo que la mayoría de los gatos, le gusta estar en la falda. Aunque tiene algunos pelos protectores, el pelaje no es denso. Los otros pelos son mullidos y sumamente suaves al tacto. El efecto que produce el pelo no es tanto de bucles apretados como de ondas, que se hacen más evidentes cuando se lo acaricia. Para acicalarlo hay que pasarle un paño de seda o una gamuza húmeda para eliminar los pelos sueltos.

Variedades El Rex de Devon puede aparecer en cualquier combinación de colores y patrones, incluyendo los puntos de color. Su pelaje ondulado, gamuzado, es una de sus características distintivas, junto con su tan apreciado aspecto de duende.

Temperamento Aunque a los Devon les encanta jugar, también disfrutan de quedarse tranquilos en la falda del dueño. Demuestran mucho afecto y pueden madurar con mayor rapidez que otras razas. Los gatitos son fuertes y muy activos.

tortoiseshell

Gatos de pelo corto

Ruso Azul

Hermoso, de naturaleza suave y dulce, el Ruso Azul es un clásico en todo sentido. Sus líneas elegantes, el sorprendente espesor de su piel y sus cautivantes ojos verdes llaman la atención de todo el mundo. Además, es saludable y fácil de cuidar.

gatito de cuatro meses

Historia La raza parece haberse originado en las regiones más septentrionales de Rusia y Escandinavia y tuvo varios nombres, como Arcángel, Extranjero Azul, Español y Maltés. La denominación de gatos Malteses perduró en los Estados Unidos hasta comienzos del siglo XX. Un Ruso Azul compitió en Gran Bretaña en 1875, en una clase para todos los gatos del tipo azul, pero recién en 1912 la raza compitió en una clase propia.

Se trabajó poco con el Ruso Azul hasta después de la Segunda Guerra Mundial, cuando los criadores norteamericanos combinaron los linajes de los Británicos, de pelaje afelpado y plateado, con variedades de Escandinavos, de ojos verdes esmeralda y perfiles chatos. Los perfiles chatos provenían de cruzas de un gato azul Finlandés con un Siamés punto azul.

Descripción El ágil, esbelto y gracioso Ruso Azul tiene una osamenta fina pero su cuerpo es firme, musculoso y largo, aunque no tubular. La cabeza es una cuña media, ni larga y ahusada ni corta y maciza. El hocico es despuntado y forma parte de la cuña. La parte superior del cráneo es larga y chata de perfil, desciende suavemente hasta apenas arriba de los ojos y continúa en un ángulo apenas descendente formando una línea recta hasta la punta de la nariz. La piel de la nariz es gris pizarra en Estados Unidos y azul en Gran Bretaña. La nariz no tiene quiebre ni corte, pero por el pelo espeso algunos animales parecen tener una depresión nasal leve debido al reflejo de la luz en los puntos plateados. La cara es ancha. Los ojos, muy apartados, son redondos de color verde intenso; las orejas también muy apartadas son bastante grandes y anchas en la base, y más puntiagudas que redondeadas, un poco inclinadas hacia afuera.

Las patas de huesos finos son largas, de zarpas pequeñas y levemente redondeadas con almohadillas color rosa lavanda o malva en los Estados Unidos y azules en Gran Bretaña. La cola, estrecha hacia la punta, es larga en comparación con el cuerpo. El pelaje doble es corto, denso, fino y afelpado, como la piel de foca. No hay otra raza que tenga este tipo de pelo. Se despega del cuerpo y resulta sumamente suave y sedoso al tacto.

Lo ideal es que al acariciarlo, el pelo retenga las marcas de los dedos. Hay que cuidarlo peinándolo con las manos frecuentemente y pasarle un peine de vez en cuando o sacarle brillo con una gamuza húmeda.

Variedades El Ruso Azul se presenta sólo en azul. Se prefieren tonalidades claras y el color tendría que ser totalmente parejo y brillante, sin marcas atigradas. Los pelos protectores tienen un claro punteado plateado, lo que le da al gato el lustre plateado característico.

Temperamento Dócil y afectuoso, el Ruso Azul enseguida se aferra a sus dueños. Es suave, juguetón y un buen compañero. Aunque es un poco tímido, se lleva bien con niños y otras mascotas.

Es muy inteligente y le gusta abrir puertas y atrapar cosas. Tiene una vocecita suave, casi musical.

MASCOTAS

- Acicalado manual diario
- Tolera el clima frío
- Interior y exterior
- Poco demandante, inteligente y afectuoso

Gatos de pelo corto

Gatos de pelo corto

MASCOTAS

- Acicalado dos veces por semana
- Necesita clima cálido
- Interior
- Curioso, travieso y enérgico

Siamés

Regalo ideal para un rey, el gato Siamés es un verdadero aristócrata, de líneas elegantes y hermoso colorido. Sin embargo, puede ser muy alborotador y bullicioso, y tal vez esta contradicción sea la causa de la popularidad de la raza.

punto chocolate

Historia Los gatos Siameses originales, que todavía existen en Tailandia, no tienen casi nada en común con los tipos que se exhiben en la actualidad, ya que tienen cuerpo fornido, cabeza redonda, ojos bizcos y colas plegadas, todo lo cual los descalifica para competir en exhibiciones. En su tierra nativa, los Siameses fueron alimentados y protegidos tras los muros de templos y palacios durante muchos siglos, y eran tema repetido del arte y la literatura.

La raza se conoció en el resto del mundo cuando la familia real de Siam (hoy Tailandia) empezó a darlos como regalo a los dignatarios que iban de visita. Esto se consideraba un gran honor, ya que los gatos pertenecían exclusivamente a la realeza.

Los Siameses aparecieron en las exhibiciones felinas británicas a fines del siglo XIX, y en Estados Unidos a comienzos del XX. El único color aceptado era el punto foca, y cuando en 1934 se presentaron los punto azul, algunos jueces se opusieron tanto a este color nuevo que se negaron a evaluarlos como clase separada, lo que causó gran consternación. El siguiente color que se aceptó, en 1946, fue el punto chocolate. Este color resultó de la cruza de una hija de Wong Mau, el Burmés original importado a los Estados Unidos, con un Siamés. En 1955 se aceptó

punto rojizo

el punto lila (también llamado punto escarcha). Estos cuatro colores prevalecieron durante varios años hasta que los criadores de punto rojizo, puntos tortie y punto lince comenzaron a reclamar la aceptación de sus colores. La opinión de los aficionados a los gatos estaba dividida en cuanto a la aceptación de estos colores.

Los acalorados debates que se suscitaron dieron como resultado la aceptación de los punto rojizo, tortie y lince como Siameses por parte de algunas asociaciones. Otras los aceptaron como una raza separada llamada Colorpoint de Pelo Corto.

Descripción El Siamés ideal es elegante, esbelto y refinado en todo aspecto. Su cuerpo mediano es largo y esbelto, combinando huesos finos y músculos firmes. Los hombros y las caderas continúan las líneas tubulares, y las caderas no tienen que ser más anchas que los hombros. El abdomen es recto y firme.

La cabeza es una cuña ahusada larga, empezando en la nariz y ensanchándose en líneas rectas hacia las puntas de las orejas hasta formar un triángulo, sin quiebre de los bigotes. El hocico es fino en forma de cuña. La punta de la barbilla está en línea con la punta de la nariz en el mismo plano vertical, ni retirada ni excesivamente maciza. Los ojos almendrados son medianos y se inclinan hacia arriba desde la nariz, siguiendo la línea de la cabeza y las orejas. No tienen que estar bizcos y todo indicio de que así sea conduce a la descalificación durante la evaluación en la exhibición. Los ojos son siempre azul zafiro brillante, y se prefieren

punto azul

Gatos de pelo corto

punto lila

tonalidades más profundas e intensas. Las orejas son grandes, puntiagudas, y abiertas en la base. Las patas son largas y delgadas, con zarpas ovales delicadas y pequeñas. La cola larga y angosta se estrecha hacia una punta fina, sin torsiones.

Todos los Siameses son de pelo corto, pero ahora hay asociaciones que llaman Siamés de pelo largo al Balinés. El pelaje del Siamés es corto, de textura fina y brillante, pegado al cuerpo. Puede dar la impresión de que está "pintado". El acicalado es mínimo; hay que peinarlo y cepillarlo dos veces por semana para eliminar los pelos sueltos. Para que el pelo brille, hay que lustrarlo con una gamuza húmeda.

punto foca tortie

Variedades Los siameses son gatos de punto de color y se presentan en punto foca, punto azul, punto chocolate, punto lila, punto rojizo, punto tortie y punto lince. (La Asociación de los Aficionados a los Gatos –*Cat Fanciers Association - CFA*– llama Colorpoint de Pelo Corto a las últimas tres variedades mencionadas.) Los puntos tortie y

gatito punto foca   *gatito punto chocolate*

lince también se presentan en lila, azul, chocolate y foca. Todos los Siameses son de color blanco puro al nacer. Los puntos de color en la cara, orejas, cola, zarpas y patas aparecen a medida que el gatito crece.

Punto foca: cuerpo crema cálido parejo, más oscuro en la espalda y más claro en el estómago y el pecho; puntos marrón foca; piel de la nariz y almohadillas de las zarpas marrón foca.

Punto azul: cuerpo blanco azulado parejo, con un tono más cálido en el

punto azul crema

estómago y el pecho; puntos, piel de la nariz y almohadillas de las zarpas azul pizarra .

Punto chocolate: cuerpo marfil cálido; puntos chocolate claro cálido, piel de la nariz y almohadillas de las zarpas canela rosado.

Punto lila: cuerpo blanco glacial (Estados Unidos) o magnolia (Gran Bretaña); puntos gris escarcha y con un tono rosado o lila, piel de la nariz y almohadillas de las zarpas lavanda rosado.

Punto rojizo: cuerpo blanco puro, sombreado con el color de los puntos; puntos albaricoque a rojo profundo, preferiblemente con sombras más oscuras; piel de la nariz y almohadillas de las zarpas color carne o coral rosado.

Punto tortie: colores del pelo, piel de la nariz y almohadillas de las zarpas iguales que para los puntos foca, azul, chocolate y lila mencionados, pero dentro del color tiene un patrón atigrado. Se permiten parches irregulares de rojo y/o crema en los puntos; motas rojas y/o crema en las orejas y la cola.

Punto lince: colores del pelo, piel de la nariz y almohadillas de las zarpas iguales que para los puntos foca, azul, chocolate y lila mencionados, pero dentro del color tiene un patrón a rayas.

Temperamento El Siamés es inteligente y adorable. Divierte a sus dueños sin cesar con sus payasadas y a veces los frustra con su habilidad para abrir armarios y puertas que parecían estar cerradas. Necesita estar con las personas y exige atención: al Siamés no le gusta ser ignorado o quedarse a solas, y puede ser muy revoltoso en caso de sentirse aburrido o solitario. Estos gatos se comunican como no lo hace ningún otro. La voz del Siamés es legendaria: una hembra en celo suena exactamente igual que un bebé que llora por su mamá, y se la escucha desde una cuadra de distancia. Esta raza, una de las más sensibles, ágiles y tan activa que los gatitos parecen estar en movimiento constante, no es para cualquiera. Pero aquellos que decidan convivir con este gato travieso se verán recompensados por un afecto ilimitado y horas de entretenimiento.

punto lince azul

Gatos de pelo corto

265

Gatos de pelo corto

SINGAPURA

Pequeño y de hermosas proporciones, el Singapura es una de las últimas apariciones en el escenario de las exhibiciones de los Estados Unidos, y su rareza enriqueció los mitos que lo rodean. Es un gato muy bonito, que disfruta de una gran aceptación.

adultos con gatitos

Historia Si bien sus orígenes permanecen envueltos en el misterio, el linaje fundacional de todos los Singapuras de los Estados Unidos, son nada más que cuatro gatos propiedad de una sola criadora norteamericana. Se dice que están relacionados con los gatos callejeros de Singapur, pero no hay nada más alejado de la verdad. Como quiera que sea, la reserva genética es escasa y el futuro de estos gatos es dudoso.

En los Estados Unidos, se está desarrollando la raza, que fue aceptada para competir en campeonatos en 1988. Obtuvo un éxito increíble, al ganar 22 títulos de gran campeón en su segunda temporada de exhibiciones.

Descripción Es un gato pequeño de coloración delicada, distinto de cualquier otra raza. Tiene cuerpo relativamente robusto y musculoso, y cuando está parado, el cuerpo, las patas y el suelo forman un cuadrado. El cuello es corto y grueso y la cabeza es redondeada, con nariz de corte brusco, de mediana a pequeña. Se nota un quiebre bien definido de los bigotes. De perfil se ve un corte leve por debajo del nivel de los ojos; luego la nariz continúa en línea recta hasta la barbilla. La piel de la nariz es salmón rosado, ribeteada en marrón oscuro. Lleva siempre bien abiertos los ojos grandes, almendrados, que están ribeteados en marrón oscuro. Los ojos se inclinan suavemente hacia arriba en el vértice exterior. No se permite otro color de ojos más que avellana, verde o amarillo. Se prefiere que sean brillantes, y los ojos pequeños son un defecto grave. Las orejas son grandes y apenas puntiagudas, bien abiertas en la base, de cavidad profunda; tienen el interior bien cubierto con una capa de pelos claros. Las orejas pequeñas se consideran un defecto grave.

Las patas son pesadas y musculosas, y se angostan hacia las zarpas pequeñas y cortas, de almohadillas rosa amarronado. La cola, más oscura que el resto del pelaje, es delgada pero no en forma de látigo, y de extremo despuntado. No debe tener torsiones.

El pelaje bruñido, sedoso, parece satinado. Es fino, muy corto y pegado al cuerpo; un pelaje elástico constituye un defecto. Necesita muy poco cuidado además de un peinado ocasional. El color sepia del pelaje es único. El color base es marfil viejo, con cada pelo de la parte de atrás y de la punta de la cabeza y flancos manchado con por lo menos dos franjas de café oscuro separadas por franjas de marfil cálido viejo (es lo que se conoce como manchado agutí). La parte inferior del cuerpo es más clara, del color de la muselina sin blanquear.

Variedades El Singapura se presenta sólo en pelo corto y en sepia, con pelaje manchado.

Temperamento Activo, curioso y afectuoso a su manera, le encanta estar con la gente. Sigue interactuando y jugueteando hasta mucho después de alcanzar el desarrollo completo y se lleva muy bien con otros animales. Es un cazador veloz y eficaz y las gatas se destacan por su amor maternal.

MASCOTAS

- Peinado ocasional
- Necesita clima cálido
- Interior
- Afectuoso y juguetón

MASCOTAS

- Peinado ocasional
- Clima cálido
- Interior
- Activo, juguetón, sociable, afectuoso

SNOWSHOE

Si bien todavía son comparativamente poco comunes, estos híbridos de Siameses y Americano de Pelo Corto bicolor cuentan con las buenas características de sus antepasados. El atractivo Snowshoe es vivaz, afectuoso y muy apegado a las personas.

punto foca

punto azul

Historia Durante décadas, los punto foca y punto azul con zarpas, garganta y máscara facial de color blanco aparecieron espontáneamente. Pero un grupo de esmerados criadores norteamericanos se sintió tan atraído por esos gatitos que trabajó durante años desde finales de la década de 1960 para establecer un estándar y lograr que los gatos fueran aceptados como una raza nueva, a la que denominaron Snowshoe.
Este gato es resultado de cruzas de Siameses, Birmanos y Americanos de Pelo Corto bicolores. La raza fue registrada en la Federación de los Aficionados a los Gatos (*Cat Fanciers'* *Federation*) y en la Asociación Felina Estadounidense (*American Cat Association*) en 1974, y recibió la aprobación para competir en campeonatos en 1982, aunque no todas las asociaciones le han concedido dicha aprobación.

Descripción En el Snowshoe se combina la corpulencia de sus antepasados Americanos de Pelo Corto con la longitud corporal de sus antepasados orientales. Tiene un aspecto atlético de gran potencia y agilidad, como un corredor. El cuerpo mediano es rectangular, musculoso, enérgico y corpulento. El cuello tiene longitud media. La cabeza es una cuña triangular levemente redondeada, de pómulos altos. La nariz de largo medio es recta con una pequeña elevación en el puente. La piel de la nariz varía según el color del pelo. Los ojos redondos grandes son de un azul intenso y deben inclinarse hacia arriba desde la nariz hacia la base de las orejas. Las orejas medianas son apenas redondeadas en las puntas e inclinadas hacia adelante desde el lado externo de la cabeza, formando una línea continua de la cabeza a las orejas.

Las patas fuertes, musculosas, deben tener buen largo, proporcionado con el cuerpo, y buenos huesos, aunque no tan pesados como los del Americano de Pelo Corto. La cola de longitud media se estrecha hacia la punta.

El pelaje brillante es de longitud corta a media, y no tiene que ser doble ni afelpado. El patrón ideal, que tanto cuesta reproducir, exige un color sólido en la espalda y los costados del animal, con blanco únicamente en el interior de las patas y la panza.

Se prefiere la garganta blanca, el mismo color que tiene bajo la mandíbula inferior. El patrón facial preferido es hocico blanco con una "V" invertida. Las marcas preferidas en las zarpas son botas blancas parejas que se extienden hasta la curva del tobillo en las patas delanteras, y botas blancas parejas que se extienden justo hasta debajo de las articulaciones de la corva en las patas traseras. Con un peinado ocasional se eliminan los pelos sueltos.

Variedades Se prefieren los gatos que tengan la cantidad adecuada de blanco en el patrón preferido. Sólo se permiten dos colores: punto foca y punto azul. La piel de la nariz y las almohadillas de las zarpas pueden ser rosadas o del color de los puntos o una combinación de ambos.

Temperamento Vivaz y adaptable, el Snowshoe combina las mejores características de sus antepasados Americanos de Pelo Corto, Birmanos y Siameses. Es muy alegre, buen compañero y se lleva bien con otros animales.

punto foca

punto foca

Gatos de pelo corto

MASCOTAS
Peinado ocasional
Necesita clima cálido
Interior
Curioso, activo, amoroso y dócil

TONKINÉS

La belleza de los colores suaves caracteriza el suntuoso pelaje del Tonkinés, un gato que cuenta con algunas de las mejores cualidades de las razas con las que está emparentado. Resultado de una cría inteligente, este gato adorable justifica los esfuerzos hechos para que se desarrollara.

mink azul

Historia El Tonkinés es la única raza originaria de Canadá, donde se desarrolló a comienzos de la década de 1960 por cruza de un Siamés punto foca y un Burmés sable. La criadora, que sentía que los Siameses de exhibición se estaban estilizando demasiado para el gusto popular, pensó en crear un gato con algunas de las cualidades que le resultaban más atractivas de cada raza. Pensó que los Tonkineses, en especial los de puntos y ojos azules, agradarían a quienes buscaban un Siamés de estilo más anticuado.

En Nueva York, la dueña de un negocio de mascotas había trabajado con el mismo objetivo unos diez años antes. Había llamado a sus gatos Siameses Dorados, y el linaje canadiense tomó el mismo nombre hasta que adoptó el de Tonkinés.

La Asociación Felina Canadiense (*Canadian Cat Association*) habilitó al Tonkinés para competir en campeonatos en 1965, y en 1972 fue habilitado en los Estados Unidos. Ahora está inscripto en todas las asociaciones de ese país, pero no en todos los colores y patrones. En Gran Bretaña, sólo una asociación acepta la raza, según los estándares de color de los Burmeses. Las cualidades

mink natural

mink champaña

de este delicioso animal todavía no han sido apreciadas en muchos otros países.

Descripción La forma ideal del cuerpo es intermedia entre la del Siamés y el Burmés, ni fornido ni esbelto. Es de tamaño mediano con musculatura bien desarrollada. El abdomen debe ser recto, musculoso y firme.

La cabeza es una cuña modificada, un poco más larga que ancha, con pómulos altos y aplanados. El hocico es despuntado y tan largo como ancho.

mink platino

Tiene un quiebre de los bigotes apenas definido, y un corte leve al nivel de los ojos. Desde la punta de la nariz hasta la interrupción se ve una elevación suave, que se repite desde el corte de la nariz hasta la frente. La piel de la nariz debe armonizar con el color del pelo.

Los ojos abiertos, almendrados, se inclinan a lo largo de los pómulos hacia el borde exterior de las orejas. El llamativo color agua a turquesa es la característica más destacada de los Tonkineses, y se aprecia mejor con luz

Gatos de pelo corto

Gatos de pelo corto

mink platino

mink champaña

natural. El color es el resultado de una combinación del azul de los Siameses con el dorado de los Burmeses. Las orejas medianas están cubiertas con pelo muy corto, son amplias en la base y tienen puntas ovaladas. Están colocadas tanto al costado como en la punta de la cabeza.

Las patas son bastante delgadas y proporcionadas con la longitud y la osamenta corporal. Las zarpas son más ovales que redondeadas y las almohadillas deben guardar armonía con el color del pelo. La cola larga se estrecha hacia una punta fina, sin torsiones.

El pelaje lustroso es de longitud media a corta, fino y sedoso, pegado al cuerpo. En el animal maduro, el color del cuerpo debe ser intenso, parejo y sin marcas, difuminándose hacia una tonalidad más clara en las zonas inferiores del cuerpo. Tiene que haber un contraste marcado entre el color del cuerpo y los puntos, que pueden oscurecerse con la edad. Los puntos están marcados densamente en la máscara facial, orejas, zarpas y cola. Para mantenerlo en buen estado, lo que se necesita es un peinado ocasional para eliminar los pelos sueltos, un cepillado con un cepillo de goma y un frotado con una gamuza húmeda.

Variedades Hay asociaciones que permiten otros colores, como los del Siamés (punteado, con ojos azules) o los del Burmés (color sólido, con ojos dorados), pero el Tonkinés se presenta solamente en los siguientes cinco colores para las exhibiciones por el campeonato en los Estados Unidos, ya sea punteados o en colores sólidos:

Mink champaña: cuerpo amarillo

crema suave; puntos café mediano; piel de la nariz y almohadillas de las zarpas café canela.

Mink azul: cuerpo azul suave a gris azulado; puntos azul pizarra, piel de la nariz y almohadillas de las zarpas gris azuladas.

Mink miel: cuerpo crema dorado, preferiblemente con un toque albaricoque; puntos ruddy café claro a mediano; piel de la nariz y almohadillas de las zarpas caramelo rosado.

Mink natural: cuerpo café mediano; puntos café oscuro; piel de la nariz y almohadillas de las zarpas café oscuro.

Mink platino: cuerpo gris platino pálido con sobretonos cálidos; puntos gris escarcha; piel de la nariz y almohadillas de las zarpas lavanda rosado.

Temperamento Inteligente, vivaz y adorable, el Tonkinés tiene una personalidad fuerte y la evidente curiosidad del Siamés. No le gusta quedarse mucho tiempo solo, y puede hacer travesuras si se siente aburrido o solitario. Si usted tiene que ausentarse varias horas seguidas de su casa, piense en comprar dos gatos para que se hagan compañía. Asegúrese de que en el techo de su casa no haya aberturas por donde los Tonkineses puedan escapar, ya que les encanta buscar pasadizos por donde salir. Es juguetón, afectuoso, saludable, longevo y fácil de cuidar, ¿qué más se puede pedir?

mink azul

mink natural

Gatos de pelo corto

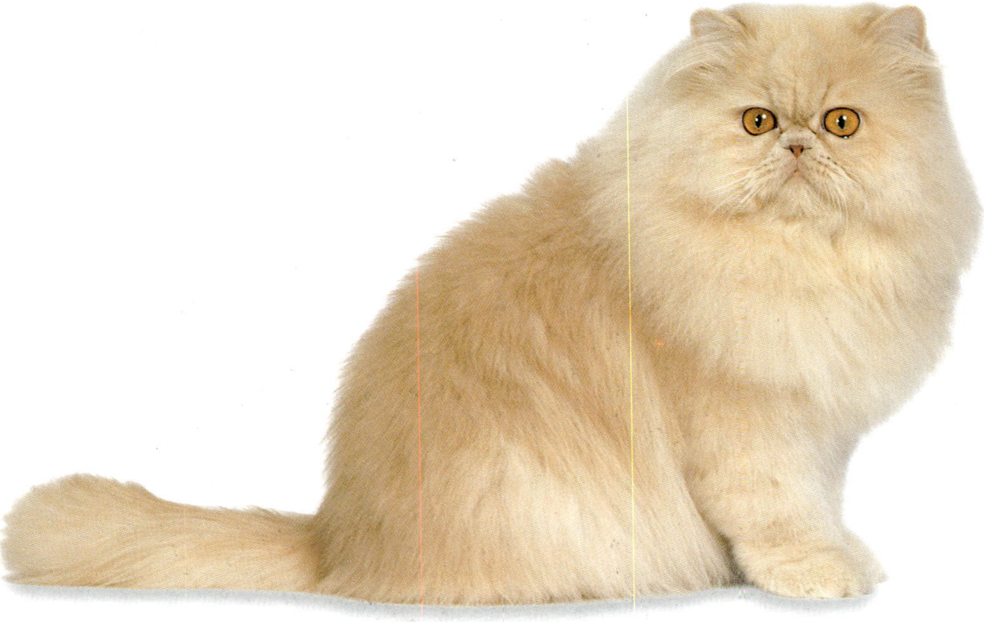

Razas felinas
Gatos de pelo largo

Desde hace más de un siglo, los criadores han estado seleccionando deliberadamente determinadas características para producir animales cada vez más atractivos. Los Persas fueron los que sufrieron los cambios más drásticos. En la actualidad los hay de muy diversos colores y tipos de pelajes, algunos tan densos y afelpados que resulta imposible vencer la tentación de acariciarlos. Debido al contenido de pigmento de cada pelo, ofrecen además distintas texturas: el pelo blanco suele ser suave y sedoso; el azul es algodonoso y denso; y los pelajes negros, manchados o atigrados, son en general más ásperos y gruesos. Aunque comparten la característica de tener pelo largo, cada raza es una entidad individual.

Gatos de pelo largo

MASCOTAS

- Peinado asiduo
- Tolera el clima frío
- Interior y exterior
- Vivaz, amistoso y juguetón

ANGORA TURCO

Gato de apariencia sofisticada, el bellísimo Angora Turco bien podría decirse que es una delicia turca. Se están realizando muchos esfuerzos para mantener la pureza del linaje de esta raza, una de las más antiguas de pelo largo.

blanco de ojos impares

atigrado clásico rojizo

Historia El angora Turco es un tipo puro, natural, que probablemente haya sido domesticado por los tártaros. Estos gatos se establecieron en Turquía, donde eran y todavía son muy apreciados. En el siglo XVI los sultanes turcos los entregaban como regalos a los nobles europeos que los visitaban. Desde 1940 fue una raza protegida y el zoológico de Ankara estableció un programa de cría de gatos Angora que reproduce solamente gatos blancos. Aunque los Angoras ya se conocían en la década de 1890, el Angora Turco tal como lo conocemos hoy no llegó a los Estados Unidos sino hasta 1962, cuando se importaron dos ejemplares del zoológico de Ankara, Turquía.

Descripción El Angora Turco ideal es un animal esbelto, equilibrado, grácil, de cuerpo mediano musculoso; el equilibrio general y la delgadez de los huesos importan más que el tamaño. El torso es largo y elegante, y los hombros tienen el mismo ancho que las caderas. La cabeza de pequeña a mediana tiene forma de cuña, con una nariz larga apenas puntiaguda. La piel de la nariz es rosada en el Angora blanco, y debe armonizar con el color del pelaje en los otros colores.

El cuello es largo y delgado. No se permite quiebre ni rastros de quiebre en la línea de la nariz. Los ojos grandes, almendrados, se inclinan apenas hacia arriba y tienen una expresión abierta. Los ojos pueden ser de cualquier color, sin relación con el color del pelo. Los gatos blancos con ojos impares son premiados por su rareza. Las orejas grandes son anchas en la base, puntiagudas y apenachadas. Están colocadas en alto; son verticales y erguidas.

Las patas son largas y robustas, con zarpas pequeñas, redondas y delicadas, preferiblemente con penachos entre los dedos. Las almohadillas son rosadas en los gatos blancos, pero deben guardar relación con el pelaje en otros colores. La cola es larga y emplumada, estrechándose desde una base ancha hacia una punta angosta.

El pelaje fino, denso, sedoso, de largo medio, brilla con cada movimiento. No se desarrolla por completo hasta los dos años de edad. No tiene capa inferior y los pelos son fundamentalmente rectos, pero ondeados en el estómago. Tiene collarín y pelos más largos abajo que arriba del cuerpo. Hay que peinarlo regularmente con un peine de dientes medianos para eliminar los pelos sueltos y evitar que se enmarañen. Para evitar la formación de bolas de pelo, el acicalado es de suma importancia en la primavera, cuando se produce la muda del pelo de invierno.

Variedades Originalmente se aceptaba sólo el color blanco, con ojos azules, cobres, verdes, ámbar o impares. Aunque ahora están registrados todos los colores y patrones –excepto los puntos de color, lila sólido y chocolate– la mayoría de los criadores prefiere reproducir los gatos blancos originales.

Temperamento Los Angoras Turcos son mascotas maravillosas y se la considera una de las razas más inteligentes. Son suaves, amistosos y carismáticos.

bicolor blanco y negro

atigrado parchado plata con blanco

Gatos de pelo largo

277

Gatos de pelo largo

MASCOTAS
🪮 Peinado asiduo
☁️ Prefiere el clima templado
🏠 Interior
🐈 Extrovertido y prefiere estar acompañado

BALINÉS Y JAVANÉS

Meneando la cola con tanta suavidad, el Balinés es la representación de la gracia natural. Tiene aspecto aristocrático, como un Siamés que luciera un espectacular tapado de armiño claro. Sus brillantes ojos zafiro relucen de inteligencia, y por su naturaleza curiosa constituye una mascota ideal.

foca punto lince

punto azul

Historia Durante las décadas de 1930 y 1940, varios criadores de Siameses intentaron producir un Siamés de pelo largo por cruza con Angora Turco. Pero como la mayoría de las crías eran de pelo corto, se dieron por vencidos. Luego se supo que muchas de las crías de pelo corto portaban un gen de pelo largo recesivo, y no pasó mucho tiempo hasta que se aparearon dos de estos gatos y se obtuvo un Siamés de pelo más largo.

Una de las primeras defensoras de la raza propuso el romántico nombre de Balinés para su adorado Siamés de pelo largo, y desde entonces estos gatos se llaman así. La raza obtuvo el permiso para participar en campeonatos en los Estados Unidos en 1963.

Descripción El Balinés, un gato de cuerpo liviano, es exactamente igual al Siamés excepto en el pelo. Tiene un cuerpo tubular largo, esbelto y de buena musculatura. Tiene huesos finos con espaldas y caderas angostas, que siguen las líneas esbeltas del cuerpo. El abdomen debe ser tenso, sin evidencias de obesidad ni escualidez.

La cabeza es una cuña ahusada larga. La nariz es larga y recta, sin quiebre, y la piel de la nariz armoniza con el color del pelo. El hocico es fino y en forma de cuña; la barbilla y la mandíbula deben ser firmes, ni contraídas ni excesivamente macizas, y el cuello debe ser largo y estilizado.

Los profundos ojos vivaces en forma de almendra se inclinan hacia arriba desde la nariz.

Las orejas sorprenden por lo grandes; son puntiagudas, anchas en la base y continúan las líneas de la cuña de la cabeza.

Las patas largas, delgadas, terminan en delicadas zarpas ovales cuyas almohadillas armonizan en color con el del pelo.

La cola es larga y delgada, estrechándose hacia la punta fina, y el pelo que la recubre se abre como una pluma.

El pelaje es de longitud media antes que largo, pero puede ser más largo abajo de la panza, alrededor del cuello y en la cola. Es de textura fina y sedoso, sin pelaje inferior lanudo. Por este motivo, el pelo no se enreda y es simple de cuidar: con un peinado y cepillado asiduo basta para mantenerlo hermoso. Si bien el Balinés original tenía un pelaje largo y ondulante, las repetidas cruzas con Siameses para lograr el tipo deseado ha resultado en un acortamiento del pelo.

En realidad, hoy hay Balineses que apenas se distinguen de un Siamés por unas briznas en la panza y cola un poco más peluda.

Variedades El Balinés es un gato de punto de color y se presenta en puntos foca, azul, lila, chocolate, rojizo, tortie y lince.

La Asociación de los Aficionados a los Gatos (*Cat Fanciers Association - CFA*) llama "Javaneses" a los puntos rojizo, tortie y lince, que para las demás asociaciones también son Balineses.

Temperamento El Balinés es una versión atenuada de su primo Siamés. Es inteligente, activo y curioso, pero no tiene voz tan chillona. Tal vez el hecho de que estos gatos sean menos vocales y tengan voces más suaves se deba a algunos de sus antepasados de pelo largo. No les gusta quedarse solos y pueden tornarse revoltosos si se sienten aburridos. La solución: tener dos gatos.

punto chocolate

punto lila

BIRMANO

Un gato bellísimo con ojos zafiro, al Birmano se lo conoce como el Gato Sagrado de Birmania. Su espléndido pelaje largo de colores atractivos le bastaría para ganarse adeptos, pero además es inteligente, saludable y tierno.

gatito punto lince   *gatito punto foca*

punto foca

Historia Los orígenes del Birmano se pierden en la leyenda, pero alguna vez se lo consideró sagrado, gato compañero de los monjes Kittah de Birmania. A comienzos del siglo XX, dos gatos Birmanos fueron llevados clandestinamente de Birmania a Francia. El macho no sobrevivió al largo viaje a diferencia de la hembra, Sita, que, afortunadamente, estaba preñada. Así fue como la raza se estableció en el hemisferio Occidental. El registro felino de Francia reconoció a los Birmanos como raza independiente en 1925, pero Gran Bretaña recién lo hizo en 1966, y Estados Unidos la aceptó en 1967.

Descripción El Birmano ideal tiene el cuerpo largo y grande; cabeza fuerte, ancha y redondeada con una nariz romana de largo medio. Tiene una expresión facial dulce, con mejillas llenas, hocico bastante redondeado y barbilla fuerte. Las orejas medianas están bien separadas en lo alto de la cabeza y tienen puntas redondas. Los ojos azules son bastante redondos.

Las patas de largo medio tienen

huesos pesados. Las cuatro zarpas son grandes, redondas y blancas, lo que constituye la característica distintiva de la raza. Los guantes blancos en las zarpas delanteras, preferiblemente simétricos, terminan en una línea pareja sobre la zarpa en, o entre, la segunda o tercera articulación. Los de las patas traseras cubren todos los dedos y se extienden hasta la parte de atrás de la corva (la primera articulación). Estas marcas de las patas se llaman "encajes". Lo ideal es que los guantes delanteros coincidan, que los traseros coincidan y que los dos encajes coincidan. Pero es poco común encontrar ejemplares que cumplan a la perfección con estos requisitos, por lo que se evalúan todas sus partes. Las almohadillas de las zarpas son rosadas con manchas del punto de color. La cola es tupida y de largo medio.

El pelaje largo y sedoso no es tan espeso como el del Persa y no se enmaraña si se lo cepilla asiduamente para eliminar los pelos sueltos. A veces, el pelo de color tan claro parece espolvoreado con oro. Los "puntos" –máscara facial, orejas, patas y cola– son más oscuros, como los del Siamés y el Himalayo.

punto lila

MASCOTAS

- Peinado y cepillado manual diario
- Tolera el clima frío
- Interior y exterior
- Suave y de actividad sosegada

Variedades El Birmano se presenta en puntos foca, chocolate, azul y lila. Hace poco tiempo aparecieron Birmanos en colores punto rojo, punto tortie y punto lince, pero todavía no han sido aceptados para participar en campeonatos en ningún lugar del mundo.

Temperamento El suave Birmano tiene una personalidad encantadora y es activo, juguetón e independiente. Es una buena mascota para los niños.

Gatos de pelo largo

Gatos de pelo largo

MASCOTAS

- Acicalado manual
- Puede tolerar el clima frío
- Interior y exterior
- Calmo pero afectuoso, y bien equilibrado

calicó

FOLD ESCOCÉS

Las atípicas orejas de este gato suave le dan el aspecto curioso y encantador de una lechuza. Aunque no es el resultado de una cruza deliberada, el Fold Escocés ya es uno de los diez gatos más populares de los Estados Unidos.

Historia Aunque es probable que los gatitos con este tipo de mutación genética existan desde hace largo tiempo, el primer Fold del que se tiene conocimiento apareció en una camada de una gata de granja cerca de Coupar Angus, en la región Tayside de Escocia en 1961. La madre fue una gata blanca llamada Susie, de quien descienden todos los Folds actuales.

Los Folds no pueden aparearse entre sí debido al peligro de que nazcan con rigidez de la cola y los miembros traseros. Como los Folds suelen cruzarse con Americanos o Británicos de Pelo Corto en los Estados Unidos y con Británicos de Pelo Corto en Gran Bretaña, estos dos tipos han llegado a diferenciarse mucho en cuanto a tipo de cabeza y textura de pelo. El gen de las orejas plegadas es dominante, por lo que aparecerá sólo en algunos gatitos de la camada. La raza todavía no ha sido reconocida por el Consejo Administrativo de la Cría de Gatos en Gran Bretaña (*Governing Council of the Cat Fancy of Britain*) debido a su preocupación por la posibilidad de que estos gatos tengan cartílagos defectuosos, pero obtuvo el reconocimiento de la Asociación Felina Británica (*Cat Association of Britain*) y puede participar en campeonatos en los Estados Unidos desde 1978.

Descripción El cuerpo corpulento, mediano, es muy redondeado y de proporciones parejas desde los hombros hasta la pelvis. El tipo preferido tiende al de las cruzas con Británicos de Pelo Corto. La cabeza de esta cruza es bien redondeada y el hocico tiene las almohadillas de los bigotes también redondeadas; la cabeza se combina con el cuello corto. Los pómulos son prominentes, sobre todo en los machos. Los ojos grandes, redondos, de expresión dulce, están bien abiertos y separados por una nariz ancha. El color suele corresponderse con el del pelo. La nariz ancha es corta; se permite que tenga una curva suave y un corte breve, aunque un corte brusco de la nariz es un defecto. La piel de la nariz tiene que guardar relación con el color del pelo.

atigrado mackerel crema

Las orejas son la característica distintiva de este gato, y tienen que estar inclinadas hacia adelante y hacia abajo, como formando una cofia sobre la cabeza redonda. Se prefieren las orejas más pequeñas, de pliegues cerrados. Las puntas son redondas. (Los Folds Escoceses no son propensos a sufrir más infecciones de oídos que cualquier otro gato.)

No debe haber rastros de gordura en las patas ni falta de movilidad debida a patas cortas y gruesas. Las zarpas son definidas y redondas, con almohadillas que armonizan en color con el pelo. La cola ahusada es de largo medio. Durante la evaluación, los jueces manipulan la cola para comprobar que tenga flexibilidad.

El pelaje puede ser largo y corto, pero tiene que ser denso y elástico. Con el cepillado asiduo se eliminan los pelos sueltos y se lo mantiene en buenas condiciones.

Variedades El Fold Escocés se presenta en todos los colores y patrones, excepto en lila sólido, chocolate y puntos de color.

Temperamento Con su mezcla de Británicos y Americanos de Pelo Corto, el Fold tiene las mejores características de ambas razas. Adora la compañía humana, es plácido y muy afectuoso, y se adapta con facilidad a otras mascotas. Es un gato vigoroso, de buena disposición, tiene una vocecita dulce y no es muy hablador.

blanco

Gatos de pelo largo

GATO DEL BOSQUE NORUEGO

Animal bellísimo y de aspecto salvaje, en algún momento de estos últimos 4.000 años el Gato del Bosque Noruego salió de su hábitat original y decidió vivir con la gente y trabajar en las granjas. A pesar de la apariencia, su pelo es fácil de cuidar.

azul y blanco

atigrado mackerel café con blanco

Historia Aunque era muy apreciado por los granjeros noruegos debido a su excelente habilidad para cazar, nadie más le prestó atención al Gato del Bosque Noruego hasta la década de 1930. La raza prácticamente se extinguió durante la Segunda Guerra Mundial, y debe su supervivencia a Carl-Fredrik Nordane, un ex presidente de la Asociación Felina Noruega que a comienzos de la década de 1970 organizó un club de criadores para defender y conservar al Gato de la Selva. La Federación Felina Internacional Europea (*Feline International Federation of Europe - FIFE*) le concedió permiso para competir en campeonatos en 1977, y el primer ejemplar llegó a los Estados Unidos dos años después. Debido a sus múltiples similitudes con el Maine Coon, en ese país no se lo reconoció hasta 1987.

Descripción El cuerpo grande es de largo medio y de musculatura sólida, con una osamenta importante, y de circunferencia considerable. El pecho es amplio y los flancos tienen gran profundidad. La cabeza triangular tiene una nariz ancha y recta, sin quiebre en la línea que va del ceño hasta la punta. La piel de la nariz debe armonizar con el color del pelo. La barbilla es firme, alineada con el frente de la nariz, y levemente redondeada. Los grandes ojos almendrados son expresivos, están bastante separados y tienen el extremo externo apenas más elevado que el interno. El color puede ser de cualquier tonalidad verde, avellana o dorado, y los gatos blancos tienen ojos azules o impares. Las orejas, de medianas a grandes y de puntas redondeadas, están colocadas en alto, bien separadas y son erguidas. No van abriéndose sino que siguen la línea de los costados de la cabeza.

Las patas de largo medio son musculosas, siendo más gruesa la parte inferior de las traseras. Las zarpas son grandes, redondas y muy apenachadas, con almohadillas de color relacionado con el del pelo. La magnífica cola es muy peluda, inclusive en el verano.

El pelaje doble resistente al agua, es de largo desparejo, con un pelaje inferior denso y lanudo, y con pelos protectores visibles en el invierno. El pelo de los costados de la cara cae formando un collarín que la enmarca como una barba tupida.

Se recomienda el cepillado diario durante la muda del pelo de invierno pero, excepto que se lo presente en exhibiciones, el gato se encargará de cuidárselo solo. Resulta sorprendente que no se le enmarañe.

Variedades El Gato del Bosque Noruego se presenta sólo en pelo largo. Se acepta cualquier color o patrón, excepto puntos de color y lila o chocolate sólido. Los colores más comunes son atigrado café, atigrado plateado y cualquiera de ellos con blanco.

Temperamento Si bien este gato es un excelente cazador y le encanta estar al aire libre, también ansía estar acompañado. Disfruta de ser alzado y acariciado, y devuelve el cariño con creces.

Igual que con otras razas, si desde pequeño se lo acostumbra a estar en compañía de niños, gatos y perros, tendrá un temperamento más adaptable que aquel que crece sin contacto con seres humanos.

MASCOTAS

- Muy poco cepillado (excepto para ejemplares de exhibición)
- Tolera el clima frío
- Interior y exterior
- Compañero y leal

gatito atigrado mackerel café con blanco

atigrado manchado café con blanco

Gatos de pelo largo

MASCOTAS

- Peinado y cepillado tres veces por semana
- Tolera el clima frío
- Interior y exterior
- Afectuoso y hablador

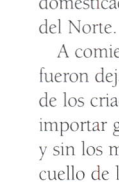

MAINE COON

Grande y de constitución fuerte, el Maine Coon es un gato saludable, activo y de buen temperamento. Siempre hará sentir su presencia, ya sea que se convierta en gato trabajador, en mascota hogareña o en campeón de exhibiciones.

atigrado clásico azul

Historia El Maine Coon, tal vez la raza norteamericana más antigua, desciende probablemente de los primeros gatos domesticados que llegaron a América del Norte.

A comienzos del siglo XX, estos gatos fueron dejados de lado por la mayoría de los criadores, que prefirieron importar gatos de pelo largo con pedigrí y sin los medallones o marcas en el cuello de los Maine Coon. Esta raza terminó desapareciendo de las exhibiciones, pero sus genes vigorosos se utilizaron para fortalecer la raza Persa en los Estados Unidos. Recién a fines de la década de 1950 el Maine Coon pudo competir en campeonatos por derecho propio.

Descripción Uno de los gatos domésticos más grandes, el Maine Coon es de cuerpo musculoso con pecho amplio, mucho más largo que el de cualquier otra raza de pelo largo. Los machos son mucho más grandes y pesados que las hembras. La cabeza grande es una cuña modificada amplia, de largo medio, con hocico cuadrado. De perfil, la nariz de largo medio es levemente cóncava. Los ojos grandes, distantes entre sí, se inclinan suavemente hacia la base exterior de las orejas. Pueden ser verdes, dorados o cobrizos, y no tienen que guardar relación con el color del pelo. Hay gatos blancos con ojos azules o impares. Las orejas son grandes y puntiagudas, anchas en la base. Están colocadas en alto pero muy separadas.

Las patas de largo medio son redondeadas, sólidas y están bien separadas; tienen zarpas grandes y redondas, con almohadillas en armonía con el pelo.

atigrado mackerel plateado con blanco

La cola larga, ancha en la base y con pelaje largo y ondulante, termina en una punta roma. No se permite exhibir gatos con torsiones en la cola.

El pelaje lustroso y espeso del Maine Coon es tupido, con pelo inferior liviano pero definido, que lo protege del frío intenso.

El pelo es corto en la cara y los hombros, pero más largo en el estómago y las patas traseras, y cae vaporoso, siguiendo las líneas del cuerpo.

El acicalado consiste en un cepillado suave cada pocos días para eliminar el pelo suelto. Con esto tendría que bastar para que el pelo no se enmarañe.

Variedades Esta raza se presenta en todos los colores y patrones, excepto en puntos de color, lila sólido y chocolate

gatitos atigrados rojizos y atigrados crema

sólido. Los atigrados suelen tener algo de blanco alrededor de la boca y la barbilla.

Temperamento El afable Maine Coon es famoso por su naturaleza afectuosa, su disposición calma y su inteligencia, y en especial por los dulces sonidos que emite durante todo el día. Es un compañero encantador, afectuoso y leal, y muy paciente con los niños.

Es un cazador excelente y no duda en arrojarse al agua. A veces come sosteniendo la comida entre sus patas delanteras.

Gatos de pelo largo

MASCOTAS

- Meticuloso peinado diario; el cepillado es esencial
- Tolera el clima frío
- Interior y exterior (excepto para gatos de exhibición, que tienen que permanecer en interior para protección del pelo)
- Compañeros afectuosos, bastante tranquilos

crema

PERSA

El Persa, la raza más popular en los Estados Unidos, es apreciado por su espléndido pelo ondulante, su cara bonita, y su personalidad dulce. Hay tantas clases y colores que es casi imposible elegir uno de ellos. En la actualidad, han perdido la habilidad de cazar y defenderse por sí mismos.

Historia El largo pelaje del Persa original puede haber sido una mutación que apareció en respuesta al clima frío, pero como este gato se conoció en Europa en el siglo XVII, su belleza constituyó el estímulo para el perfeccionamiento del pelaje.

Se cree que el Persa fue una de las primeras razas inscriptas y exhibidas, junto con los Manx, Abisinios y Domésticos de Pelo Corto. Originariamente se los llamó Pelo Largo en lugar de Persas, nombre que recién surgió a comienzos de la década de 1960 en los Estados Unidos.

En Gran Bretaña se los sigue llamando Pelo Largo, y se considera a cada color como una raza distinta con estándares apenas diferentes.

El Persa actual surgió de cruzas entre Angoras Turcos y Maine Coons. La influencia de los Maine Coons todavía se evidencia en las exhibiciones, donde se ven muchos Persas plateados y atigrados que conservan de aquellos antepasados las orejas grandes ubicadas en alto.

Mediante la reproducción selectiva y cruzando únicamente colores similares se pudo establecer un tipo ideal de Persa. Muchos de los excepcionales azules producidos en los años 1940 y 1950 fueron la base de reproducción de los criadores de los Estados Unidos.

Estos azules todavía constituyen la vara con que se miden todos los demás colores, y cualquier Persa azul que se exhiba debe cumplir o exceder su estándar.

Descripción El Persa ideal es un gato mediano a grande con cuerpo ancho, robusto, de tipo redondeado y patas cortas.

El pecho es amplio y profundo; hombros y grupa del mismo ancho, con una sección media bien redondeada. La musculatura es firme y bien desarrollada.

La cabeza es ancha y bien redonda, vista desde cualquier ángulo. La frente es abovedada, sin surcos verticales. Las mejillas son llenas y la nariz corta, chata y ancha. Tiene una depresión horizontal definida entre los ojos. La barbilla es llena y bien desarrollada de perfil, formando una linea perpendicular junto con la nariz y la frente. Las mandíbulas son anchas y fuertes, y el cuello es tan corto y grueso que la cabeza parece apoyarse directamente sobre los hombros.

Los ojos son grandes, redondos, brillantes y muy separados, y el color debe adaptarse al del pelo.

En la rutina de acicalado diario hay que limpiarles los ojos. Las orejas pequeñas, redondas, se inclinan hacia adelante y están muy separadas. No tienen que ser demasiado abiertas en la base, y tienen que formar parte del contorno redondeado de la cabeza.

Las patas cortas, gruesas y rectas tienen huesos pesados. Las zarpas son firmes y redondas, con penachos largos entre los dedos. Las almohadillas de las zarpas y la piel de la nariz armonizan en color con el pelo.

El largo de la cola debe ser proporcional al largo del cuerpo,

rojo

chocolate

Himalayo punto tortie

Gatos de pelo largo

Gatos de pelo largo

gatito blanco de ojos cobre

chinchilla plata

humo negro

de un espesor considerable. El pelaje espeso puede medir hasta 15 cm de largo y es suave, denso y pleno de vida. Debe formarse un collarín largo y lleno. El primer inconveniente es que hay que acicalarlo diariamente porque muda durante todo el año y el gato tendrá problemas de apareamiento y formación de bolas de pelo si no se le elimina el pelo suelto con asiduidad. Para hacerlo, utilice un peine metálico o un cepillo con dientes metálicos largos o cerdas naturales.

A muchos dueños les gusta bañar a sus gatos y, para los que participan en exhibiciones, existen instrucciones específicas acerca del cuidado de los distintos colores y tipos de pelo.

Variedades En Gran Bretaña, cada color de Pelo Largo tiene un estándar levemente distinto para cada tipo de cabeza y cuerpo.

En los Estados Unidos, los Persas de cualquier color compiten según un mismo estándar, lo que pone en desventaja a ciertos colores. No es fácil

tortoiseshell

producir un Persa plateado con el mismo tipo de cabeza y disposición de orejas que para el resto de los colores. En los Estados Unidos, algunas asociaciones llaman Persas Himalayos a los puntos de color, aunque otras clasifican a los Himalayos como raza individual. En Gran Bretaña se los llama Pelo Largo Colorpoint.

Además de ser clasificados por color, los Persas compiten en otras divisiones, cada una de las cuales acepta casi todos los colores.

La división sólidos comprende los blancos (de ojos azules, cobrizos e impares), cremas, negros, azules, rojos, lilas y chocolates. Todos los sólidos, excepto los blancos, tienen ojos cobre brillante.

La estrella de la división sombreada es el chinchilla plata. Es un gato blanco puro con un punteado negro delicado en la punta del pelo, piel de la nariz rojo ladrillo y ojos verdiazules.

En los Estados Unidos también hay una clase Plata Sombreado, que exige un punteado más negro y una marca de máscara facial, pero en Gran Bretaña hay una sola clase de plateados.

Otros colores de la división sombreados son los dorados, cameos (blancos punteados de rojo), además del chinchilla y las versiones sombreadas de los colores sólidos. Los ojos son cobrizos, excepto en los plata de ojos verdiazules, y los dorados, que tienen ojos verdes o avellanas.

Luego viene la división humo, con colores como humo crema, humo negro, humo azul, humo cameo, humo lila, humo chocolate y humo tortoiseshell. Esta clase exige un gato blanco sólido con el pelo exterior tan punteado con uno de los colores indicados que parezca de color sólido.

sombreado cameo

Gatos de pelo largo

Gatos de pelo largo

calicó

rojo y blanco

atigrado clásico café

La belleza asombrosa de los humos se evidencia cuando se les sopla suavemente el pelo de la espalda que, al abrirse, revela el níveo pelaje inferior.

La división atigrados abarca los atigrados crema, café, azul, rojo, chocolate, lila, plata, cameo y torbie (atigrado parchado). Cada uno viene en cuatro patrones atigrados: clásico, punteado, mackerel o moteado. Los patrones atigrados deben distinguirse claramente del color base y, excepto para el atigrado plateado, los ojos deben ser cobre. Estos gatos tienen un aspecto muy llamativo.

La división tortoiseshell es la menos numerosa y está formada por los cremas azules, cremas lila, cremas chocolate y tortoiseshell (rojo y negro). El patrón comprende ambos colores salpicados al azar en todo el cuerpo. Se prefiere una marca divisoria bajo la nariz y la barbilla (llamada "mancha"). Los ojos son cobrizos.

La división multicolor (también llamada bicolor) comprende los calicós –un gato blanco con salpicados de rojo y negro– también llamados tortoiseshell y blancos, además de calicó lila, calicó azul, calicó chocolate y varios colores sólidos, humos, tortoiseshell, sombreados o atigrados con agregado de blanco. Los ojos son de cobre brillante a anaranjados.

La división más nueva (en la mayoría de las asociaciones) es la de los Himalayos, que comprende los Persas puntos de color que sean puntos lila, azul, chocolate, foca, rojizo, tortie y lince. Los puntos tortie y lince pueden ser foca, azul, lila o chocolate. Los Himalayos tienen ojos azules.

Temperamento Calmo y suave, el Persa es un animal amoroso y atractivo. Es difícil resistirse a su carita, casi perdida entre el pelo, y afortunadamente a este gato le encanta ser admirado, acariciado y mimado.

Posa tendido en el umbral de una ventana o en un sillón como si fuera una obra de arte.

Tiene una voz calma y melodiosa, y responde a las caricias con murmuraciones de placer. También expresa su satisfacción a través de sus ojos grandes.

Al Persa le gusta estar acompañado pero no exige mucho y se entretiene solo sin problemas si los dueños se ausentan unas horas.

Estos gatos tienen la cualidad de ser sumamente tranquilos y muy serenos; pueden permanecer sentados durante largas horas sin hacer nada más que lucir hermosos.

Himalayo punto chocolate

Himalayo punto crema azul

Gatos de pelo largo

Gatos de pelo largo

RAGDOLL

Esta raza fue llamada Ragdoll –que en inglés significa muñeca de trapo– por su capacidad para relajarse y soltar el cuerpo por completo cuando se los toma en brazos. Esto junto con su inteligencia, su temperamento equilibrado y la devoción por sus dueños, hacen del Ragdoll una mascota ideal para familias con niños.

foca de zarpas blancas

azul de zarpas blancas

Historia El Ragdoll fue desarrollado en California durante la década de 1960, por cruza entre una gata de pelo largo y un Birmano punto foca de pelo largo. Posteriormente a esta cruza se agregaron Burmeses. La raza ha sido objeto de controversia desde entonces, y aunque fue aceptada para participar en campeonatos en 1965, todavía no ha conseguido tal categoría en la Asociación de los Aficionados a los Gatos (Cat Fanciers Association - CFA) de los Estados Unidos, la mayor asociación felina de ese país.

Ha sido reconocida hace poco en Gran Bretaña, pero no así en muchos otros países. Una de las objeciones que se le hacen al Ragdoll es que no siente el dolor. Es un concepto erróneo que puede haberse originado en la costumbre del Ragdoll de relajarse y no protestar cuando se lo manipula.

Descripción El Ragdoll ideal tiene un cuerpo grande, de buena osamenta, musculoso y macizo, algo alargado. Es macizo entre los hombros y el pecho, y de cuartos traseros pesados, con tendencia a desarrollar una "pancita" en el bajo abdomen. La cabeza es una cuña modificada ancha que parece aplanada entre las orejas. El hocico de largo medio es redondo, con barbilla bien desarrollada. La nariz de largo medio tiene un quiebre entre los ojos, y la piel armoniza con el pelo.

El cuello es corto, pesado y fuerte. Los grandes ojos ovalados son azul zafiro, muy separados, y en línea con la base de las orejas. Las orejas medianas son anchas en la base, con puntas redondeadas.

Las patas de huesos fuertes son de medianas a largas, con las traseras más largas que las delanteras. El pelaje de las delanteras es corto y espeso, mientras que el de las traseras es mediano a largo, espeso y plumoso. Las zarpas son grandes, redondeadas y apenachadas, con almohadillas cuyo color armoniza con el del pelo. La cola es larga, plumosa y proporcionada al cuerpo.

El pelaje afelpado y sedoso es de longitud media a larga, siendo más largo alrededor del cuello y en los bordes externos de la cara. Aunque no se enmaraña, hay que peinarlo a diario con un peine de dientes anchos para eliminar los nudos y el pelo suelto, y luego hay que cepillarlo suavemente con un cepillo de cerdas largas. Esto es muy importante durante la muda del pelo más grueso al final del invierno, para evitar la producción de bolas de pelo.

punto foca

Variedades El Ragdoll, un gato punteado, aparece en puntos lila, azul, chocolate y foca, en los patrones de punto de color, zarpas blancas y bicolor. La Asociación de los Aficionados a los Gatos (*Cat Fanciers Association - CFA*) acepta solamente la exhibición del bicolor, mientras que otras asociaciones incluyen los puntos rojizo, tortie y lince.

Temperamento Conocido por su adorable naturaleza, el Ragdoll se adaptará rápidamente a su dueño. Es gentil, inteligente y sereno.

MASCOTAS

- Peinado y cepillado diario
- Puede soportar el clima frío
- Interior y exterior
- Afectuoso, suave y tolerante

foca bicolor

REX DE SELKIRK

Gato bien proporcionado, el Rex de Selkirk se desarrolla a partir de una mutación genética espontánea que apareció hace apenas diez años. Hasta ahora, este gato de buen carácter es poco conocido fuera de los Estados Unidos, pero no caben dudas de que se ganará el corazón de muchos.

negro humo de pelo corto

punto crema de pelo corto

atigrado clásico rojizo de pelo corto

Historia Es el desarrollo más reciente de las variantes de Rex. El primer gato con este pelaje naturalmente enrulado apareció en Wyoming, Estados Unidos, en 1987, y su tipo ya ha sido aceptado para competir en campeonatos. El gato original fue cruzado con un Persa negro de raza pura, y tres de los seis gatitos que nacieron tenían el pelo enrulado, por lo que parece que los rulos se relacionan con un gen dominante.

Entre las razas que contribuyeron a la creación de este gato atractivo están los Persas, Exóticos de Pelo Corto y Británicos y Americanos de Pelo Corto. Los compradores deben saber que se trata de una raza muy nueva, por lo que tal vez quede por definir si tiene debilidades genéticas relacionadas con sus genes.

Descripción El Rex de Selkirk se está presentando como un gato grande, de huesos pesados, parecido en conformación al Británico de Pelo Corto. El torso macizo y musculoso es rectangular y la espalda, recta. Los hombros y las caderas tienen el mismo ancho. La cabeza es redonda, ancha y de mejillas llenas, sin planos chatos. De perfil, la nariz tiene un corte o un quiebre moderado, y su piel armoniza con el color del pelo. La barbilla es firme y está bien desarrollada. Los ojos son grandes, redondos y están bien espaciados. El color no necesita adaptarse al del pelo. Las orejas medianas son puntiagudas y están muy espaciadas.

Las patas de largo medio tienen buenos huesos; no son cortas y abultadas ni largas y desgarbadas. Las zarpas grandes son redondas y firmes, con almohadillas cuyo color armoniza con el pelo.

El pelaje es bastante más largo que el de las otras razas Rex, con pelos protectores bien definidos. Es suave, afelpado, espeso y obviamente enrulado, con la textura suave del vellón de un cordero. Está formado por rulos individuales sueltos que se notan mejor alrededor del cuello, en la cola y en la panza. Si se lo peina cada pocos días con un peine de dientes anchos, se elimina el pelo suelto y se mantiene en buen estado. Para exhibirlo, rocíele el pelo con agua entre cada evaluación para definir los rulos; esto funciona mejor que el peinado. Si se peina o se cepilla en exceso el pelaje húmedo, el pelo se estira y los rulos son menos evidentes.

Variedades Se aceptan todos los colores y patrones, incluyendo los lilas sólidos, chocolates, atigrados y puntos de color.

Temperamento Saludable, robusto y paciente, el Rex de Selkirk tiene una disposición afectuosa y tolerante.

rojizo de pelo largo

atigrado café de pelo corto

MASCOTAS

- Peinado liviano asiduo
- Tolera el clima frío
- Interior y exterior
- Robusto y afectuoso, muy paciente

Gatos de pelo largo

297

Gatos de pelo largo

RIZADO AMERICANO

El Rizado Americano es inconfundible gracias a sus orejas curvadas hacia atrás. Curioso y compañero, este atractivo gato se adapta con facilidad a cualquier situación hogareña y tolera perfectamente la presencia de otros animales. Puede ser de pelo largo o corto.

manchado plata de pelo corto

Historia Aunque de historia breve, esta raza ya se ha ganado una legión de admiradores. El primer ejemplar de Rizado Americano fue una gatita de padres desconocidos que apareció en el umbral de la casa de Joe y Grace Ruga en Lakewood, California, Estados Unidos, en 1981. Cautivados por sus atípicas orejas, se la quedaron y la llamaron Shulamith, que significa "negra y bella". Todos los Rizados Americanos descienden de Shulamith, la hembra fundacional.

En diciembre de 1981, Shulamith tuvo una camada de cuatro gatitos, dos con sus mismas orejas rizadas. Se le pidió a un especialista en genética que estudiara el fenómeno y éste confirmó que las orejas atípicas eran un rasgo genético y que el gen era dominante.

En 1983 se inició la cría selectiva y la presentación de los Rizados Americanos en exhibiciones, y en la actualidad son aceptados por todas las asociaciones de los Estados Unidos. Son saludables y se presentan en todos los colores y patrones, tanto con pelo largo como corto. La Asociación Felina Internacional (*The International Cat Association - TICA*) aceptó la inscripción de la raza en 1985 y le otorgó el permiso para participar en campeonatos en 1986. Hasta hoy la raza no ha sido reconocida en Gran Bretaña.

Descripción El cuerpo del Rizado Americano es mediano, de forma alargada, de moderada fuerza y tono muscular. La cabeza es una cuña modificada, más larga que ancha, con nariz recta y hocico ni puntiagudo ni cuadrado. Es un animal elegante y alerta, con una expresión dulce y amistosa. Los ojos tienen forma de nuez, moderadamente grandes, y pueden ser de cualquier color, sin ninguna relación especial con el color del pelo, excepto para las clases de puntos de color, que llevan ojos azules. Las patas son de osamenta mediana y las zarpas, medianas y redondas. La cola es ancha en la base, ahusada, de la misma longitud que el cuerpo; el Rizado Americano de pelo largo tiene

MASCOTAS

- Peinado diario rápido
- Tolera climas cálidos o fríos
- Interior
- Afectuoso y juguetón

blanco y atigrado clásico café de pelo largo

atigrado clásico rojizo de pelo largo

una hermosa cola emplumada. La característica más distintiva del Rizado Americano son las orejas curvas. Al nacer, las orejas son rectas pero empiezan a curvarse hacia atrás dentro de los primeros diez días de vida, aunque el grado de curvatura no queda establecido hasta alrededor de los cuatro meses. Hay que tratarles las orejas con cuidado; si se las trata de forzar a una posición antinatural puede romperse el cartílago. El grado de rizado de las orejas es de importancia fundamental en los especímenes de exhibición: tiene que formar un arco de 90° mínimo y 180° máximo. El cartílago tiene que ser firme desde la base de la oreja hasta por lo menos la tercera parte de la altura.

Las orejas son anchas en la base y abiertas, rizándose hacia atrás en un arco suave visto de frente y de atrás. Las puntas son redondeadas y flexibles.

Dado que el rizado de la oreja es la característica identificatoria del Rizado Americano, el estándar indica la descalificación de todo gato cuyas orejas se curven a tal extremo que toquen la parte de atrás de la oreja o la cabeza, o que tenga las orejas rectas o demasiado desparejas en cuanto al grado de curvatura.

Ambas variedades, pelo largo y corto, tienen pelaje suave y sedoso, con un pelaje inferior mínimo y sin collarín. El acicalado es fácil porque el pelo no se enreda; basta con un peinado asiduo y un baño ocasional para mantener su buen aspecto.

Variedades Los Rizados Americanos se presentan en todos los colores y patrones. Los hay de un blanco níveo reluciente con ojos azul celestes, o un atigrado plateado con ojos verde esmeralda.

Dado que tienen una reserva genética amplia (los Rizados pueden cruzarse con cualquier otra raza que guarde relación con su conformación física), hay Rizados Americanos de cualquier color de pelo, incluyendo los puntos de color, y de cualquier color de ojos que se pretenda. Debido a que se destacan por sus atípicas orejas rizadas, se acepta cualquier color de ojos y color y longitud de pelo con fines de exhibición.

Temperamento Curioso y amistoso, el travieso Rizado Americano disfruta de la compañía humana y sigue siendo juguetón y aniñado hasta bien entrado en su vida adulta. Son gatos muy afectuosos, de temperamento parejo, vivaces e inteligentes, y enseguida se apegan a nuevas amistades humanas.

moteado café de pelo corto

Gatos de pelo largo

SIBERIANO

Gato magnífico y de apariencia salvaje, el Siberiano es un excelente cazador y se adapta muy bien a los climas de temperaturas extremas. Se sabe poco de su origen, pero se cree que es una de las primeras razas de pelo largo.

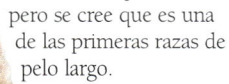

atigrado mackerel crema

atigrado mackerel café

Historia Los Gatos del Bosque Siberiano no son muy conocidos fuera de Rusia, pero en su tierra natal son una raza antigua.

Los primeros gatos de esta raza llegaron a los Estados Unidos en 1990, y ya han despertado la atención de muchos.

También compitieron por campeonatos en Europa. En la actualidad la Asociación de los Aficionados a los Gatos (*Cat Fanciers Association - CFA*) de los Estados Unidos no acepta a los Gatos del Bosque Siberiano, aunque no ocurre lo mismo con las otras asociaciones.

Descripción El Siberiano es un gato grande, fuerte y musculoso, que se diferencia del Maine Coon y del Gato del Bosque Noruego en que presenta un aspecto general de formas redondeadas y circulares en lugar de cuñas y ángulos. El cuerpo es de un largo moderado, con la espalda levemente curvada o arqueada. El cuerpo de los adultos tiene un formato alargado, con músculos firmes y huesos largos.

La cabeza es una cuña modificada mediana, con contornos bien redondeados, más ancha en la frente y estrechándose levemente hasta el hocico lleno y redondo, y la barbilla redondeada. Los pómulos no se ubican muy altos ni son muy prominentes. La punta de la cabeza es chata, y la nariz forma una curva suave. La piel de la nariz armoniza en color con el del pelo. Los ojos son grandes, expresivos y casi redondos. Están muy separados, con la esquina externa en ángulo hacia la base interna de las orejas. Aunque suelen ser de color verdiazul, se permite cualquier color sin que guarde relación con el del pelaje. Las orejas de medianas a grandes son anchas en la base y están muy separadas. Se prefiere la presencia de un penacho en la articulación de la oreja.

Las patas son moderadamente largas, de huesos pesados. Las zarpas son grandes y redondeadas, y se prefiere que tengan penachos en los dedos. Las almohadillas son de color relacionado con el pelo. La cola es de largo medio, ancha en la base y de punta roma, con mucho pelo.

En el cuerpo, el pelaje doble es de moderadamente largo a largo, con una capa inferior densa más clara y collarín completo. La capa densa protege al animal del frío extremo de su tierra nativa, y es impermeable gracias a los pelos protectores oleosos sobre los que la nieve se desliza con facilidad. El pelo no se enmaraña, pero se recomienda acicalarlo con asiduidad, en especial en primavera y verano cuando muda el pelo invernal grueso. Así se evita la formación de bolas de pelo.

Variedades El gato Siberiano se presenta sólo con pelo largo. Aunque el color más común es el atigrado café, puede ser de cualquier patrón y color o combinación de colores, excepto puntos de color, lila sólido o chocolate sólido. El pelaje más largo es claro cerca de la piel y va oscureciéndose hacia la punta. Por eso el pelaje reluce cuando el gato se mueve.

Temperamento El gato Siberiano tiene una personalidad dulce que coincide con la expresión de su carita. Es un compañero afectuoso, amable y leal. *atigrado café*

MASCOTAS

- Peinado liviano asiduo
- Tolera el clima frío
- Interior y exterior
- Robusto y compañero

atigrado crema

Gatos de pelo largo

303

SOMALÍ

Con su hermoso pelaje de colores variados, el ágil Somalí disfruta de un meteórico ascenso a la fama y popularidad. Es una mascota encantadora y entretenida.

azul

ruddy

Historia El Somalí, la versión en pelo largo del Abisinio, se desarrolló a partir de gatitos de pelo largo que aparecieron en las camadas de Abisinios que portaban este gen. (Los Somalíes, por el contrario, nunca produjeron gatitos de pelo corto.)

En 1972 se fundó el Club Somalí Americano (*Somali Cat Club of America*) y pronto se obtuvo el reconocimiento para competir en campeonatos por parte de la ya desaparecida Asociación Nacional de los Aficionados a los Gatos (*National Cat Fanciers' Association*).

En la actualidad, los Somalíes pueden participar en los campeonatos organizados por todas las asociaciones de los Estados Unidos y están ganando popularidad en el mundo, aunque en las exhibiciones no se aceptan todos los colores de pelo.

Descripción El cuerpo de mediano a grande es ágil, con músculos fuertes bien desarrollados. La caja costal es redondeada y la espalda, levemente arqueada, por lo que parece que el gato estuviera a punto de saltar.

La cabeza es una cuña modificada, levemente redondeada, sin planos chatos; las líneas de la frente, las mejillas y el perfil muestran un contorno suave. Los ojos almendrados son grandes, brillantes y expresivos, dorados, azules o avellana, preferiblemente en tonalidades oscuras. Están acentuados por párpados oscuros y sobre cada ojo hay una marca vertical. Una marca oscura horizontal une el labio superior con la oreja. Las orejas grandes, moderadamente puntiagudas, son anchas y ahuecadas en la base. Están ubicadas en posición media hacia la parte de atrás de la cabeza. La parte interna tiene penachos horizontales que llegan casi hasta el otro lado de la oreja, y se prefieren las puntas con penachos.

Las patas guardan proporción con el torso y las zarpas ovales son pequeñas, con penachos en los dedos. Las almohadillas de las zarpas varían según el color del pelo. La cola es muy poblada, gruesa en la base y se estrecha hacia la punta fina.

El pelaje doble, de largo medio, es muy suave, fino y cuanto más denso, mejor. No se enmaraña, pero hay que peinarlo con asiduidad para eliminar los pelos sueltos. Se prefieren los gatos con cola bien poblada. El color blanco sólo debe presentarse en la parte superior de la garganta, la barbilla y las fosas nasales.

Variedades El Somalí se presenta en rojo, ruddy, azul y gamuza. Todos los pelos son marcados, excepto en la parte inferior del cuerpo, pero el marcado no llega a desarrollarse por completo hasta los 18 meses de vida. Cada pelo tiene por lo menos tres bandas de colores distintos. El pecho, el interior de las patas y la panza no deben tener marcas. Puede tener un collarín claro interrumpido, aunque no es un rasgo deseable. Un collarín oscuro continuo es causa de descalificación en una exhibición.

Temperamento Inteligente, extrovertido y muy sociable, el Somalí es un entusiasta de la vida, adora jugar y le encanta estar acompañado. Le gusta pasar bastante tiempo afuera y se intranquiliza si se lo deja encerrado. Tiene una voz suave, pero no es muy hablador.

MASCOTAS
- Peinado diario
- Tolera el clima frío
- Interior y exterior
- Juguetón y activo, necesita compañía humana

rojo

gamuza

Gatos de pelo largo

305

Van Turco

La característica más atípica del Van Turco es que no se resiste a meterse al agua. Puede haberse adaptado a ello por la necesidad de atrapar peces para alimentarse, pero ahora parece nadar por puro placer.

rojo y blanco

calicó

tortie y blanco

Historia Los miembros fundadores de la raza Van Turco fueron dos gatitos llevados a Inglaterra en 1955 desde el distrito del lago Van, en Turquía Occidental, por dos mujeres británicas que habían ido allí a pasar sus vacaciones. Importaron otros dos gatos Van en 1959, y en 1969 la raza fue aceptada para competir en campeonatos en Gran Bretaña. Al año siguiente llegaron los primeros Vans a los Estados Unidos, donde fueron inscriptos en 1985. Todavía no es aceptado por todas las asociaciones para competir en campeonatos.

Aunque llevan el nombre del lago Van, no hay evidencias de que los gatos sean originarios de ese lugar.

Descripción El Van es un gato de estructura sólida, con pecho muy amplio. Su fuerza y su energía se evidencian en la robustez del cuerpo y las patas. Los machos maduros exhiben un marcado desarrollo muscular en el cuello y los hombros, con hombros de por lo menos el mismo ancho que la cabeza. Tiene una caja torácica bien redondeada, y caderas musculosas. La cabeza es una cuña redonda grande, de contornos suaves, con hocico de largo medio y pómulos prominentes. De perfil, la nariz tiene una incisión leve debajo del nivel de los ojos y su piel es rosada. Los ojos grandes, redondos, están ubicados con una leve inclinación. Tienen que ser claros, alertas y expresivos, y tener ribetes rosados. Las orejas moderadamente grandes están en lo alto y muy separadas. Las puntas son levemente redondeadas y tienen mucho pelo en el interior.

Las patas son moderadamente largas y musculosas; están bien separadas y van estrechándose hasta las zarpas redondeadas, bastante grandes, con penachos entre los dedos y almohadillas rosadas. La cola es larga y tupida.

El pelaje semilargo tiene la textura de la cachemira, suave hasta las raíces sin rastros de pelaje inferior. Por este motivo se seca rápidamente después de que el gato se da una zambullida. Las orejas, patas, zarpas y panza son emplumadas. El pelo facial es corto, pero tiene un collarín frontal que sobresale más con la edad. El pelaje se mantiene en buen estado peinándolo dos veces por semana para eliminar los pelos sueltos, pero exige más atención cuando muda el pelo del invierno, para impedir la formación de bolas de pelo.

Variedades El Van Turco se presenta sólo en blanco y en un patrón, el van. Esto significa que únicamente la cabeza y la cola son de otro color y que no puede tener más de dos lunares en el cuerpo. El color debe ser sólido, crema o castaño en Gran Bretaña, pero en los Estados Unidos también se aceptan los atigrados y multicolores. Se lo prefiere con una mancha blanca en la frente, desde la nariz hasta por lo menos el puente entre las orejas; para los Turcos, esto indica la bendición de Alá.

Temperamento Este gato tiene una voz melodiosa bastante poco común, es activo, inteligente y una compañía alegre para el dueño adecuado. No acostumbra treparse a la falda, y se siente más seguro y es más fácil manipularlo si tiene las cuatro patas apoyadas sobre una superficie sólida.

MASCOTAS

- Acicalado asiduo
- Tolera el clima frío
- Interior y exterior
- Ágil, alerta y compañero

negro y blanco

Gatos de pelo largo

307

GLOSARIO

acicalado manual mover suavemente el pelo del gato con las manos para eliminar los pelos sueltos.

ácido bórico en polvo un polvo blanco que se utiliza como antiséptico suave.

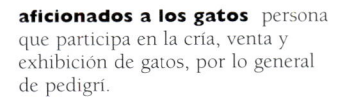

aficionados a los gatos persona que participa en la cría, venta y exhibición de gatos, por lo general de pedigrí.

alcoholes minerales aguarrás o diluyente de pintura, útil para eliminar manchas.

almidón de maíz un almidón fino, con consistencia de talco, hecho con granos de maíz, arroz u otros cereales.

almohadillas de los bigotes las almohadillas gruesas o adiposas, alrededor de la zona de los bigotes.

atigrado patrón del pelaje, con marcas circulares, rayadas o manchadas.

bandas claros de color en sentido transversal.

bicolor un gato con más de dos manchas de color en el torso, tanto blancas con un color básico como blancas con un color atigrado.

calostro el fluido lechoso secretado por los pezones de la madre durante los primeros días posteriores al alumbramiento. Es rico en proteínas y contiene anticuerpos que protegen a las crías contra las enfermedades durante las primeras semanas de vida.

castrar eliminar quirúrgicamente los testículos del macho para impedir la reproducción.

categoría de mascotas hogareñas si en los Estados Unidos se quiere inscribir un gato de raza mixta en una exhibición, se presentaría en esta categoría.

collar bandas de color que cruzan la parte inferior del cuello y la zona del pecho, como si el gato llevara un collar.

collarín pelo saliente o alargado alrededor del cuello y el pecho.

color base el color básico (o más claro) del gato en cualquiera de los patrones atigrados.

color inferior el color del pelo más cercano a la piel.

corte una leve depresión en el puente nasal, entre los ojos o justo por debajo de los ojos. No es tan visible como un quiebre.

corva articulación primera, o inferior, de la parte de atrás de las patas.

cuarentena período de aislamiento para evitar la difusión de una enfermedad. Cada país tiene sus propias normas respecto de la duración de este período.

de raza pura gato producto de la reproducción de ejemplares de la misma raza, para mantener las características y los rasgos de las generaciones anteriores.

de raza mixta gato resultado de dos o más razas distintas que no forma una raza individual; que no es de raza pura.

encaje marcas blancas en las patas.

en celo período en que la hembra está dispuesta a aparearse con el macho.

estándares normas establecidas para cada raza por las asociaciones felinas; incluyen las cualidades por las que se las evalúa en las exhibiciones.

esterilizar eliminar quirúrgicamente el útero de una gata hembra para impedir la reproducción.

eutanasia poner a dormir definitivamente o provocar la muerte de una manera indolora y tranquila para dar fin a una enfermedad incurable y al sufrimiento.

flancos los costados carnosos del gato, entre las costillas y las caderas.

gato vagabundo un gato doméstico indómito que nació en estado salvaje, o ha vuelto a ese estado.

gen parte del cromosoma que determina los rasgos hereditarios.

hereditarios rasgos/genes que se transmiten de padres a hijos.

GLOSARIO (continuación)

hocico las mandíbulas y la boca.

mackerel un tipo de patrón atigrado en el que los colores del pelaje aparecen a rayas.

marcado colores oscuros y claros de cada pelo, en bandas alternadas.

máscara facial sombreados oscuros en la cara.

medallón marcas blancas uniformes en el cuello.

multicolor de dos colores, siempre blanco con otro color básico.

mutación variación de una característica genética que se transmite a las generaciones siguientes. Puede ser accidental o ambiental, y el gato puede resultar normal o defectuoso.

nariz romana nariz con una protuberancia.

ojos en forma de nuez ojos ovalados o almendrados arriba y redondos en la base.

ojos impares ojos de distintos colores, por lo general uno azul y el otro cobrizo o amarillo.

pedigrí la línea de ascendientes o antepasados directos, o el certificado que muestra los ascendientes o antepasados.

pelaje doble a diferencia de los pelajes normales, la piel no es visible cuando se abre el pelaje.

pelos protectores gruesos, largos y rígidos que forman el pelaje externo del gato.

punteado pelos claros esparcidos entre pelos de color más oscuro o mechones de pelos más claros entre otros de color.

punto de color un gato con sombreados más oscuros en la máscara facial, orejas, zarpas y cola.

puntos extremidades del cuerpo que abarcan la máscara facial, las orejas, las patas y la cola.

puntuación (en exhibiciones) los puntos otorgados a un gato según la evaluación que haga el juez de acuerdo con un estándar. Cada juez puede otorgar 100 puntos.

quiebre una depresión en el puente nasal, entre los ojos o justo sobre los ojos. Es más visible que un corte.

quiebre de los bigotes depresión en la mandíbula superior.

refugio centro de rescate o refugio de animales perdidos o abandonados.

rociar instinto natural de orinar distintas superficies como medio de demarcar territorios. Es más común en el macho no castrado, pero las hembras no castradas y los machos castrados también rocían.

sarro sedimento duro, de color amarronado, que se deposita en los dientes y puede provocar su caída.

torbie combinación de los patrones tortoiseshell y atigrado, también llamado "atigrado parchado".

torsión un torcimiento, curvatura o protuberancia en el hueso de la cola.

tortoiseshell un patrón parchado o moteado que semeja el carey de algunas tortugas.

vacunación la inyección de una vacuna para inmunizar. Se inyecta una pequeña cantidad de una enfermedad específica para permitir que se generen anticuerpos y evitar la aparición de la enfermedad.

van que tiene una o dos motas en el torso. Las motas son de algún color básico.

van calicó un gato blanco con dos manchas de dos colores básicos en el torso.

AGENDA

Agenda

Las siguientes organizaciones podrán indicarle con quién contactarse para obtener datos útiles sobre inscripción, estándares, exhibiciones de gatos y cualquier otro tipo de información.

USA

American Cat Association - ACA
8101 Katherine Avenue
Panorama City CA 91402
Tel: 818 781 5656
Fax: 818 781 5340

Cat Fanciers' Association - CFA
PO Box 1005
Manasquan
NJ 08736-0805
Tel: 732 528 9797
Fax: 732 528 7391

American Cat Fanciers' Association
Branson
MO 65726
Tel: 417 334 5430
Fax: 417 334 5540

CANADÁ

Canadian Cat Association
220 Advance – B1 Ste 101
Brampton
Ontario L6T 4J5
Tel: ++1 905 459 1481
Fax: ++1 905 459 4023

EUROPA

Governing Council of Cat Fancy
4-6 Penel Orlieu
Bridwater
Somerset TA6 3PG
Inglaterra
Tel: ++44 1278 427575

Cat Association of Britain
The British member of the FIFe
Mill House
Letcomb Regis
Oxon OX12 9JD
England
Tel: ++44 1235 766543

AUSTRALIA

New South Wales Cat Fanciers Association Inc.
PO Box 485
Round Corner
Dural
NSW 2158
Tel/Fax: ++61 2 9634 1822
Email: nswcfa@hotkey.net.au

Feline Control Council of Victoria
Royal Showgrounds
Epsom Road
Ascot Vale
VIC 3032
Tel: ++61 3 9281 7404
Fax: ++61 3 9376 2973

ÍNDICE

Las páginas en *itálicas* indican ilustraciones y fotos.

A

A solas en casa 114-15
Abastecederos de agua 88, 114, *115*
Abscesos 141
Abisinio 208-11, *208-11*
   Azul *210*
   Gamuza *211*
Acariciarlos 174
Ácaros de la cabeza 135
Ácaros de los oídos 134, *135*
Ácaros de la sarna *132*, 135
Acicalado 62, 96, 102-4, *103*, 158
   ver también Aseo
   implementos para 90, *100, 101*
Acné 140
Administrar medicamentos a los gatos 146-147
Adopción, de gatos adultos 70-1
Afecciones respiratorias 137
Agresión *170*, 170-1
   Ver también Pelea; Caza
Ahogo 153-4, *153*
Alergias 137-8

Alimentación 92-3, 94-5
   Problemas 136
Alimentos
   Frescos 92, *94*
   Nutrientes 93-4
   Procesados 92, *94*
   Variedad 93
Alumbramiento
   después del parto 189
   el parto 186, *187*, 188
   trabajo de parto 186
Amasar 165
Americano de Pelo Corto 212-15, *212-15*
   atigrado azul clásico *213*, 215
   atigrado mackerel crema *214*
   atigrado parchado café *214*
   blanco *212*, 214
   chinchilla chocolate *214*
   crema azul *214*, 215
   gatitos atigrados plateados clásicos 213, *213*
   plata sombreado *215*, 215
Americano de Pelo de Alambre 216-7, *216-7*

   atigrado mackerel café 217, *217*
   bicolor blanco y negro 216, *216*
   van calicó 217, *217*
Angora Turco 276-77, *276-77*
   atigrado clásico rojizo *276*
   atigrado parchado plata con blanco *277*
   bicolor blanco y negro *276*
   blanco de ojos impares *277*
Anquilostomas 130
Apareamiento
   elección del macho 182
   para preñez 181
   ritual 180-1
Arañazos 133, *133*, 174, *174*
   en muebles 76
Árboles y gatos 154-5
Arneses 89, *89*, *90*
Ascárides 128, *128*, 131
Aseo 96-7, 125
   Ver también Baño; Secado; Acicalado
   compulsivo 174
Audición 25

B

Balinés 26, *130*, 278-79, *278-79*
  foca punto lince *278*
  punto azul *278*
  punto chocolate *279*
  punto lila *279*
Bandeja sanitaria 87
Baño 98-9
  Ver también Secado
Bengala 218-19, *218-19*
  atigrado moteado café *218*
  leopardo moteado negro *219*
  marmolado café *219*
Birmano 280-81, *280-81*
  punto foca *280*
  punto lila *281*
  punto lince *280*
Bobtail Japonés 28, *28*, 220-21, *220-21*
  bicolor rojizo y blanco *220*
  blanco y negro *221*
  Mi-ke de pelo largo *221*
Bolas de pelo 143
Bombay 222-23, *222-23*
Británico de Pelo Corto 224-27, *224-27*
  atigrado mackerel rojizo *224*, 226
  atigrado moteado café *226*, 227
  azul *225*, 226
  bicolor azul y blanco *224*, 226
  crema azul *226*, 227
  negro *227*, 227
Burmés 65, 228-31, *228-31*
  Azul *229*, 231
  Champaña *229*, 231, *231*
  Platino *228*, 231
  Sable *230*

C

Cabezas 24
Calcivirus felino 126
Camuflaje 22-3
Caracal 46, *46*
  africano 15
  Linaje 15, *15*
Caspa 141-2
Castración 79, 116-17
Caza 172-3, *172-73*
Celos 175
Chartreaux 232-33, *232-33*
Chitas 14, 44-5, *44-5*
Clamidia 126-7
Clasificación 14-16
Coccidiosis 131
Cola de semental 141
Colas 21, 28-9, *28-9*
Collar isabelino 145
Collares 89, *90*
Comprar gatos 66-7, 79
Compañía 74-5
Condición sagrada 16-17
Conducta 163
  Ver también Lenguaje corporal y Problemas de conducta más comunes 174-7, *174-7*
Contenedores para viajes 91, *112-13*
Control de la temperatura 20
Correas 89, *90*
Cría 179
  Alumbramiento 186-9
  ciclo de la hembra 180-1
  cuidado de los gatitos 190-1
  estándares internacionales 200-1
  estándares nacionales 200-1
  genética 194-5
  preñez 184-5, *184-5*
  procedimientos 182-3
Cuarentena 81
Cuidado de la encías y dientes 96, 97, 124, *124*
Cuidado de la salud
  ver también Vacunación

ÍNDICE (continuación)

administrar medicamentos 146-8, *146-8*
controles 120, *120*, 124, *124*, 134, *134*
cuidados hogareños 123-5
cuidado postoperatorio 145
deshidratación 123-4, *123-4*
exámenes *134*, 134
síntomas de advertencia 120, 122-3, 136
Cuidadores de gatos 114-5
Cuerpos 18, 19

D

Demanda de atención 168, *168*
Deposiciones 176-177
Derechos territoriales 176
Dientes 18-19, 20
Dosificadores de alimentos 88, *88*, 95

E

Elección 60-1, 62-5, 80, 182
Electrocución 153
Eliminación de las uñas 106
Enfermedades 126-7, 136-7
   Ver también Alergias; Parásitos Externos; Parásitos Internos
Enteritis infecciosa felina 126
Entrenamiento 76-7
Envenenamiento 156
Esfinge 22, *22*, 234-35, *234-35*
   atigrado mackerel café 22, *22*, 235
   blanco y negro 234
   negro 22, *22*, 235
   torbie mackerel café 234
Especies 10-11, *11*, 13
Esterilización 79-80, *116*, 116-7
Eutanasia 161
Ejercitación 108, *108*
Exhibición de gatos 193, 198-9
   Acicalado 196
   Clases 197
   Evaluación 199, *199*, 201
   Preparación *196*, 196-7
Exótico de Pelo Corto 236-9, *236-9*
   azul *236*, 238
   atigrado café clásico 237
   atigrado rojizo *239*, 239
   blanco *237*, 239
   crema azul *238*, 238
   negro humo *236*, 238-9
   punto crema 239
   tortie humo *238*, 238
Expectativa de vida 158

F

Fiebre 154
Fiebre gatuna *ver* Rinotraqueitis felina 126
Filaria 140
Fold Escocés 27, 282-83, *282-83*
   atigrado mackerel crema 283
   blanco 283
   calicó 282
Fracturas 151-2
Frotación contra las piernas 169, *169*

G

Garrapatas *132*, 135
Gateras 76-7, 90
Gatitos
   Alimentación 190-1
   Aseo 190
   Cuidados 188, *188*
   Huérfanos 190, 191
   primera respiración 188-9
Gato Bay de Borneo 15
Gato chino de montaña 16

Gato de la arena 16
Gato del Bosque Noruego 284-5, *284-5*
  atigrado manchado café con blanco 285
  atigrado mackerel café con blanco *284*, 285
  azul y blanco *284*
Gato dorado 15
Gato Leopardo Asiático 16, 218
Gato Pallas asiático de cara achatada 50-1, *51*
Gatos *ver también* Gatos vagabundos; Gatos salvajes
  de granjas 75
  del antiguo Egipto 12, 13, 16-17
  historia 12-17
  y otras mascotas 69, 71
Gatos con pedigrí 64-5, 78
Gatos de exterior 74, 75, *110,* 110-11
Gatos de interior 74
Gatos de patas negras 16
Gatos de pelo corto
  Acicalado 102-3, 103
  Elección 63
  Razas 207-73, *207-73*
Gatos de pelo largo
  Acicalado 103-4, 142, *142*
  Elección 62
  Razas 275-307, *275-307*
Gatos ancianos 111
  Alimentación 161
  Cuidado 111, 158
  Eutanasia 161
  Peso 161
  signos de la edad 159-61
Gatos salvajes 31
Gatos sin pedigrí 65
Gatos vagabundos 54, *55*
Genética 194-5
Gérmenes residentes 139
Gusanos 129

H

Habana Café 240-1, *240-1*
Hemorragias *150,* 150-1
Heridas 150-3, *150-3*
Hierba gatuna 156

I

Inmunización 139
Inscripción 78-9
Instrumentos de identificación 78, *78*
Internación 114-15

J

Jaguares 38-9, *38-9*
Jaguareté 52, *52*
Jaulas 91
Javanés 280, *280*
Jerarquía felina 171
Juegos *108,* 108-10, 171, *171*
Juguetes 90-1

K

Kodkod 50, *50*
Korat 242-43, *242-43*

L

Lecho 84-5, *84-5,* 84-5, 90, *90*
Lenguaje corporal 164-9, *164-9*
  Agresión 170-1
  Sumisión 165
Leones 12, *30,* 32-3, *32-3*
Leopardos 36-7, *36-7*
Leopardo de la nieve 40-1, *40-1*
Leopardo nebuloso de Asia 52, *52*
Limpieza de la bandeja sanitaria *86,* 86-7
Linaje *Felis* 14
Linaje Gato Bay 15

317

ÍNDICE (continuación)

Linaje Gato Doméstico 16
Linaje *Panthera* 14, 15
Lince español 47, *47*
Lince euroasiático 47, *47*
Lince norteamericano 47, *47*
Linces 46-7, *46-7*
Linaje 15
Llegar a casa 68-9
Lugar para dormir 71, 84-5

M

Maine Coon 286-7, *286-7*
   atigrado clásico azul *286*
   atigrado crema *287*
   atigrado mackerel plateado con blanco *287*
   atigrado rojizo *287*
Manx 244-45
   atigrado clásico rojizo *245*
   atigrado mackerel con manchas café *244*
   atigrado mackerel rojizo de pelo largo *245*
   bicolor negro y blanco *245*
Margay 53, *53*
Masticación de lana 142-3

Mau Egipcio 246-7, *246-7*
   bronce 247, *247*
   humo 247,
Medicamentos 146-8, *146-8*
Mordiscones 174
Muda de pelo 143
Munchkin 248-9, *248-9*
   blanco de ojos impares, pelo largo *249*
   punto foca *249*
   tortie y blanco 248, *248*
Mutaciones 195

N

Niños y gatos 61, 73
Noruego azul y blanco 25, *25*

O

Ocelotes 48, *49*, 49
   Linaje 15
Ocicat 23, *23*, 250-1, *250-1*
   azul *251*
   chocolate *250*
Ojos 26-7, *26-7*, 167, *167*, 190
Olfato 20
Oncilla 51, *51*
Orejas 24, 134, *134*, 166, *166*

Oriental azul 25, *25*
Oriental de Pelo Corto 63, 195, 252-255, *252-55*
   atigrado lavanda 254, *255*
   atigrado manchado azul de pelo largo *254*
   atigrado manchado ébano *254*, 255
   atigrado manchado rojizo *254*, 254
   blanco de pelo largo *252*
   blanco 254, *255*
   ébano 253, *254*

P

Panleucopenia *ver* Enteritis infecciosa felina
Parásitos externos 132-3, *132-3*
Parásitos internos 128-31, 140
Pelaje 22-3
Pelaje enmarañado 142, *142*
Peleas 171
Peritonitis Infecciosa Felina 127
Persa 22, *22*, 28, 63, 64, 127, *200*, 288-93, *288-93*
   atigrado clásico café *292*
   blanco de ojos cobre *290*
   calicó 25, *25*, *292*

crema 288
chinchilla plata 290
chocolate 289
Himalayo punto chocolate 293
Himalayo punto crema azul 293
Himalayo punto tortie 289
humo negro 290
rojizo 289
rojo y blanco 292
sombreado cameo 291
tortoiseshell 291
Piómetra 136-7
Plantas venenosas 157
Postes para rascar 89, 89, 109, 109
Postura corporal 168, 172, 172
Postura de lordosis 168-9
Preñez 184-5, 184-5
 apareamiento para 181
Primeros auxilios 149, 149
Proailurus 12
Problemas de bigotes 144
Pseudailurus 12
Pulgas 132, 132-2, 135
Pumas 42-3, 42-3

Q
Quemaduras 152-3

R
Rabia 127
Ragdoll 294-5, 294-5
 azul de zarpas blancas 294
 foca bicolor 295
 foca de zarpas blancas 294
 punto foca 295
Reacción Flehmen 165-6
Recibimientos y saludos 162
Recién nacidos *ver* Gatitos
Recipientes para alimentos 88, 88, 95
Recorte de uñas 106-7, 107
Refugios 79
Rex de Cornualles 256-7, 256-7
 atigrado clásico rojizo 256
 atigrado mackerel azul 256
 calicó 256
 negro humo 256
Rex de Devon 258-9, 258-9
 atigrado chocolate plateado 258
 azul 258
 negro 259
 tortoiseshell 259
Rizado Americano 298-301, 298-301
 atigrado clásico rojizo de pelo largo 300
 clásico café atigrado y blanco de pelo largo 299
 manchado plata de pelo corto 298
 moteado café de pelo corto 301
Rex de Selkirk 296-7
 atigrado café de pelo largo 297
 atigrado clásico rojizo de pelo corto 296
 negro humo de pelo corto 296
 punto crema de pelo corto 296
 rojizo de pelo largo 297
Rinotraqueitis felina 126
Robar comida 175, 175
Rociar con orina 143
Ronroneo 165
Ruso Azul 258-9, 258-9

S
Secado 90-100, 99-101
Señalamiento con heces 169
Servales 48, 48
Serval africano 15, 15
Serval africano de orejas grandes 16
Sexo, determinación del 189
Siamés 27, 29, 27, 262-265, 262-5
 punto chocolate 262, 264, 265
 punto azul 263, 264-5

ÍNDICE (continuación)

punto azul crema 265
punto foca 264, *264*
punto foca tortie *264*
punto lila *264*, 265
punto lince azul 265
punto rojizo 263, 265
Siberiano 27, 302-3, *302-3*
   atigrado café *303*
   atigrado crema *303*
   atigrado mackerel café *302*
   atigrado mackerel crema *302*
Síndrome urológico felino 137
Singapura 264
Siseo 164, *164*
Snowshoe 268-9, *268-9*
   punto azul 268, *268*
   punto foca 268, *268*, *269*
Somalí 304-5, *304-5*
   azul *304*

gamuza *305*
   rojo *305*
   ruddy *304*
Sujetar a los gatos 72-3
Sumisión 165

T

Tamaño de la camada 181, *181*
Tenia 129
Tigre siberiano 35, *35*
Tigres 34-5, *34-5*
Tiña 138-9
Tonkinés 110, *110*, 270-3, *270-3*
   mink azul *270*, 273, *273*
   mink champaña *271*, 272, *272*
   mink natural *271*, 273, *273*
   mink platino *271*, 272, *273*
Toxoplasmosis 130-1
Triquinias 130

V

Vacunación 126-127
Van Turco 306-7, *306-7*
   calicó *306*
   negro y blanco *307*
   rojo y blanco *306*
   tortie y blanco *306*
Venta 80
Veterinarios 81
Viajes 76-7
   en automóvil 112
   en avión 113
   en tren 113
Virus de Leucemia Felina 127
Vocalización 165
Vómitos 154

AGRADECIMIENTOS

TEXTO Susan Lumpkin, Susie Page, Puddingburn Publishing Services (índice), John Seidensticker. ILUSTRACIONES Alistair Barnard, Janet Jones, Frank Knight FOTOGRAFÍAS Ad-Libitum/Stuart Bowey, Animals Unlimited, Auscape International, Chanan Photography / Richard Katris, Corel Corporation, Graham Meadow Photography EDITOR CONSULTIVO Dr. Paul McGreevy es médico veterinario y profesor de comportamiento animal en la Universidad de Sydney, Australia.